交通工程教学指导分委员会"十三五"规划教材
高等学校交通运输与工程类专业规划教材

Traffic　　Engineering
交　通　工　程

同济大学交通工程系编写组　吴娇蓉　等　编　著
　　　　　　　　　杨佩昆　林航飞　主　审

人民交通出版社股份有限公司
China Communications Press Co.,Ltd.

内 容 提 要

本书为交通工程教学指导分委员会"十三五"规划教材。全书共十三章，前七章为交通工程基础理论，介绍驾驶员特性和车辆特性、机动车交通流特性、行人与非机动车交通流特性、交通流理论、交通网络、交通需求分析；第八章至第十三章为交通工程应用，介绍交通规划、交通需求管理、道路交通安全、交通组织与设计、交通控制与管理、交通工程发展趋势。

为帮助读者加深对内容的理解，在各章节中穿插较多实例，在章后附有习题并在书后附有与本书相关的法律法规，本书引用的标准、规范、导则，以及各章名词索引。

本书主要作为交通工程专业、交通运输工程专业、道路桥梁与渡河工程专业、土木工程专业相关方向本科生教材，也可供成人教育、交通管理从业人员使用。

图书在版编目(CIP)数据

交通工程 / 吴娇蓉等编著. — 北京：人民交通出版社股份有限公司, 2018.10

ISBN 978-7-114-14946-7

Ⅰ. ①交⋯ Ⅱ. ①吴⋯ Ⅲ. ①交通工程—高等学校—教材 Ⅳ. ①U491

中国版本图书馆 CIP 数据核字(2018)第 178225 号

交通工程教学指导分委员会"十三五"规划教材
高等学校交通运输与工程类专业规划教材

书　　名：交通工程
著 作 者：吴娇蓉　等
责任编辑：李　晴
责任校对：张　贺
责任印制：张　凯
出版发行：人民交通出版社股份有限公司
地　　址：(100011)北京市朝阳区安定门外外馆斜街 3 号
网　　址：http://www.ccpcl.com.cn
销售电话：(010)59757973
总 经 销：人民交通出版社股份有限公司发行部
经　　销：各地新华书店
印　　刷：北京印匠彩色印刷有限公司
开　　本：787×1092　1/16
印　　张：16.75
字　　数：388 千
版　　次：2018 年 10 月　第 1 版
印　　次：2022 年 12 月　第 3 次印刷
书　　号：ISBN 978-7-114-14946-7
定　　价：45.00 元

(有印刷、装订质量问题的图书由本公司负责调换)

高等学校交通运输与工程(道路、桥梁、隧道与交通工程)教材建设委员会

主 任 委 员：沙爱民　（长安大学）

副主任委员：梁乃兴　（重庆交通大学）
　　　　　　陈艾荣　（同济大学）
　　　　　　徐　岳　（长安大学）
　　　　　　黄晓明　（东南大学）
　　　　　　韩　敏　（人民交通出版社股份有限公司）

委　　　员：(按姓氏笔画排序)

马松林	（哈尔滨工业大学）	王云鹏	（北京航空航天大学）
石　京	（清华大学）	申爱琴	（长安大学）
朱合华	（同济大学）	任伟新	（合肥工业大学）
向中富	（重庆交通大学）	刘　扬	（长沙理工大学）
刘朝晖	（长沙理工大学）	刘寒冰	（吉林大学）
关宏志	（北京工业大学）	李亚东	（西南交通大学）
杨晓光	（同济大学）	吴瑞麟	（华中科技大学）
何　民	（昆明理工大学）	何东坡	（东北林业大学）
张顶立	（北京交通大学）	张金喜	（北京工业大学）
陈　红	（长安大学）	陈　峻	（东南大学）
陈宝春	（福州大学）	陈静云	（大连理工大学）
邵旭东	（湖南大学）	项贻强	（浙江大学）
胡志坚	（武汉理工大学）	郭忠印	（同济大学）
黄　侨	（东南大学）	黄立葵	（湖南大学）
黄亚新	（解放军理工大学）	符锌砂	（华南理工大学）
葛耀君	（同济大学）	裴玉龙	（东北林业大学）
戴公连	（中南大学）		

秘　书　长：孙　玺　（人民交通出版社股份有限公司）

前言

在近年来交通工程专业卓越工程师培养内涵深化背景下,本教材作为专业基础课教材《交通工程》(1987版)的新编版,既继承了同济大学出版社出版的周商吾等编著的《交通工程》教材的经典内容,特别是交通工程基本概念的准确描述,又新增了1987年至今国内外交通系统学科理论发展的成熟内容。

教材编写依据交通运输类专业本科教学质量国家标准中对交通工程、交通运输类专业知识培养的要求;面向交通工程、交通运输专业开设"交通工程"的课程教学大纲,同时兼顾面向土木工程、城市规划专业开设"交通工程"的课程教学大纲。本教材既可以作为交通工程专业、交通运输工程专业、道路桥梁与渡河工程专业、土木工程专业相关方向本科生教材,也可供成人教育、交通管理从业人员使用。

本教材充分尊重交通工程学的社会性、系统性、实践性、综合性强的学科特点,注重介绍信息环境下人、货、车行为变化特点和研究方法变化特点,从人和货移动角度而非车辆角度来介绍交通工程基本概念、理论、方法、技术,同时注重交通工程自身的系统性和应用性特点。本教材的基础理论主要由机动车、行人、非机动车的交通流特征指标和交通流特性、机动车交通流理论、交通需求分析构成;同时,突出交通工程应用学科的特点,通过交通工程基础理论在交通规划、设计、管理、控制、安全、环境等方面的应用,使学生理解在安全和环境保障前提下,交通系统规划设计-运行-管理-控制密切关联又相互独立的系统性。

本教材是本专业的入门基础课教材,所以,内容几乎述及本专业的各门后续课程,以使学生对本专业所要学习的各门后续专业课程有一个全面的认识。

全书共分十三章,编写分工如下:吴娇蓉编写第一章和第二章;吴娇蓉、倪颖、李健编写第三章;吴娇蓉编写第四章;倪颖、孙剑编写第五章;吴娇蓉、叶霞飞编写第六章;叶昕、吴娇蓉、许项东、石小法、段征宇编写第七章;吴娇蓉、辛飞飞编写第八章;吴娇蓉、叶昕、陈川编写第九章;余荣杰编写第十章;白玉、李林波编写第十一章;倪颖编写第十二章;吴娇蓉、叶建红、吴志周编写第十三章。编写顾问组人员为:林航飞、杨晓光、李克平、杨东援、陈小鸿、孙剑、王雪松、吴兵、杨超、李晔。

在本教材编写过程中,李逸昕、陈法安、余淼、林子旸、胡静云、王宇沁、王佐灵、周冠宇、张羽、涂彭越参与了图表制作、公式录入等工作,在此表示感谢。

为便于学生自主学习、复习、思考及应用,本书各章均附有习题。由于编著人员水平有限,错误和不当之处望读者批评指正。

作　者

二〇一八年四月

目录

第一章 绪论 ··· 1
  第一节 交通工程起源与主要内容 ··· 1
  第二节 交通工程的发展 ··· 4
  第三节 交通工程理论研究回顾 ··· 5

第二章 驾驶员特性和车辆特性 ··· 8
  第一节 驾驶员特性 ··· 8
  第二节 车辆特性 ··· 13
  习题 ·· 18

第三章 机动车交通流特性 ··· 19
  第一节 宏观与微观交通流特征指标 ·· 19
  第二节 连续流与间断流交通特性 ··· 23
  第三节 道路设施通行能力与服务水平 ··· 29
  习题 ·· 37

第四章 行人与非机动车交通流特性 ·· 39
  第一节 行人交通流特性 ··· 39
  第二节 非机动车交通流特性 ·· 46
  习题 ·· 53

第五章 交通流理论 ·· 54
  第一节 交通流的统计分布 ··· 54
  第二节 排队论及应用 ·· 62
  第三节 车流波动理论 ·· 69

	第四节	跟驰理论	74
	习题		79

第六章 交通网络 · 82

第一节	交通网络概念	82
第二节	道路网络	85
第三节	公共交通网络	89
第四节	步行与非机动车网络	95
习题		98

第七章 交通需求分析 · 100

第一节	交通需求概念	100
第二节	交通需求分析数据采集和特征提取	107
第三节	交通需求分析模型	110
习题		138

第八章 交通规划 · 142

第一节	交通规划基本概念	142
第二节	交通规划方案编制工作流程与基本原则	144
第三节	交通规划基本分析技术	147
习题		153

第九章 交通需求管理 · 154

第一节	基本概念与理论基础	154
第二节	交通需求管理分析技术	157
第三节	交通需求管理实施策略与典型措施机理	166
习题		174

第十章 道路交通安全 · 176

第一节	道路交通安全概论	176
第二节	道路交通事故数据采集与分析	180
第三节	道路交通安全改善对策与措施	187
习题		189

第十一章 交通组织与设计 · 191

第一节	路网交通组织	191
第二节	交通设计	194
第三节	城市道路横断面设计原则、组成要素与形式	196
第四节	平面交叉口设计	201

习题 ·· 206

第十二章　交通控制与管理 ··· 207
　第一节　交通信号控制概述 ·· 207
　第二节　信号控制的基本参数与配时设计流程 ··· 213
　第三节　干线控制 ·· 224
　第四节　交通管理 ·· 227
　　习题 ·· 232

第十三章　交通工程发展趋势 ··· 234

附录 ·· 239

参考文献 ·· 252

第一章 绪论

第一节 交通工程起源与主要内容

一、起源与定义

早在1858年,英国伦敦街道上就出现了世界上最早的燃气红绿两色手牵皮带式交通信号灯(Traffic Light),以指挥马车交通;1868年,改善为旋转灯箱式信号灯;汽车交通出现后,车辆速度远高于马车,交通事故(Traffic Accident)增多,特别是交叉口(Intersection)相交车辆相撞事故。最初采用警察手持红旗在车前行走的所谓"红旗法"来限制车速,这是最原始的限速交通管制方法;1914年,在美国克利夫兰城的交叉口上出现了第一个电启动信号灯;1916年,美国纽约改装了第一套红黄绿三色信号灯;1918年,又出现了安有传感器(Detector)的控制信号灯。这些是交通工程中常用的限速交通管制法与交通信号控制设施(Traffic Signal Control Facility)的起源与发展进程。

20世纪20年代后,小汽车大规模驶入街道,单纯依靠限速措施在减少交通事故方面逐渐难见实效。在郊区公路(Rural Highway)上,车速远高于市区街道,以致后车碰撞前车、严重的对向车辆碰撞等各类交通事故频发。这引起学术界特别是物理、数学、经济学界学者的关注。为探索事故原因,他们前来观察公路上车辆的运行状况。最初的交通工程研究正是缘于减少小汽车交通事故的目的。

1926年哈佛大学首先创立了交通工程专修科。1930年美国首先创建了世界上第一个交通工程师协会ITE(Institute of Transportation Engineers),并正式提出了交通工程的名称(Traffic Engineering),这标志着交通工程作为一门独立的工程技术学科的诞生。

ITE将交通工程定义为运输工程(Transportation Engineering)的一个分支,研究由城市道路(Urban Road)、街道(Street)、公路(Highway)组成的网络(Network)及枢纽(Terminal)的规划、几何设计、交通运行(Traffic Operation),以及与其他运输方式的关系。英文表述为:Traffic engineering is that phase of transportation engineering which deals with the planning, geometric design and traffic operations of roads, streets, and highways, their networks, terminals, abutting lands, and relationships with other modes of transportation。

经过多年的发展,交通工程范畴不断扩展。综合我国各类交通工程教材、交通工程手册对交通工程的描述,交通工程可定义为:把人和货物、车、路、环境、信息、交通法规统一在交通系统中,探索各要素之间的内在规律和最佳集成,将技术方法和科学理论应用于交通系统的规划、设计、管理、运行、控制,确保人和货物在行、运过程中安全、高效、便捷、经济、舒适和环境协调的工程。

在该定义中,"人和货物"是交通主体;"车"泛指交通工具;"路"泛指交通网络(含设施);"环境"泛指天气、照明、建设密度、绿化、地形及交通带来的空气污染、噪声和振动等;"信息"包括城市和交通地理信息、土地使用信息、交通参与者信息、交通出行信息、交通运行信息、交通事件和交通环境信息等;交通法规是国家在道路交通管理方面制定的维护交通秩序,保障交通安全与畅通的法律、法令、规则、条例和技术标准等。

二、交通工程的主要内容

1. 交通特性的研究

(1)人的特性:驾驶员和行人接收信息后的反应特性、生理特性、心理特性和驾驶员的操纵特性。

(2)车辆特性:包括车身长度、宽度、高度、动力性能(如加速、减速、制动等性能)。

(3)交通流(Traffic Flow)特性:道路上机动车流的交通特征三要素[流量(Traffic Volume)、密度(Density)、速度(Speed/Velocity)]及车头时距(Time Headway)的变化规律、各种不同条件下这些交通特征参数间的相互关系,以及行人流、非机动车流中空间、时间的变化规律等。

2. 交通流理论

交通流的运行状态和规律,是交通工程的基础理论内容之一。根据下列两种不同的车流运行状态,研究内容有很大的差异。

(1)连续车流(Uninterrupt Traffic Flow):是在平面交叉口间距较远[美国《道路通行能力手册(Highway Capacity Manual,简称HCM)》定为间距大于3.0km]的公路、高速公路上可以不停车行驶的车流。

(2)间断车流(Interrupt Traffic Flow):是在平面交叉口间距较近的道路上,车辆需在平面交叉口前停车的车流。

3. 交通需求分析理论

交通需求分析理论是描述和预测现状或未来某一时刻基于土地利用和交通网络运行状况的交通出行需求量产生、分布、方式选择、分配的理论及方法,是交通工程的基础理论内容之一。目前交通需求分析理论的研究主要概括为基于交通小区和基于活动两大类,交通需求分析是开展交通规划、交通组织管理研究的基础。

4. 交通规划

交通规划是城市总体规划中的一个重要组成部分,是制订交通运输系统建设计划、选择建设项目的主要依据,是确保交通运输系统建设合理布局,有序协调发展,防止建设决策、建设布局随意性、盲目性的重要手段。交通规划通常包括现状分析、发展态势分析、发展目标和策略、规划方案编制、规划方案评价与近期工作计划五个技术流程。

5. 交通需求管理

交通需求管理是在交通资源和环境容量限制下,通过使用经济、社会、政策、法规等综合手段,借助先进的交通监测、计算机、通信等技术手段,针对交通的发生源进行管理、控制或诱导。

6. 出行行为分析理论

交通需求管理各项措施能够改变出行环境条件,对出行者行为产生影响甚至改变出行行为。出行行为分析理论用于定量分析出行者在个体属性和出行环境相互作用下的出行需求和出行选择,评估交通需求管理效果。

7. 道路交通安全

研究道路交通事故产生的规律,分析其原因,采用规划、设计、管理与控制、提高汽车安全性能、教育宣传等手段消除诱发交通事故的外部因素。

8. 交通组织与设计

基于道路网络的交通组织与设计,研究科学合理地分路、分时、分车种、分流向使用道路的方法,实现交通流均衡分布、时空组织优化,确保交通秩序有序、安全,并通过交通组织提出中微观交通设计所需要实现的功能。交通设施、场站的设计请参阅相应规范、标准。

9. 交通控制与管理

交通控制是运用现代化的通信设施、信号装置、传感器、监控设备等对运行中的车辆、行人、自行车等进行准确的组织、调控。交通管理是对道路上的行车、停车、行人和道路使用,执行交通法规的"执法管理"以及采用交通工程技术措施对交通运行状况进行改善的管理过程。交通控制与管理的目的是充分使交通安全、流畅、有序地通行,并减轻噪声、废气等交通公害。

10. 交通调查与分析

交通调查与分析是支持上述9项内容定量研究、获取基础数据资料的手段。交通调查往往针对具体问题展开,调查的内容和方式具有多样性和差异性,因此本教材根据各章内容分别编写了相应的数据调查与分析要求。

以上为交通工程的经典研究内容,随着新技术和可持续发展要求,交通工程研究内容在环境保护、能源发展、交通服务创新、交通设施和场站设计等方面不断拓展。

交通工程研究对象、内容示意图如图1-1所示。

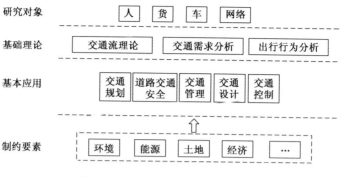

图 1-1 交通工程研究对象、内容示意图

三、交通工程交叉学科特征

交通工程从其诞生之日起,就呈现出明显的交叉学科的特征。数学、物理学、统计学、信息科学、系统科学、人因工程、城乡规划与设计、土木工程、测绘工程、环境工程、汽车工程、经济学、社会科学等相关学科的发展,不仅为交通工程提供了丰富的理论源泉,也深刻改变着交通工程的内涵。大数据时代的来临为交通科学研究与实践提供了前所未有的机遇和挑战,交通工程与信息科学的深度交叉有望产生全新的理论和方法,将给传统交通工程基础理论带来革命性的影响。

第二节 交通工程的发展

城市规划师"雅典"年会的《雅典宪章》中指出城市具有居住、工作、游憩、交通四大功能,并首先提出在城市规划中应有城市交通规划的内容,从而启动了交通工程中城市交通规划的研究与编订。可见人类生存离不开交通,社会发展少不了交通。交通工程主要关注人和货物的移动,为了确保人流和货物在移动过程中安全、高效、便捷、经济、舒适和环境协调,交通工程应"需"而生,改善和治理实际交通问题成为交通工程发展的驱动力。

一、车辆发展与交通工程

交通工程伴随着汽车产业、车辆技术更新、新能源使用的发展而发展。车辆和其他机动化交通工具的速度提升,促使城市活动组织与交通组织发生变化,促进交通系统规划与设计、交通环境、交通安全等方面的研究发展;车辆的产量、拥有规模、车辆使用和空间分布不均衡带来的交通拥堵(Traffic Blockage)、交通事故、停车(Parking)困难等问题,不断推动交通工程解决实际问题的理论发展。

二、道路设施发展与交通工程

第二次世界大战以后,百业待兴,道路建设先行,至 1970 年,美国、德国、日本、英国、法国等国家已基本形成以高速公路为骨干的全国性公路网。至 2010 年,我国基本建成国家高速公路网和国家快速铁路网。随着道路网络设施、枢纽场站设施规模的不断扩大,依托道路网络的交通系统和运输体系在服务人流、物流安全、高效、便捷的运输过程中发挥巨大作用,而各个阶段、不同区域不断出现的出行难、运货难、效率低等实际问题,驱动交通工程不断发展。

三、城市发展与交通工程

第二次世界大战以后,城镇化趋势已成为世界范围的普遍发展规律。2016年全球城镇化率超过55%,中国城镇化率为57.4%。据联合国预测,2050年全球70%的人口将居住在城市,城市人口将翻番。随着经济发展,城市人口迅速增加,城市规模日益扩张,城市功能日益综合化,城市发展受能源、土地、环境的制约也越来越显著。目前,我国广大城市普遍存在"城市病",主要表现为人口膨胀、交通拥堵、交通事故频发、环境恶化、住房紧张、就业困难等。其中与交通系统有关的病症是交通拥堵、交通事故频发、环境恶化,涉及老城、新区的交通系统规划、建设,私人小汽车的使用,居民出行(Trip)等方面,需要通过各种综合交通工程技术来逐步解决。由此,城市发展促使交通工程不断发展和完善。

四、科技进步与交通工程

科技进步、信息技术发展和金融资本力量结合正推动交通工具的拥有和使用关系的调整,"互联网+"将带来生活方式转变与交通出行方式创新。第一,网上购物、互联网生活服务、远程办公、网络教育、社交平台正在改变城市居民的生活方式。第二,"互联网+交通"的技术发展,使交通出行方式更加丰富,使交通出行资源更有效率地实现供需对接,而与用户位置信息结合的交通信息服务,将促进个体出行决策的合理与优化。第三,智能交通基础设施以及"人-车-路-环境"之间的智能化网联交互等技术发展成为必然趋势,促使交通工程理论研究与创新的旺盛需求。

第三节 交通工程理论研究回顾

一、理论研究回顾

交通工程围绕"人-货-车-网络"关系建立了"交通需求、交通供给与交通流运行"理论与方法体系,并随着分析技术与数据手段的发展,持续发展和创新。1930年以来的交通工程理论研究大致分为三个阶段:理论储备期(1930—1950年)、小汽车交通理论形成期(1950—1990年)、多模式复合智能交通理论发展期(1990年至今)。各个阶段的主要理论研究关注点如图1-2所示。

(1)理论储备期。这一时期主要通过小规模抽样调查开展经验性研究,如公路交通流调查、居民出行调查等。基于调查结果尝试建立交通流运行参数(流量、密度、速度)的经验关系,以及对居民出行规律的初步探索。

(2)小汽车交通理论形成期。经过理论储备,这一时期来自于经济学、数学、物理学、系统工程、控制工程等多学科人员对小汽车交通开展了大量研究,形成了交通流理论、交通需求预测理论、交通控制理论、通行能力分析方法、交通系统管理理论、交通需求管理理论等理论方法,奠定了当前交通理论研究的基本框架。

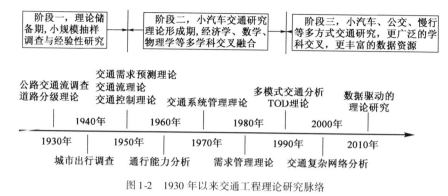

图 1-2 1930 年以来交通工程理论研究脉络

（3）多模式复合智能交通理论发展期。20 世纪 90 年代之后，西方发达国家认识到不能依靠单一的小汽车交通解决城市居民出行，需要同步甚至优先发展公共交通、步行、自行车等多模式复合交通，并开展了包括公交导向发展（TOD）、复合交通网络等理论研究。当前随着交通数据来源与样本的极大丰富，以数据驱动为手段、以先进智能为导向的新一代交通理论研究正迎来重大变革期。

二、我国交通工程研究回顾

早在 1961 年，同济大学城市建设教研室的赵骅和罗孝登两位教授就主编了《城市道路与交通》《城市运输》两本交通工程学科的全国统编教材（图 1-3）。1962—1963 年间城市建设教研室、1977—1978 年间道路教研室，先后对上海信号控制交叉口运行参数进行观测、分析。1979 年，同济大学创建了国内第一个交通工程研究室。来自原城市建设、道路两教研室的教师将城市客、货运及道路通行能力、交叉口运行控制、大型体育场交通疏散等方面的研究积累撰写成文章，在 1980—1983 年间先后编印了 20 期《交通工程技术资料》，分发给各有关高等院校与单位，是国内最早分发的交通工程技术交流资料。

图 1-3 19 世纪 60 年代的两本交通工程学科全国统编教材

1979 年中国城市规划学术委员会成立大城市交通学组，1985 年、2003 年分别更名为城市交通规划学术委员会、城市交通规划分会，现名城市交通规划学术委员会。1980 年，上海市率先在国内成立了交通工程学会;1981年中国交通工程学会宣告成立,20多个省、市、自治区也相继成立了省级交通工程学会或交通委员会。1980年,北京建筑工程学院率先设立"交通工程专业"。1978年上海组织机动车OD调查等;1979年原交通部开始在全国国道及主要省道上设置交通调查站,组建全国公路交通调查网;1980年,原城市建设局(住房和城乡建设部前称)城市规划设计研究院,率先在天津市做城市居民出行及全市交通状况调查等。

1985—2010年,随着快速的城市化及机动化进程,城市面临愈发严峻的交通压力,交通工程得到了蓬勃发展,以信息控制为基础的交通工程研究进入较快发展期。例如,1986年,国家"七五"重点科技攻关项目立题研究"城市交通信号自适应实时控制系统(Self-adaptive Real-time Control System)",1991年初验收通过。1998年,广州市高架环路开通了自适应优选(Self-adaptive Preference)匝道入口信控系统。2000年,国家自然科学基金委员会评审通过由吉林工业大学与同济大学同时承担的博士生导师重点项目"城市交通流智能路线导行系统"(Route Guidance System,简称RGS)等。在此阶段,可持续发展交通规划理论及交通设计研究也取得了重要进展。例如,1990年上海、北京开发并建立了城市交通规划战略模型,促进了国内其他城市的交通模型研究;在国内具有开创性意义的城市交通战略与政策研究成果,如2002年上海市政府颁布国内第一本交通白皮书——《上海市交通白皮书》等。在此期间,国内也推出了一批交通规划、设计规范和标准,例如2010年上海市颁布地方标准《城市道路平面交叉口规划设计规程》等。

2010年至今,由于能源与资源约束、城镇化战略的提出,多模式综合交通、交通能源与环境、交通流理论、智慧交通日益受到重视。随着交叉学科的融入和研究的加深,涉及多领域的大交通研究初露端倪。

第二章
驾驶员特性和车辆特性

人和车辆属于交通系统基本要素。其自身特性和它们之间的相关特性分析是交通工程的基础,是进行交通规划、设计、控制、营运的前提。交通系统中人包括驾驶员、乘客、行人、非机动车骑行者,本章重点讨论驾驶员特性。

第一节 驾驶员特性

道路上的客、货运输主要由驾驶员来完成。因此,充分认识驾驶员的交通特性,对于保证乘客、货物被安全、快速、顺利、准时、完好地送达目的地以及交通设施安全设计十分重要。

驾驶员的感知(Perception)和反应(Reaction)特性可用于分析驾驶员在交通环境中的心理、生理和行为特征。驾驶员通过自己的感官,接收外界交通状况信息,产生感觉,主要分为视觉和听觉。各种感觉相互联系综合成为知觉,在知觉的基础上,形成"深度知觉"。对驾驶员而言,如目测距离、估计时间、判断车速等,即为对实际交通情况感觉判断形成的深度知觉。而驾驶员的视觉、听觉等感知特性和反应特性在形成深度知觉中起着非常重要的作用。

一、视觉特性

在行车过程中,与驾驶任务密切相关的视觉(Visual Sense)因素总结如表 2-1 所示。以下分别对视力、视野、视觉适应、眩目、色彩感觉、行车环境的视觉感知进行详细叙述。

驾驶任务中的视觉因素   表2-1

视觉因素	定义	相关的驾驶任务
视角	被看物尺寸范围的两端点光线射入眼球的相交角度	从看仪表盘到看路面
静视力	静止时辨识物体形状的能力	识读远处交通标志
动视力	在运动中观察物体的能力	行驶过程中识别交通标志
临界视力	对视野边缘物体的感知	看到边侧自行车、行人靠近
眼动	眼球自由转动,改变注视方向	观察道路环境躲避危害
视觉适应	对不同光亮程度的感受适应过程	进入隧道时适应光线变化
景深知觉与景深移动	判断物体的距离,感知视觉图像的大小变化	判断接近自己的车辆的速度
色彩感觉	识别不同颜色的能力	识别信号灯、交通标志的颜色
对比色灵敏度	识别与背景亮度相近的对象的能力	夜间辨认穿着深色衣服的行人
眩光敏感度	对眩光的恢复能力	夜间对向车灯眩光下完成会车

1. 视力

视力(Vision)是眼睛分辨物体细微结构能力的一个生理尺度,以临界视角的倒数来表示。视力分为静视力和动视力。

静视力是静止时的视力。我国《机动车驾驶证的申领》第11条二款二项规定:申请大型客车、牵引车、城市公交车、大型货车、中型客车、有轨无轨电车准驾车型的,两眼裸视力或者矫正视力达到对数视力表5.0以上。申请其他准驾车型的,两眼裸视力或者矫正视力达到对数视力表4.9以上。

动视力是车辆行驶时观察物体的能力。动视力随着车辆行驶速度的增加而降低;车速越高,视力降低的幅度越大。动视力还与驾驶员年龄有关,年龄越大,动视力越差,如图2-1所示。

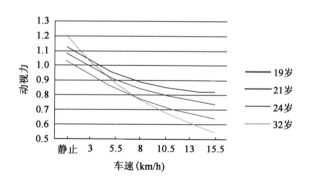

图2-1 不同年龄时车速与动视力的关系

视力与亮度有关。通常当光照度在0.1~1000lx范围内时,视力与照度呈线性关系。白天亮度大,驾驶员视力正常;夜间亮度小,驾驶员视力明显减弱,需要依靠车头灯来分辨物体;黄昏时,车头灯的照度与周围景物的光亮度差别不大,不易辨识周围的车辆和行人等障碍物,所以是一天中最易发生事故的时间。

2. 视野

眼球固定注视一点时所能看见的空间范围称视野(Field of Vision)。视野亦有静视野和动视野之分,它是以眼球是否能自由转动来区分。驾驶员头部和眼球固定时能够看到的范围称静视野。仅将头部固定,眼球自由转动时能够看到的范围称动视野。正常人的视野大约每只眼睛上下(垂直视野)达135°~140°,左右(水平视野)达150°~160°;双眼视野比单眼视野的范围大,约为180°。动视野比静视野左右方向约宽15°,上方约宽10°,下方无明显变化。

视野与车速有关。当车辆静止时,驾驶员的动视野范围最大,在120°~180°之间,车速越高,驾驶员的视野越窄,注意力的集中点随之远移,对距离车辆近的景物,清晰度降低,甚至无法辨认。车速对视野与前方注意点的影响如表2-2所示。当高速行驶时,驾驶员感知越近的物体相对于车辆移动的速度越快,这些物体的映像在人眼视网膜上停留的时间太短,人眼来不及仔细分辨物体的细节,导致无法辨认。因此,路侧交通标志的设置应与驾驶员保持一定的距离。根据试验可知,当车速为60km/h时,能看清车辆两侧20m以外的物体;而车速为90km/h时,能看清车辆两侧33m以外的物体,小于这个距离就无法辨认。

车速对视野与前方注意点的影响　　　　　　表2-2

车速(km/h)	40	60	80	95	105
视野(水平范围)	90°~100°	75°	60°	40°	<40°
前方注意点(m)	180	330	420	540	600

视野与视力密切相关。根据人的生理特点,通常视锥角在3°~10°范围时,感觉最灵敏,此时的视力称为最佳视力,交通标志、信号灯应设在最佳视力锥体范围内;视锥角在10°~20°范围内时为清晰视力,颜色、形状、汉字可以在这个范围内清楚辨识;120°~180°范围为临界视力,该范围内可以辨识动态物体。视野说明如图2-2所示。

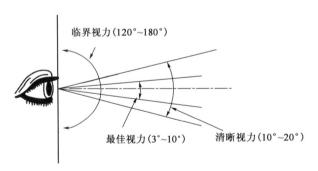

图2-2　视野说明

3. 视觉适应

视觉适应是眼睛对光亮程度突然变化(光线由亮到暗或由暗到亮)而引起的感受性适应过程。当汽车由明亮处驶入暗处时,驾驶员通常至少需要6s才能基本适应,看清周围情况。汽车由暗处驶入明处时,视力恢复正常一般需要3s。

对于不同年龄的驾驶员,视觉适应也有明显不同。研究结果表明:20~30岁,由明亮处驶入暗处的视觉适应能力不断提高,40岁以后逐渐下降,60岁以后的视觉适应能力仅为20岁时的1/8。了解驾驶员视觉适应的变化特点,对预防交通事故发生十分必要。

4. 眩目

强光照射使驾驶员产生眩目,视力明显下降。夜间行车,对向车辆车头灯强光照射,最易使驾驶员产生眩目现象。强光照射中断后,视力从眩光影响中恢复过来需要时间,视力恢复时间的长短与刺激光的亮度、持续时间、受刺激人的年龄有关,一般为 3~6s。

与眩光有关的另一种现象是消失现象,即当某一物体(例如行人)因同时受到对向车辆的车灯照射,在某一相对距离内完全看不清该物,呈消失状态。站在路中心线的行人,当双向车辆距行人约 50m,车灯对照时,呈现消失现象,将辨认不出行人。

5. 色彩感觉

可见光的光波在 400~760nm 之间,可见的基本色有红、橙、黄、绿、青、蓝、紫。其中,红色刺激性强,使人强烈兴奋起来,波长最长,传播最远,易见性最高;黄色有最高的明亮度,反射光的强度最大;绿色给人的心理和生理效果是温柔、平静、有安全感。交通工程中利用颜色的物理特性及人对色彩的感觉,把红色光作为交通信号中的禁行信号,绿色光作为通行信号,黄色光作为警告信号。不同颜色在交通标志分类中的应用见第十二章。

6. 行车环境的视觉感知

通过采集驾驶员在道路空间和停车场的视觉感知图像,发现驾驶员视觉感知的城市交通空间可概括为三类。第一类,地下停车库及地面停车场。驾驶员在地下停车库内看见的事物以汽车、停车标识、停车位周边的墙体、柱子为主,在地面停车场上以低矮灌木、植被以及 2m 以下的乔木的树干部分为主。第二类,十字路口红灯等待区。十字路口是驾驶员路途内主要停留场所,驾驶员的视觉感知内容主要包括红绿灯、过街天桥、人行斑马线、行人以及十字路口周围建筑物上的大型广告牌等。相交道路宽度小于 25m 时,驾驶员能看清楚路口周边的行人的言谈举止、建筑物底层的建筑材料、门窗风格样式以及商店橱窗内展示的物品;当相交道路宽度大于 25m 时,以上所有能获取的信息随着道路宽度的增加而减少和弱化。第三类,车辆行驶过程中及堵车时的道路空间。车辆以大于 30km/h 的速度行驶时,可以辨认道路两旁的树木,但很难辨认低矮的花卉和灌木的叶子。堵车时,驾驶员视野内的主要事物包括周围车道上的汽车、道路标识系统和车辆行驶前方远处的高层建筑物顶部楼层轮廓。

二、反应特性

人受到外界因素刺激时,会产生反应。由于刺激因素的强弱、时间的长短、次数的多寡,以及人受刺激后反应快慢的差异,使得反应的剧烈程度和时间长短不尽相同。

1. 刺激信息

驾驶员的刺激信息来自道路和交通环境,包括道路线形、宽度、路面质量、横断面组成、坡度、交叉口及车辆类型、交通量、行车速度、机动车与非机动车的行驶情况及相互干扰情况、行人情况、交通信号、标志标识等。在驾驶车辆过程中,交通环境不断变换,驾驶员随时接收外界信息,并做出相应的反应。

2. 分析判断

驾驶员接收外界信息后,通常经历如下 4 个反应阶段:

(1)感知:障碍物或一些情况进入驾驶员的视野,驾驶员意识到需要做出一定的响应。

(2) 识别：驾驶员对所感知的障碍物或情况进行充分的辨识，以便做出合适的反应。

(3) 决策：一旦对所感知的障碍物或情况完成识别，驾驶员必须分析并做出合适的决策。

(4) 反应：完成决策后，驾驶员开始执行生理上的反应。

对于驾驶员来说一般分为三种情况：一种是驾驶员接收外界信息后，能够迅速地分辨真伪，做出正确的反应；第二种是对外界信息分辨不出真伪，思维混乱，以致造成判断错误，反应失当；第三种是对外界信息归纳迟缓或考虑欠周，造成犹豫不决。后两种情况，都是造成交通事故的重要因素，应力求避免。

3. 感知-反应时间

感知-反应时间（Perception-Reaction Time，简称 PRT）由感知、识别、决策、反应四部分时间组成。由于很多因素会影响感知-反应时间，例如驾驶员所感知到的事件类型及其复杂程度、驾驶员做出反应时的周边环境情况等，造成驾驶员的感知-反应时间有较大差异。《美国国家公路与运输协会标准（AASHTO）》建议在信号控制应用中感知-反应时间取 1.0s，该值为第 85% 分位点。因为驾驶员对于信号灯的响应较为简单，所以取值会显著小于公路上制动响应下的感知-反应时间。

(1) 可预期事件对感知-反应时间的影响

可预期事件对驾驶员的感知-反应过程及时间具有显著的影响。通过对照试验研究驾驶员对可预期、不可预期事件的感知-反应时间差别，得出可预期事件的感知-反应时间均比无预期事件的感知-反应时间短大约 0.5s。因此，交通工程师应当在道路系统和交通设计中避免出现驾驶员"不可预期或预期之外"的设计，换言之，在道路条件受限制的情况下，必须有精细化设计的标志、标线，对"预期之外"的设计做出提示。

(2) 其他影响感知-反应时间的因素

一般而言，以下因素会明显增加驾驶员感知-反应时间：年龄、疲劳、驾驶员体内的酒精及(或)药物含量、复杂环境。通常，老年人的感知-反应时间长于中青年。酗酒或一些药物副作用都可能引起驾驶员心理和生理特征的变化，影响驾驶技能，增加感知-反应时间，甚至导致驾驶员做出不准确的反应，极易引发交通事故。由于驾驶员酗酒引起的感知-反应行为很难通过交通设计、交通管理与控制技术得以改善，因此《中华人民共和国道路交通安全法》列出了严厉的处罚规定，以减少酒后驾车和醉酒驾车带来的伤亡事故。

驾驶员长期在复杂的环境中行车，精神始终处于紧张状态，增加了心理负荷，容易产生疲劳。另外，驾驶员长时间在路线平直而单调的环境中行车，做简单的重复操作，车辆产生轻微而有节奏的振动，此时由于大脑反复受同样的刺激，使大脑皮层的能量消耗过多，大脑代谢功能降低，供血不足，引起驾驶员疲劳。驾驶员疲劳后，给安全行车带来的不利影响有四个方面：

(1) 简单反应时间显著增加。驾驶员疲劳后的反应时间比疲劳前约长 0.07s。

(2) 对复杂刺激的反应时间增加，有的甚至增长 2 倍以上。

(3) 动作准确性下降。有时会发生反常反应，即对于较强的刺激出现弱反应，对于较弱的刺激出现强反应。动作的协调性受到破坏，以致反应不及时。这在制动、转向方面表现得最为明显。

(4) 判断错误和驾驶错误远比平时增多。驾驶错误多为掌握转向盘、制动、换挡不当；判断错误多为对道路的运行状况、对潜在事故的可能性及应付方法考虑不周到。

4.反应距离

车辆在驾驶员感知-反应这个过程中保持原有速度行驶的距离是交通工程师必须关注的问题。以最简单的制动反应为例,感知-反应过程开始于驾驶员最先意识到视野中出现了障碍物或状况,在踩制动踏板的瞬间结束。在这段时间之内,车辆将沿着原来的轨迹并按原来的速度行驶;仅当驾驶员踩了制动踏板,对刺激做出反应之后,车辆才开始减速。

反应距离是车辆原始速度(km/h)与感知-反应时间(s)的乘积。因时间单位是s,将速度单位km/h转化为m/s更便于应用,1km/h=0.28m/s。

反应距离的计算公式为:

$$s_{Re} = 0.28 \cdot V \cdot t \tag{2-1}$$

式中:s_{Re}——反应距离(m);

V——车辆原始速度(km/h);

t——反应时间(s)。

第二节 车 辆 特 性

车辆的特性在交通基础设施(Traffic Infrastructures)设计、交通运行(Traffic Movement)中起着重要作用。车辆尺寸、车辆质量决定道路桥梁线形设计、结构设计以及停车场地(Parking Lot)、枢纽(Terminal)、场(Vehicle Yard)、站(Station)设计,车辆的各种运行性能与驾驶员结合,决定交通流的特性和安全。

一、车辆的服务要求

道路上通行的各种车辆按照服务要求(Service Demand)或使用性能分为客运车辆和货运车辆,前者主要包括公共汽车、无轨电车、有轨电车、大客车和小客车,后者主要包括载货汽车、拖挂车、铰接车等。

交通运输对车辆的服务要求如下:

(1)车辆的交通效率高,通常采用的评价指标包括额定载客人数及座位数、载货容量(额定载质量)、汽车质量利用系数(额定载质量/空车质量)、平均车速及动力性能。

(2)车辆的行驶性能和安全性能好,通常采用的评价指标包括加速性能、最高车速、侧向稳定系数、转向性系数、沿曲线行驶的稳定性、制动距离、驾驶员的视野及可见区域等。

(3)车辆承载方便、舒适,通常采用的评价指标包括乘客舒适方便程度,如行车平顺性、座位宽敞程度、乘客上下车方便程度、通风机采暖效能;货车装卸方便程度,如车厢或车身的装载高度、可打开的车栏板数目、有无装卸机具等。

(4)车辆的运营成本低,通常采用的评价指标包括能源经济性,如每100t·km或每100人·km的最低能源消耗量、平均能源运行消耗/100km、大修前行驶里程(km)、轮胎使用期限、汽车部件和零件的损伤情况等。

(5)车辆对环境的污染少,通常采用的评价指标包括各种车速时的汽车噪声、汽车污染排放量。

二、设计车辆概念

我国常用车辆的技术参数参考我国《汽车、挂车及汽车列车外廓尺寸、轴荷及质量限值》(GB 1589—2016)的规定。由于车辆尺寸与道路工程、交通工程关系密切,在《公路工程技术标准》(JTG B01—2014)(用于公路设计)、《城市道路工程设计规范》(CJJ 37—2012)(用于城市道路设计)中将具有代表性质量、外廓尺寸和运行性能(Operation Performance)的车辆,称之为设计车辆。《公路工程技术标准》(JTG B01—2014)和《城市道路工程设计规范》(CJJ 37—2012)列出的设计车辆外廓尺寸,如表2-3和表2-4所示。表中总长指车辆前保险杠至后保险杠的距离;总宽指车厢宽度(不包括后视镜);总高指车厢顶或装载顶至地面的高度;前悬指车辆前保险杠至前轴轴中线的距离;双轴车的轴距指前轴轴中线到后轴轴中线的距离;铰接车的轴距分前-中轴距(前轴轴中线至中轴轴中线距离)和中-后轴距(中轴轴中线至后轴轴中线距离);后悬指车辆后保险杠至后轴轴中线的距离。

设计车辆外廓尺寸[《公路工程技术标准》(JTG B01—2014)](单位:m)　　表2-3

车辆类型	总长	总宽	总高	前悬	轴距	后悬
小客车	6.0	1.8	2.0	0.8	3.8	1.4
大型客车	13.7	2.55	3.0	2.6	前-中6.5 中-后1.5	3.1
铰接客车	18.0	2.5	4.0	1.7	前-中5.8 中-后6.7	3.8
载重汽车	12.0	2.5	4.0	1.5	6.5	4.0
铰接列车	18.1	2.55	4.0	1.5	3.3+11	2.3

设计车辆外廓尺寸[《城市道路工程设计规范》(CJJ 37—2012)](单位:m)　　表2-4

车辆类型	总长	总宽	总高	前悬	轴距	后悬
小客车	6.0	1.8	2.0	0.8	3.8	1.4
大型客车	12.0	2.5	4.0	1.5	6.5	4.0
铰接车	18.0	2.5	4.0	1.7	前-中5.8 中-后6.7	3.8

三、车辆动力特性

汽车的动力特性(Driving Force Characteristic)是车辆最基本、最重要的一种性能,汽车运输效率、行驶性能的高低,在很大程度上取决于汽车的动力性能。汽车的动力性能主要由最高车速、加速特性、转弯特性三方面的指标来评定。

1. 最高车速

最高车速是指汽车在水平的良好路面上行驶时所能达到的最大车速,此时汽车已不可能加速,坡度阻力和加速阻力为零,即汽车的牵引力在克服空气阻力和滚动阻力时所能达到的车速。

2. 加速特性

汽车的加速能力指汽车在水平路段且路面良好的道路上行驶时产生的加速度。客车的加速度往往优于货车。表 2-5 列出了平坦路段典型客车和货车的加速特性。加速度与车速之间的关系为：低速时，车辆变速器（Transmission）的传动比（Gear Ratio）大，牵引力（Tractive Force）大，所以加速度大；高速时，车辆变速器的传动比小，牵引力小，空气阻力大，所以加速度小。

平坦路段典型客车和货车的加速特性　　　　表 2-5

速度区间	加速度（m/s²）	
（km/h）	客车	货车
0~30	2.3	0.5
30~50	2.0	0.4
50~65	1.8	0.2
65~80	1.6	0.2
80~95	1.4	0.1

客车、货车从静止到起动加速至一定速度所需的加速距离计算公式为：

$$s_a = \frac{v^2}{2a} = \frac{(V/3.6)^2}{2a} = \frac{V^2}{25.92a} \tag{2-2}$$

式中：s_a——加速距离（m）；

v（m/s）、V（km/h）——加速的最终速度（由静止开始加速的条件下）；

a——加速度（m/s²）。

【例 2-1】 计算客车、货车均从静止加速至 30km/h，客车、货车分别需要行驶的距离。

由表 2-5 可知，客车从静止加速至 30km/h，加速度为 2.3 m/s²，所需的加速距离为：

$$s_a = \frac{30^2}{25.92 \times 2.3} = 15.1(\text{m})$$

货车从静止加速至 30km/h，加速度为 0.5 m/s²，所需的加速距离为：

$$s_a = \frac{30^2}{25.92 \times 0.5} = 69.4(\text{m})$$

可见，客车和货车的加速距离差异显著。如果交叉口红灯时，客车排在货车之后，红灯变绿灯，货车会严重阻碍客车的加速行驶；如果货车排在客车后面，当它们加速时货车与客车之间会产生较大的空当。

但是，一般在道路设计中很难处理客车、货车因加速差异而产生的上述问题。因此，在通行能力分析中，考虑到客车和货车在加速能力、上坡路段维持一定行驶速度的能力差异，提出了"当量小汽车（Passenger Car Unit，简称 pcu）"的概念，以 4~5 座的小客车为标准车，作为各种类型车辆换算道路交通量的当量车种。不同等级道路设施、坡度与坡长以及其他因素作用下，一辆货车等效于 3~5 辆当量小汽车的通行能力。在考虑了通行能力等效换算的基础上，进行道路设计或交通运行状况分析更为合理。

3. 转弯特性

车辆转弯时有低速转弯（≤15km/h）和高速转弯（>15 km/h）两种形式。

城市道路、公路的最小圆曲线半径、交叉口最小转弯半径的设计取值,通常要考虑不同类型车辆低速转弯特性,包括转弯时车辆前后轮轨迹偏离特性、一定车速下转弯时间等。

高速公路、城市快速路曲线段的最小圆曲线半径取值,通常要考虑车辆的高速转弯特性,包括车辆侧向摩擦力、向心力等。因此,道路横断面设超高和不设超高情况下最小圆曲线半径取值是有一定差别的。

四、车辆制动特性

汽车的制动性是汽车的主要性能之一,它是安全行驶的重要保证。最基本的制动性能评价指标是制动减速度、制动力和制动距离。

汽车制动时作用于汽车上的各种外力有制动力和各种行车阻力,平衡方程式如下:

$$F_b + \sum F_r = 0 \tag{2-3}$$

式中:F_b——汽车的制动力;

$\sum F_r$——汽车行驶阻力之和。

汽车行驶阻力包括空气阻力、滚动阻力、坡度阻力和加速阻力。滚动阻力在任何行驶条件下均存在,坡度阻力在上、下坡时产生,加速阻力则发生于车辆变速行驶时。

汽车的制动力:汽车制动时,车轮运动有滚动与拖滑两种现象,故制动力由两部分组成。一部分是汽车的制动器内制动力矩所产生的摩阻力;另一部分是抵抗轮胎滑移的阻力。汽车最大的制动力也与汽车牵引力一样,受附着力(Adhension)的制约,其最大值等于附着力,可用下式表示:

$$F_b = G \cdot \varphi \tag{2-4}$$

式中:G——车辆重量;

φ——车轮与路面的附着系数(Adhension Coefficient),取决于路面粗糙程度、潮湿程度、轮胎花纹、气压、车速以及荷载等。

汽车制动时的阻力:汽车制动时,车速迅速下降,空气阻力很小,可略去不计;当车轮卡住时,滚动阻力为零,此时车辆的最大减速度可由制动平衡方程式推得:

$$b = g(\varphi \pm i) \tag{2-5}$$

式中:b——减速度(m/s²)。

g——重力加速度(9.8m/s²);

i——道路纵坡度(%),上坡为正,下坡为负;

φ——意义同前。

汽车的制动距离指驾驶员开始踩制动踏板到完全停车所需的距离,计算公式如下:

$$s_B = \frac{v}{2} \cdot \frac{v}{b} \tag{2-6}$$

$$s_B = \frac{v^2}{2g(\varphi \pm i)} \tag{2-7}$$

或

$$s_B = \frac{V^2}{2 \times 9.8 \times 3.6^2(\varphi \pm i)} = \frac{V^2}{254(\varphi \pm i)} \tag{2-8}$$

式中: s_B——制动距离(m);

v(m/s)或 V(km/h)——制动开始时的速度;

b、i、g、φ——意义同前,计算制动距离时 φ 取路面潮湿状态。

当车辆由初始车速 V_0 减速至某一速度水平 V_t 时,制动距离表达式变为:

$$s_B = \frac{V_0^2 - V_t^2}{254(\varphi \pm i)} \tag{2-9}$$

由上式可知,车速增高,制动距离增加很快;同时路面与轮胎的附着系数与制动距离直接相关。对于道路路面条件较差的地段或天气寒冷结有薄冰时,必须限制车速,缩短制动距离,保证行车安全。

同时,式(2-9)在事故调查中可以发挥一定作用。例如,通过测量制动痕迹,根据车辆受损状况估计最终碰撞速度,采用式(2-9)来推算车辆制动前的初始速度,以便分析是否超速。

五、停车距离

停车距离是指驾驶员自发现前方道路有障碍物,意识到需要停车到车辆完全停稳所行驶的距离。因此停车距离是反应距离与制动距离之和,结合式(2-1)和式(2-7)得停车距离为:

$$s = 0.28 \cdot V \cdot t + \frac{V^2}{254(\varphi \pm i)} \tag{2-10}$$

式中:s——停车距离(m);

V——制动开始时的速度(km/h);

t——反应时间(s);

φ、i——意义同前。

如果最终车速没有下降到0,则式(2-10)变换为:

$$s = 0.28 \cdot V_0 \cdot t + \frac{V_0^2 - V_t^2}{254(\varphi \pm i)} \tag{2-11}$$

式中:V_0——制动开始时的速度(km/h);

V_t——最终速度(km/h);

t、φ、i——意义同前。

道路设计最重要的安全准则之一是驾驶员应有足够的视距以避免潜在的危险或碰撞事故。因此,在设计道路任何路段时,都必须保证驾驶员视距应大于或等于设计车速所要求的停车距离。

在《公路工程技术标准》(JTG B01—2014)和《城市道路设计规范》(CJJ B07—2012)中,停车视距(Stopping Sight Distance)是指车辆以一定速度行驶中,驾驶员自看到前方障碍物时起,到达障碍物前安全停车为止所需要的最短行驶距离。表2-6和表2-7分别列出了不同设计速度的道路应符合的最小停车视距规定。需要注意,在同样的设计速度下,货车停车视距大于客车。

《公路工程技术标准》(JTG B01—2014)列出的高速公路、一级公路停车视距　　表2-6

设计速度(km/h)	120	100	80	60
小汽车停车视距(m)	210	160	110	75
货车停车视距(m)	245	180	125	85

《城市道路设计规范》(CJJ 37—2012)列出的最小停车视距 表2-7

设计速度(km/h)	100	80	60	50	40	30	20
停车视距(m)	160	110	70	60	40	30	20

除了安全停车视距外,会车视距、超车视距、交叉口不同控制策略对应的视距都与车辆制动停车距离相关,本节不再赘述。

习题

2-1 从驾驶员视觉特性角度分析,在道路上设置交通标志牌要考虑哪些因素?

2-2 停车场(库)、隧道的限高与车辆的什么特性有关?

2-3 考虑不同路面附着系数取值差别,运用停车距离公式(2-10)和公式(2-11)分析表2-6和表2-7公路与城市道路的最小停车视距计算过程中,各参数取值差异。

2-4 一辆汽车以100km/h的速度沿着车道行驶,驾驶员看到前方有一辆侧翻的货车,如果因驾驶员疲劳使得制动反应时间达到2.0s,请问在驾驶员踩到制动踏板之前车辆会行驶多远的距离?

2-5 在事故现场,一位事故调查员根据车辆受损状况估计事故车辆以35km/h的速度撞上桥墩,测量到路面上有35m的制动痕迹,路面附着系数为0.35,无坡度。请根据制动痕迹估计车辆初始速度是多少?

第三章
机动车交通流特性

第一节 宏观与微观交通流特征指标

由于机动车在道路上的流动与水流有相似之处,故称为交通流。机动车交通流特征指标可以分为两类:宏观特征指标——描述整批交通流的运行特征,特征指标包括交通流量或流率、速度、密度;微观特征指标——描述单个车辆或两三辆车构成的车队的运行特征,指标包括单个车辆的速度、前后车的车头时距、车头间距。

一、宏观交通流特征指标

1. 交通流量、流率

交通流量指在特定时间段内通过道路上一条车道或某一截面的车辆数。可分为年交通量(veh/年)、日交通量(veh/d)、小时交通量(veh/h)。

流率(Flow Rate)是在给定不足 1h 的时间间隔(通常为 15min)内,通过一条车道或道路指定截面的当量小时交通量。例如,15min 内观测到的流量为 300 辆,则当量小时流率为 300/(15min/60min) = 1200veh/h。

2. 速度

速度是车辆通过某一特定路段的在行程时间内行驶的距离,即:

$$v = \frac{d}{t} \tag{3-1}$$

式中：v——速度（km/h 或 m/s）；

d——特定路段的距离（km 或 m）；

t——通过距离 d 的时间（h 或 s）。

交通流不是一辆车而是一批车辆，在运行过程中，每辆车的行驶速度都不一样。因此，交通流的速度不是一个值，而是一批车辆的平均速度，交通流平均速度分为两种：

（1）时间平均车速（V_t，Time Mean Speed）：在某一特定时间段内，通过道路某一截面的各车辆速度的平均值。车辆通过某一截面时的车速，亦称为地点车速或瞬时车速。因此，时间平均车速即截面上各车辆的地点车速的算术平均值。

（2）空间平均车速（V_s，Space Mean Speed）：某一特定时间内所有车辆经过一定长度路段的速度平均值。

时间平均车速可通过截面测定，而空间平均车速需在选定长度路段的上空用摄影、录像、"电子警察"摄像等设备测定。

空间平均车速和时间平均车速都可以通过行驶时间、行驶距离计算，即：

$$V_t = \frac{\sum_i (d/t_i)}{n} \tag{3-2}$$

$$V_s = \frac{d}{\sum_i t_i / n} \tag{3-3}$$

式中：V_t——时间平均车速（m/s）；

V_s——空间平均车速（m/s）；

d——路段长度（m）；

n——观测到的车辆数（辆）；

t_i——第 i 辆车在路段上的运行时间（s）。

一般情况下，空间平均车速低于时间平均车速，只有当路段上所有车辆以完全一样的速度行驶时，空间平均车速与时间平均车速相等。

【例 3-1】 在一段道路上，测得 6 辆车经过的时间如表 3-1 所示，试求这段路上行驶车流的时间平均速度和空间平均速度。

时间平均车速和空间平均车速的计算　　　　　表 3-1

车 辆 编 号	距离 d(m)	时间 t(s)	速度 v(m/s)
1	1000	18.0	1000/18 = 55.6
2	1000	20.0	1000/20 = 50.0
3	1000	22.0	1000/22 = 45.5
4	1000	19.0	1000/19 = 52.6
5	1000	20.0	1000/20 = 50.0
6	1000	20.0	1000/20 = 50.0
总计	6000	119.0	303.7
平均	6000 ÷ 6 = 1000	119 ÷ 6 = 19.8	303.7 ÷ 6 = 50.6

解：
$$V_t = 50.6 \text{(m/s)}$$
$$V_s = 1000 \div 19.8 = 50.4 \text{(m/s)}$$

3. 密度

密度是在单位长度(通常为1km)路段上,一个车道某一瞬时的车辆数,单位是 veh/km 或 veh/(km·ln)。根据定义,密度是瞬时值,不仅随时间变化而变动,也随测定区间的长度而变化。密度要用测空间平均车速的方法才能测得。密度可以衡量一辆车与其他车辆的接近程度,密度大直接影响驾驶自由度和舒适度,密度和速度组合会影响观测流量。因此密度也是评价道路交通服务水平的重要指标。

4. 车辆轨迹时空分布图

车辆轨迹时空分布图是把某路段在某段时间内经过的所有车辆的行驶轨迹依次按照时间和空间的对应关系画在图上,如图3-1所示。通过车辆轨迹时空图,可以计算各时段或路段内的交通流量、速度和密度特征指标。

(1) 交通流量:图3-1中 A 断面的流量即为给定时间区间内与 AA' 断面相交的车辆轨迹线的数量,例如0~6s内流量仅有1辆。

(2) 时间平均速度:图3-1中 A 断面的时间平均速度即为图中 T 时间内相交于 AA' 断面各车辆的车速平均值。

(3) 空间平均速度:图3-1中为在 L 路段上,Δt 时间各车辆的车速平均值。

(4) 密度:图中 L 路段在第6s瞬间的密度即为与 BB' 断面相交的车辆轨迹线数量除以路段长度 L。

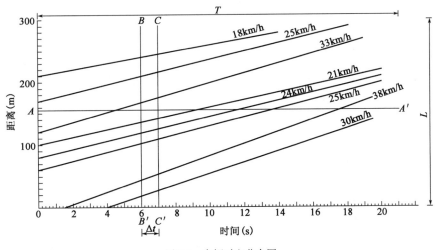

图3-1 车辆时空分布图

二、微观交通特征指标

1. 车头间距

车头间距(Space Headway)是在同向行驶的一列车队中,两连续车辆车头间的距离,常用车前保险杠或车前轮作为参考点进行测量。

如果一条车道的车流行驶稳定、车种单一、车速均匀,该车流的平均车头间距与车道交通

密度成反比例关系,计算公式如下:

$$h_s = \frac{1000}{k} \quad (3-4)$$

式中:h_s——平均车头间距(m);
　　k——密度[veh/(km·ln)]。

2. 车头时距

车头时距是在同向行驶的一列车队中,两辆连续车辆车头通过道路同一个断面的时间间隔。

如果一条车道的车流行驶稳定、车种单一、车速均匀,该车流的平均车头时距与车道交通量之间成反比例关系,计算公式如下:

$$h = \frac{3600}{q} \quad (3-5)$$

式中:h——平均车头时距(s);
　　q——交通流率[veh/(h·ln)]。

混合车流中大车、中车换算为当量小汽车的换算系数可以通过大车、中车与小车平均车头时距的比值计算得到,计算公式如下:

$$\alpha_{中} = \frac{\overline{h}_{中}}{\overline{h}_{小}} \quad (3-6)$$

$$\alpha_{大} = \frac{\overline{h}_{大}}{\overline{h}_{小}} \quad (3-7)$$

式中:$\alpha_{大}$、$\alpha_{中}$——大车及中车换算成当量小车的换算系数;
　　$\overline{h}_{大}$、$\overline{h}_{中}$、$\overline{h}_{小}$——大车、中车、小车的平均车头时距(s)。

3. 平均车头时距与平均车头间距关系

如果一条车道的车流行驶稳定、车种单一、车速均匀,该车流的平均车头间距与平均车头时距的比值等于平均空间车速,计算公式如下:

$$u_s = \frac{h_s}{h} \times 3.6 \quad (3-8)$$

式中:u_s——平均空间车速(km/h);
　　h_s——平均车头间距(m);
　　h——平均车头时距(s)。

【例3-2】 在一条多车道道路上,车流行驶稳定,车种单一,观测到的平均车头间距为60m,平均车头时距为3.8s。请估计这条车道的交通流率、密度和平均空间车速。

解:
$$q = \frac{3600}{3.8} = 947[\text{veh}/(\text{h} \cdot \text{ln})]$$

$$k = \frac{1000}{60} = 16.7[\text{veh}/(\text{h} \cdot \text{ln})]$$

$$u_s = \frac{60}{3.8} \times 3.6 = 56.8(\text{km/h})$$

由于四舍五入的原因,$k \cdot u_s$ 并不严格等于 q。

第二节 连续流与间断流交通特性

分清连续流与间断流的交通特性十分重要,切不可用分析连续流的方法来分析间断流的问题,否则会发生严重的错误。

一、连续流交通特性

1. 流量、速度、密度数据采集要求

流量、密度和速度是道路交通流中三个最基本也是最重要的参数,被称之为交通流三要素。为研究机动车连续流三要素之间的关系,可利用定点的自动检测器(如线圈、微波雷达、红外、视频监测等)采集流量、速度等数据,自动检测原始数据收集的时间间隔为20s或者1min不等。需要采集的数据一般以5min或15min为准。

2. 连续流三要素关系模型与实证分析

交通流三要素的参数分析是最基础的交通流理论研究内容,参数的变化规律可反映交通流运行的基本特性。三要素之间的关系模型,包括速度-密度、流量-密度及流量-速度三个模型。早在20世纪30年代,格林希尔治(Greenshields)等学者创建了一批三要素关系的模型。之后随着观测数据精度提高和样本量扩大,三要素之间关系的数学模型不断丰富。本节主要介绍最经典的格林希尔治(Greenshields)模型。

(1) 速度-密度关系

格林希尔治模型采用线性模型描述速度-密度关系,为经验模型,如图3-2所示。

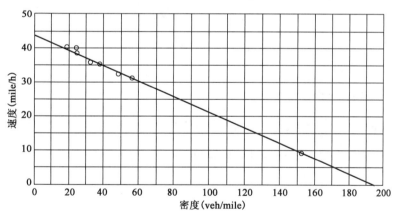

图3-2 格林希尔治模型速度-密度关系图

其表达公式为:

$$u = u_f \left(1 - \frac{k}{k_j}\right) \tag{3-9}$$

式中:u_f——自由流车速;
    k_j——阻塞密度。

(2) 速度-流量模型

在格林希尔治速度-密度的线性模型基础上可得到速度-流量抛物线模型,是对速度-流量

关系的最早研究,其公式如下:

$$q = k \cdot u \tag{3-10}$$

$$q = k_j \left(u - \frac{u^2}{u_f} \right) \tag{3-11}$$

式中:q——流量。

该模型的图示如图 3-3 所示,图中的数字为被观测车组(100 辆车为一组)的数量,曲线表示单向两车道的速度-流量关系。通过最大流量点作一条水平线,直线上方为非拥挤区域,下方则为拥挤区域。在流量达到最大值之前,速度随流量的增加而下降;达到最大流量之后,速度和流量同时下降。从图中看出有 51 组数据在阻塞点。

(3)流量-密度模型

如果采用格林希尔治速度-密度模型,那么可以推导出如下的抛物线形流量-密度模型(图 3-4):

$$q = ku = ku_f \left(1 - \frac{k}{k_j} \right) = u_f k - \frac{u_f k^2}{k_j} \tag{3-12}$$

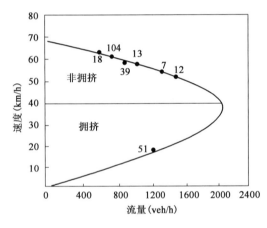

图 3-3　格林希尔治速度-流量抛物线模型图示　　　　图 3-4　抛物线形 q-k 模型图示

为求最大流量,可令 $\dfrac{dq}{dk} = 0$,并定义 q_m 为最大流量或最佳流量,k_m 为最大流量时的密度即最佳密度,u_m 为最大流量时的速度即最佳速度,于是可得:

$$k_m = \frac{k_j}{2}$$

$$u_m = \frac{u_f}{2}$$

$$q_m = \frac{u_f k_j}{4} = \frac{u_m k_j}{2}$$

(4)三维模型

交通流三要素关系的三维模型如图 3-5 所示,坐标分别代表了交通流的三个参数,它们的关系可视为三维空间的一条空间曲线。为研究方便起见,通常以如图 3-6 所示的二维正交投影来表示它们两两之间的关系,由此图可确定反映交通流特性的一些特征变量:

①最大流量 q_m：q-u 曲线图上的峰值。
②临界速度 u_m：流量达到 q_m 时的速度。
③最佳密度 k_m：流量达到 q_m 时的密度。
④阻塞密度 k_j：车流密集到所有车辆无法移动（$u \to 0$）时的密度。
⑤速度 u_f：车流密度趋于零（$k \to 0$）、车辆可以畅行无阻时的最大速度。

交通流三要素关系模型是个经验模型，因此不同城市、地区和国家之间，三要素参数的关系不尽相同。

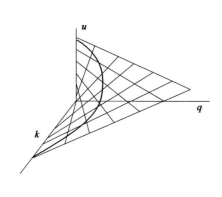

图 3-5　交通流三维模型

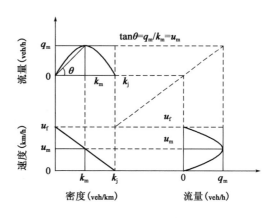

图 3-6　q-k、u-q、u-k 投影关系图

二、间断流交通特性

用于表述间断流交通的特征指标主要集中在信号控制交叉口，包括信控交叉口的车头时距、饱和流率和延误。

1. 信号控制交叉口车头时距特性

信号控制交叉口是最主要的间断流设施之一。图 3-7 显示了一列车队前后车辆通过信号控制交叉口的车头时距。从绿灯启亮到第一辆车的前保险杠穿过停止线的时间定义为第一个车头时距；由于驾驶员在看到信号灯转为绿灯后，有一个反应时间和一个起动加速时间，所以第一个车头时距相对较长；第二辆车从绿灯启亮到前保险杠穿过停止线的时间减去第一辆车

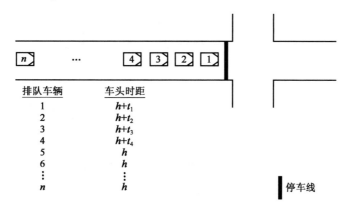

图 3-7　车队通过交叉口的情形图示

前保险杠穿过停止线的时间,作为第二车头时距,这一时间比第一车头时距略短,这是由于第二辆车的驾驶员对绿灯的反应时间与第一位驾驶员的反应时间有所重叠。第三车头时距比第二车头时距更小一点,如此类推。

车头时距解析图如图 3-8 所示,说明了驾驶员对信号的反应和车辆起动过程对车头时距的影响,随着后续车辆的到来逐渐减弱,直到某一时刻,车辆在穿过停止线时已完全加速(一般出现在第四至第六辆车之间)。这一时刻,可以观察到前后车间距大小接近的车头时距。

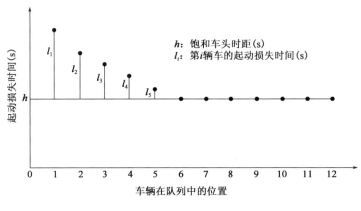

图 3-8　车头时距图

2. 信控交叉口的饱和流率与有效绿灯时间

(1) 饱和流率

饱和流率 S(Saturation Flow Rate),指在一次连续的绿灯时间内,交叉口进口道(Approach)上某车道的连续车队能通过停止线的最大流率。

用于表述饱和流率的是在有效绿灯时间内通过的车辆数。有效绿灯时间不包括绿灯时间内的车辆起动损失时间(Start-up Lost Time)和清空损失时间(Emptying Lost Time)。

(2) 有效绿灯时间

有效绿灯时间(g_e)是指一个周期中实际可用于车道通行的时间。绿灯时间和损失时间的关系如图 3-9 所示。

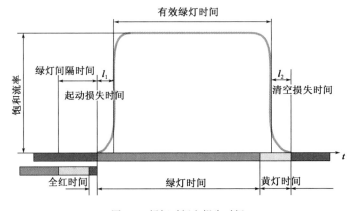

图 3-9　绿灯时间和损失时间

从图 3-9 可以看出,有效绿灯时间的起点滞后于绿灯实际起点。当绿灯启亮交通流开始起动时,前几辆车耗时均大于平均车头时距 $\bar{h}$。将前几辆车的超时(即消耗的时间大于平均车头时距 $\bar{h}$ 的时间)加在一起,即为起动损失时间。以 t_i 表示车队中第 i 辆车的超时,起动损失时间采用下式表示:

$$l_1 = \sum_i t_i \tag{3-13}$$

式中:l_1——起动损失时间(s);
　　　t_i——第 i 辆车的超时(s)。

同样,有效绿灯时间的终止点也滞后于绿灯实际结束点(这是指黄灯期间允许车辆继续通行的情况)。在假定绿灯时间得到充分利用的前提下,清空损失时间(l_2)是指最后一辆车从离开停车线到红灯启亮之间的时间。实际上,清空损失时间主要是指黄灯时间中没被车辆利用的那部分。

由此可得有效绿灯时间的计算公式:

$$g_{ei} = G_i + Y_i - t_L \tag{3-14}$$

式中:g_{ei}——i 流向的有效绿灯时间(s);
　　　G_i——i 流向的实际绿灯显示时间(s);
　　　Y_i——i 流向的黄灯时间(s);
　　　t_L——一次连续绿灯时间内的总损失时间,$t_L = l_1 + l_2$。

(3)饱和车头时距与饱和流率调查与分析

饱和车头时距、饱和流率的调查与分析方法如下:

①观测时间

选 1h 中的高峰 15min 作前后对比分析时,前后观测时间必须一致。

两人观测一条车道,一人观察,一人记录。按信号周期观测,受干扰的周期应予作废,连续观测 15min 以上。

②观察员任务

a. 接近绿灯启亮时,认定红灯期间停车排队的最后一辆车。

b. 绿灯启亮时,打开秒表,并通知记录员准备记录。

c. 每辆车开出停止线时,向记录员报告车型及开出停止线时刻,如:"小 3.5""小 6.5""小 9.5""小 12""小 14.3"等,直到认定的最后一辆车开出停止线。

③记录员任务

把观测员报告的车型与驶出停止线时刻记入记录表,见表 3-2。

④计算方法

先从记录的车辆驶出停止线时刻计算车队的平均饱和车头时距 $\bar{h}_i$,再由 $\bar{h}_i$ 计算饱和流率 S_i,所以必须从记录数据中选取饱和车队的各车驶出停止线的时刻。应注意:必须选记录表中同种车型连续通过停止线的数据;一般前 4 辆车驶出停止线是不饱和的。因此计算 $\bar{h}_i$ 应从第 5 辆车开始。而把前 4 辆车头时距中大于 $\bar{h}_i$ 的部分计作绿灯起动损失时间。按周期统计饱和流率,最终结果整理如图 3-10 所示。

饱和流率观测记录表 表3-2

饱和流率(附起动损失时间)观测记录表

观测交叉口:_____ 进口道:东、南、西、北
车道:直行、左转、右转
观测日期:_____ 时间:_____
观测者:_____

车辆编号	周期1		周期2		周期3		周期4		周期5		周期6		周期7		周期8	
	车型	时刻	车型	时刻	车型	时刻	车型	时刻	车型	时刻	车型	时刻	车型	时刻	车型	时刻
1	小	3.5														
2	小	6.5														
3	小	9.5														
4	小	12.0														
5	小	14.3														
6~9	...	...														
10	小	25.2														
11	中	27.5														
12	小	32.5														
13	小	34.7														

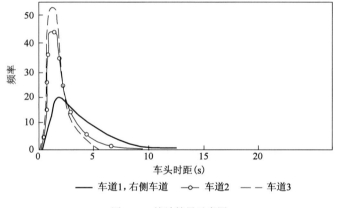

图3-10 统计结果示意图

以记录表中第一周的记录为例,前10辆是小型车,其中第4辆车出停止线时刻是12″.0,第10辆车出停止线时刻是25″.2,则这一车队的平均饱和车头时距为:

$$\bar{h}_i = \frac{25.2 - 12.0}{10 - 4} = 2.2(\text{s/pcu})$$

这一车队的饱和流率:

$$S_i = \frac{3600}{2.2} = 1636[\text{pcu}/(\text{h}\cdot\text{ln})]$$

这一周期的起动损失时间:

$$l_g = 12.0 - 4 \times 2.20 = 3.2(\text{s})$$

3. 延误

延误(Delay)也是一个用于表征间断流服务水平的重要指标。延误的概念如下:

(1)停车延误。指由于信号灯或某些原因使车辆处于停车状态所产生的延误。等于停车时间与车辆由停车到再次起动时驾驶员的反应时间之和。

(2)控制延误。指由交通控制设施引起的延误。对信号交叉口而言,是由于信号控制引起的车辆运行时间的损失,等于车辆通过交叉口的实际时间与以正常速度通过交叉口的时间之差,具体包括停车延误与车辆在达到正常速度之前经历的减、加速延误之和。

(3)引道延误。指车辆在交叉口进口引道实际消耗时间与引道自由行驶时间之差。等于交叉口进口引道停车延误、车辆在停车线之前经历的减速延误、加速延误之和。虽然引道延误不好直接测量,但研究发现信号交叉口每辆车的平均引道延误约是平均停车延误的1.3倍。

通过观测或计算某交叉口进口道直行和左、右转各流向的平均延误就能够确定交叉口进口道各流向的服务水平(Level of Service,简称 LOS)。交叉口理论延误的计算方法详见第十二章。

第三节 道路设施通行能力与服务水平

道路设施通行能力和服务水平是道路规划、设计、管理、运行控制等方面的基本参数,通常随道路等级、线形、交通管理、交通组成、环境条件的不同而发生变化。

一、通行能力概念

通行能力(Capacity)是指在一定的道路、交通、环境条件下,道路上某一断面在单位时间内能通过的最大车辆数(pcu/h)。

厘清通行能力、需求、流量之间的关系,可以更好地理解通行能力概念。需求(Demand)是道路上某一断面在单位时间内期望能通过的车辆数(pcu/h)。当需求小于等于通行能力时,在道路某一断面单位时间内观测到的流量即为需求;当需求大于通行能力时,即出现拥堵,此时观测到的流量接近通行能力;道路某一断面单位时间内观测到的流量通常小于等于通行能力。

从规划、设计和运营的角度,通行能力可分为基本通行能力、实际通行能力和设计通行能力三种,三种通行能力的关系如图3-11所示。

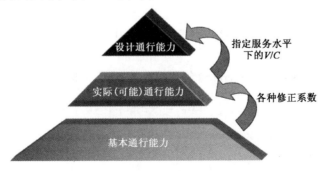

图 3-11 三种通行能力的关系
V-交通量;C-通行能力

基本通行能力是指在理想的道路、交通、控制和环境条件下,在一定的时段内,道路的一条车道或交叉口一条进口道,期望能通过人或车辆的合理的最大小时流率。

实际通行能力也称为可能通行能力,是在具体的道路、交通、控制和环境条件下的通行能力。

设计通行能力是指对应一定设计服务水平的最大服务交通流率。

通行能力是道路交通的一个重要特征指标。影响通行能力的因素主要分为三类:道路(Roadway)条件,交通(Traffic)条件,控制(Control)条件。通行能力分析的目的在于:

(1)确定新建道路的等级、性质、主要技术指标和线形几何要素。

(2)用于交通运行分析,确定现有道路系统或某一路段存在的问题,针对问题提出改进方案和措施,为道路改建和改善提供依据。

(3)为制订交通组织、交通疏导、交通量均衡、交通总量控制和综合治理等交通系统管理方案提供依据。

(4)为制订交通渠化、信号配时优化等交通控制方案的选择及设计等提供依据。

常用的获取通行能力方法有4类:

(1)根据实测交通流数据,结合交通流模型拟合获得通行能力(如流量、密度与速度关系模型)。

(2)根据图表法查出通行能力,如参考规范或《公路通行能力手册》。

(3)根据理论公式如跟驰模型、最小安全车头时距等,推导通行能力。

(4)基于仿真模型,通过流量的加载获得通行能力。

二、道路设施基本通行能力

1. 高速公路基本路段通行能力

高速公路基本路段是匝道影响区或高速公路交织区以外的高速公路路段,如图3-12所示。基本路段通行能力是指在通常的道路和交通条件下,该路段某一断面所容许通过的最大持续交通流率,统计间隔为15min或5min,以pcu/(h·ln)为单位。

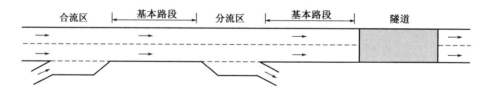

图3-12 基本路段、合流分流区示意图

(1)基本通行能力

根据自由流速度(Free-flow Speed)确定,按最小安全车头时距计算,其计算公式为:

$$C_B = \frac{3600}{h} \tag{3-15}$$

式中:C_B——基本通行能力[pcu/(h·ln)];

h——最小安全车头时距(s)。

我国《公路通行能力手册》给出不同自由流速度对应的基本通行能力取值,见表3-3。

不同自由流速度对应的基本通行能力取值　　　　　　表 3-3

自由流速度(km/h)	120	110	90
设计速度(km/h)	120	100	80
基本通行能力[pcu/(h·ln)]	2200	2100	2000

(2) 实际通行能力

可通过实地观测获得，也可以结合实际道路和交通条件，对基本通行能力进行交通组成修正和驾驶员总体特性修正后计算得出，计算过程可查阅《公路通行能力手册》。

2. 高速公路交织区段、匝道通行能力

高速公路交织(Weaving)区段是指行驶方向大致相同的两股或多股交通流，沿着相当长的路段，不借助交通控制设施进行交叉运行，当合流(Converging)区后面紧跟着分流(Diverging)区，或当一条驶入匝道(Ramp)紧跟着一条驶出匝道，并在二者之间有辅助车道连接的区域叫作交织区段，如图 3-13 所示。而匝道是指连接高速公路互通立交(Interchange)两主线间的一段短路段或进、出高速公路主线的一段通道。

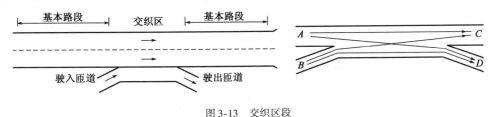

图 3-13　交织区段

(1) 交织区段通行能力

交织区段通行能力指特定比例的交通流受交织区构型、长度和车道数限制及周边环境影响，相互交织作用后，能合情合理通过整个区域的最大小时流率。交织区构型指交织区进出口车道的连接形式，它决定了交织车辆完成交织行为所需的车道变换次数。交织区通行能力分析方法可查阅《公路通行能力手册》。

(2) 匝道通行能力

匝道通行能力分析可按基本路段分析方法进行，《公路通行能力手册》给出的匝道基本通行能力取值如表 3-4 所示。

匝道基本通行能力取值　　　　　　表 3-4

匝道自由流速度(km/h)	基本通行能力[pcu/(h·ln)]	
	单车道匝道	双车道匝道
[60,70)	1600	3000
[50,60)	1400	2500
[40,50)	1200	2000

3. 一级、二级、三级公路路段通行能力

一级公路为供车辆分向、分车道行驶，可根据需要控制出入的多车道公路。

二级、三级公路是我国公路网中最普遍的一种公路形式，是供车辆分向、分车道行驶公路。

一级、二级、三级公路路段基本通行能力根据自由流速度确定,在《公路通行能力手册》中取值如表3-5和表3-6所示。实际条件下的通行能力可以通过对基本通行能力进行车道宽度和硬路肩宽度修正、方向分布系数修正、路侧干扰修正系数计算得到。

一级公路不同自由流速度对应的基本通行能力值 表3-5

自由流速度(km/h)	100	90	80
设计速度(km/h)	100	80	60
基本通行能力[pcu/(h·ln)]	2000	1900	1800

二级、三级公路不同自由流速度对应的基本通行能力值 表3-6

自由流速度(km/h)	90	70	≤50
设计速度(km/h)	80	60	≤40
基本通行能力[pcu/(h·2ln)]	2800	2500	2400

4. 城市快速路路段通行能力

我国《城市道路工程设计规范》(CJJ 37—2012)中建议的快速路(Expressway)基本路段一条车道的基本通行能力和设计通行能力的规定如表3-7所示。需要注意,快速路应根据交通流行驶特征分为基本路段、分合流区和交织区。

快速路基本路段一条车道的通行能力 表3-7

设计速度(km/h)	100	80	60
基本通行能力(pcu/h)	2200	2100	1800

当道路有多条车道时,多车道通行能力应考虑车道利用系数,如表3-8所示。

车道利用系数 表3-8

车道位置	第一车道	第二车道	第三车道	第四车道	第五车道
车道利用系数	1.00	0.80~0.89	0.65~0.78	0.50~0.65	0.40~0.52

5. 交叉口通行能力

信号控制交叉口通行能力是交叉口各进口道通行能力之和,一般以小车当量单位计。计算方法详见第十二章。

三、道路设施服务水平概念

服务水平(Level of Service,简称LOS)不是交通流特征指标,而是指道路使用者从道路状况、交通与控制条件、道路环境等方面可能得到的服务程度或服务质量。其评价指标由多项定性或定量指标组成。目前服务水平大体按下列指标划分:

(1)行车速度和运行时间。
(2)车辆行驶时的自由程度(通畅性)。
(3)交通受阻或受干扰的程度,以及行车延误和每公里停车次数等。
(4)行车的舒适性和乘客满意的程度。
(5)每车道每公里范围内车辆的最大密度。
(6)经济性(行驶费用)。

由于实际确定服务水平等级时,难以全面考虑和综合上述各个因素,通常针对每种道路设施,需要采用最能说明其运行质量的一项或几项运行参数来确定其服务水平。为了衡量道路为驾驶员、乘客所提供的服务质量,需要对服务水平进行分级。各国服务水平等级划分不一,一般根据本国的道路交通具体条件划分为3~6个等级。

四、道路设施设计通行能力与服务水平分级

道路设施选取设计通行能力时,在兼顾节省建设经费和高效运营原则的基础上,通常设计服务水平不应低于三级或四级。中华人民共和国行业标准《城市道路工程设计规范》(CJJ 37—2012)中规定,城市快速路设计服务水平不应低于三级。中华人民共和国行业标准《公路工程技术标准》(JTG B01—2014)规定,高速公路和各级公路设计服务水平应符合表3-9。

各级公路设计服务水平 表3-9

公路等级	高速公路	一级公路	二级公路	三级公路
设计服务水平	三级	三级	四级	四级

1. 高速公路基本路段服务水平与设计通行能力

中华人民共和国行业标准《公路工程技术标准》(JTG B01—2014)把高速公路服务水平划分为六级,V/C值作为主要的评价指标如表3-10所示。高速公路基本路段一条车道设计通行能力如表3-11所示。

我国高速公路基本路段服务水平分级表 表3-10

服务水平	V/C值	设计速度(km/h)		
		120	100	80
		最大服务交通量 [pcu/(h·ln)]	最大服务交通量 [pcu/(h·ln)]	最大服务交通量 [pcu/(h·ln)]
一级	$V/C \leq 0.35$	750	730	700
二级	$0.35 < V/C \leq 0.55$	1200	1150	1100
三级	$0.55 < V/C \leq 0.75$	1650	1600	1500
四级	$0.75 < V/C \leq 0.90$	1980	1850	1800
五级	$0.90 < V/C \leq 1.00$	2200	2100	2000
六级	$V/C > 1.00$	0~2200	0~2100	0~2000

注:V/C是在基本条件下,最大服务交通量与基本通行能力之比,基本通行能力是五级服务水平条件下对应的最大小时交通量。

高速公路基本路段一条车道的设计通行能力 表3-11

设计速度(km/h)	120	100	80
设计通行能力[pcu/(h·ln)]	1650	1600	1500

根据交通流状态,各级服务水平下的交通流状态描述如下:

(1)一级服务水平。交通流处于完全自由流状态。交通量小,速度高,车流密度小,驾驶员能自由地按照自己的意愿选择所需速度,行驶车辆不受或基本不受交通流中其他车辆的影响。为驾驶员、乘客提供优良的舒适度和方便性。较小的交通事故或行车障碍的影响容易消除,在事故路段不会产生停滞排队现象。

(2)二级服务水平。交通量较前增加,交通处在较好的稳定流范围内。驾驶员基本上可

以按照自己的意愿选择行驶速度,但是要开始注意交通流内有其他使用者,驾驶员舒适水平比一级稍有下降,较小事故或行车障碍容易消除,在事故路段的运行服务情况比一级差一些。

(3)三级服务水平。交通流处于稳定流的上半段,车辆之间的相互影响变大,选择速度受其他车辆的制约,驾驶员舒适与便利程度有明显下降,较小交通事故仍能消除,但事故发生路段的服务质量大大降低,会形成排队车流。

(4)四级服务水平。交通流处于稳定流范围较差部分,车辆速度和驾驶自由度均受到明显限制,舒适与便利程度低下。交通量稍有增加就会导致服务水平的显著降低,即使较小的交通事故也难以消除,会形成很长的排队车流。

(5)五级服务水平。交通流处于不稳定范围,在交通拥堵流的上半段,接近或达到该水平最大交通量时,交通流的任何干扰,例如车流从匝道驶入或车辆变换车道,都会对交通流产生较大运行障碍,驾驶自由度、舒适便利程度非常低。

(6)六级服务水平。交通流处于不稳定范围,为强制流或阻塞流状态。这一服务水平下,车辆经常排队,跟着前面的车辆出现停停走走,可能在不同交通状态之间发生突变。

在不同的服务水平下,服务交通量是不同的。服务交通量是指在通常的道路条件、交通条件、控制条件和规定的服务水平下,道路的某一断面或均匀路段在单位时间内所能通过的最大小时交通量。通常,服务水平高的道路行车速度快,驾驶自由度大,舒适性与安全性好,但是其相应的服务交通量小;反之,允许的服务交通量大,则服务水平低。服务交通量不是一系列连续值,而是不同的服务水平条件允许通过的最大值,反映的是在某一特定服务水平下道路所能提供的疏导交通的能力极限,是不同服务水平之间的流量界线。图 3-14 是美国 TRB 编的《通行能力手册》(HCM2016)给出的高速公路服务水平与最大服务流率的关系,图中速度单位为 mile/h,密度单位为 pcu/(mile·ln)。

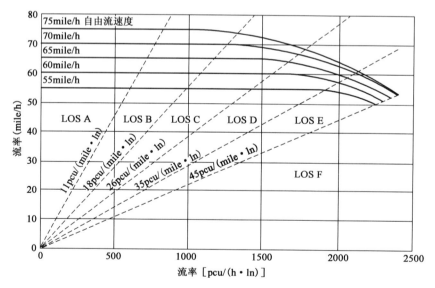

图 3-14 高速公路服务水平与最大服务流率的关系

2. 高速公路交织区段、匝道服务水平

在《公路通行能力手册》中,交织区服务水平以 V/C 值作为主要评价指标,小客车实际行驶速度与基准自由流速度的差值作为次要评价指标,将一级至五级服务水平细分为三种状态,各级服务水平对应的指标如表 3-12 所示。交织区设计服务水平宜与主线基本路段设计服务水平相一致。

交织区服务水平分级 表 3-12

服务水平等级		分级指标	
		主要指标	次要指标
		V/C 值	小客车实际行驶速度与基准自由流速度差(km/h)
一级	1	V/C≤0.35	≤10
	2		(10,20]
	3		>20
二级	1	0.35<V/C≤0.55	≤10
	2		(10,20]
	3		>20
三级	1	0.55<V/C≤0.75	≤20
	2		(20,30]
	3		>30
四级	1	0.75<V/C≤0.90	≤20
	2		(20,35]
	3		>35
五级	1	0.90<V/C≤1.00	≤30
	2		(30,40]
	3		>40
六级		V/C>1.00	

匝道服务水平常与合流区、分流区服务水平统一分析,《公路通行能力手册》中以 V/C 值作为主要评价指标,小客车实际行驶速度与基准自由流速度的差值作为次要评价指标。

3. 一级、二级、三级公路路段服务水平与设计通行能力

中华人民共和国行业标准《公路工程技术标准》(JTG B01—2014)中,一级公路服务水平评价指标主要采用 V/C。一级公路基本路段服务水平分级如表 3-13 所示,一条车道设计通行能力如表 3-14 所示。

我国一级公路基本路段服务水平分级 表 3-13

服务水平	V/C 值	设计速度(km/h)		
		100	80	60
		最大服务交通量 [pcu/(h·ln)]	最大服务交通量 [pcu/(h·ln)]	最大服务交通量 [pcu/(h·ln)]
一级	V/C≤0.3	600	550	480
二级	0.3<V/C≤0.5	1000	900	800
三级	0.5<V/C≤0.7	1400	1250	1100
四级	0.7<V/C≤0.9	1800	1600	1450
五级	0.9<V/C≤1.0	2000	1800	16000
六级	V/C>1.0	0~2000	0~1800	0~1600

一级公路一条车道的设计通行能力　　　　　表3-14

设计速度(km/h)	100	80	60
设计通行能力[pcu/(h·ln)]	1400	1250	1100

由于二级公路和三级公路在路网中的功能有别,因此服务水平分级的评价指标也有所不同。二级公路是城市间的主要连接道路,或是连接高速公路的主要道路,通畅直达性要求较高,服务水平分级评价指标采用V/C、行驶速度和延误率。三级公路主要连接小城镇,或作为农村道路,主要解决通达性,因此服务水平指标采用V/C和延误率。延误率指车辆在行驶过程中因不能超越前方慢车而必须跟驰的车辆数占全部车辆数的比例,通常定义为车头时距小于或等于5s的车辆数占总交通量的百分比。《公路工程技术标准》(JTG B01—2014)的二级、三级公路服务水平分级如表3-15所示,基准条件下的设计通行能力如表3-16所示。

二级、三级公路服务水平分级指标表　　　　　表3-15

服务水平	延误率(%)	设计速度(km/h)									
		80				60				≤40		
		行驶速度(km/h)	V/C			行驶速度(km/h)	V/C			行驶速度(km/h)	V/C	
			禁止超车路段比例(%)				禁止超车路段比例(%)				禁止超车路段比例(%)	
			<30	[30,70)	≥70		<30	[30,70)	≥70		<30	[30,70)	≥70
一级	≤35	≥76	0.15	0.13	0.12	≥58	0.15	0.13	0.11		0.14	0.12	0.10
二级	(35,50]	[72,76)	0.27	0.24	0.22	[56,58)	0.26	0.22	0.20		0.25	0.19	0.15
三级	(50,65]	[67,72)	0.40	0.34	0.31	[54,56)	0.38	0.32	0.28		0.37	0.25	0.20
四级	(65,80]	[58,67)	0.64	0.60	0.57	[48,54)	0.58	0.48	0.43		0.54	0.42	0.35
五级	(80,90]	[48,58)	接近1.00	接近1.00	接近1.00	[40,48)	接近1.00	接近1.00	接近1.00		接近1.00	接近1.00	接近1.00
六级	>90	<48	≥1.00	≥1.00	≥1.00	<40	≥1.00	≥1.00	≥1.00		≥1.00	≥1.00	≥1.00

二级、三级公路基准条件下的设计通行能力　　　　　表3-16

设计速度(km/h)		80	60	40
设计通行能力[pcu/(h·ln)]	三级	1100	800	500
	四级	1600	1450	850

注:基准条件指设计速度80km/h、60km/h、40km/h对应禁止超车路段比例为<30%、[30%,70%)、≥70%条件。

4. 城市快速干道服务水平与设计通行能力

我国《城市道路工程设计规范》(CJJ 37—2012)中,只规定了城市快速干道基本路段的服务水平。衡量快速干道基本路段服务水平的主要指标为密度、平均速度、饱和度、最大服务交通量。快速干道基本路段服务水平按设计速度可分为四级,如表3-17所示;一条车道设计通行能力如表3-18所示。

5. 交叉口服务水平

信号控制交叉口服务水平分级以通过交叉口每辆车的平均延误时间(s)为依据,因为在交叉口,车辆感受约束最大的就是时间延误。详细分级情况见第十二章。

城市快速干道基本路段服务水平分级　　　　　　　　表 3-17

设计速度(km/h)	服务水平等级		密度[pcu/(km·ln)]	平均速度(km/h)	饱和度(V/C)	最大服务交通量[pcu/(km·ln)]
100	一级(自由流)		≤10	≥88	0.40	880
	二级(稳定流上段)		≤20	≥76	0.69	1520
	三级(稳定流)		≤32	≥62	0.91	2000
	四级	(饱和流)	≤42	≥53	≈1.00	2200
		(强制流)	>42	<53	>1.00	—
80	一级(自由流)		≤10	≥72	0.34	720
	二级(稳定流上段)		≤20	≥64	0.61	1280
	三级(稳定流)		≤32	≥55	0.83	1750
	四级	(饱和流)	≥50	≥40	≈1.00	2100
		(强制流)	<50	<40	>1.00	—
60	一级(自由流)		≤10	≥55	0.30	590
	二级(稳定流上段)		≤20	≥50	0.55	990
	三级(稳定流)		≤32	≥44	0.77	1400
	四级	(饱和流)	≤57	≥30	≈1.00	1800
		(强制流)	>57	<30	>1.00	—

快速路基本路段一条车道的设计通行能力　　　　　　　　表 3-18

设计速度(km/h)	100	80	60
设计通行能力(pcu/h)	2000	1750	1400

习题

3-1　两辆车分别在一个 1km 的环道上匀速行驶,速度分别为 40km/h 和 30km/h,可自由超车,经过 1h 观测,试问该环道交通流时间平均速度和空间平均速度分别是多少?一般情况下,为什么空间平均车速低于时间平均车速?

3-2　高峰小时内于 200m 长路段 L 两端断面 A 和断面 B 同步连续观测跟踪车队每辆车的到达时间 t_a 和 t_b,记录如表 3-19 所示,试确定车队的参数 q、k、v。

路段上车队每辆车的到达时间 t_a 和 t_b 记录　　　　　　　　表 3-19

车序	1	2	3	4	5	6	7	8	9	10	11
t_a(s)	22.5	24.6	27.0	29.0	32.1	35.0	38.5	40.4	43.0	46.1	49.1
t_b(s)	2.1	4.0	7.3	9.4	11.9	15.3	17.9	20.0	22.4	25.7	32.3

3-3　一段单车道公路交通流规律符合格林希尔治模型。测得自由流车速为 80km/h,阻塞密度为 75veh/km。计算该路段通行能力以及对应的最佳速度和最佳密度。绘出流量-速度

关系曲线,标出自由流速度、最佳速度和通行能力。

3-4 已知某连续流的速度和密度关系式为 $u = 61.2 \times e^{-0.015k}$,试确定自由流车速、拥挤密度、速度-流量关系式、密度-流量关系式、最大流量。

3-5 设某连续车流的速度与密度的关系为 $u = 88 - 1.6k$,且流密速符合交通流基本模型。如果要限制车流的实际流量不大于最大流量的 0.8 倍。速度单位为 km/h,密度为 veh/km。

(1)试求此条件下速度的最低值和密度的最高值(假定车流的密度<最佳密度 k_m)。

(2)若此时交通流处于 F 级服务水平,则此时密度最低值是多少?

3-6 图 3-15 中实线折线表示某一路段的交通需求随时间变化情况,虚线表示路段通行能力(假设通行能力不随时间变化)。请绘制该路段相应的流量时变曲线图,说明通行能力的限制对流量时变曲线的影响。

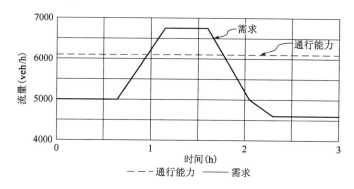

图 3-15 道路某一断面观测点需求与通行能力时变曲线

3-7 实测一条城市道路路段一条车道和交叉口一条直行车道的通行能力,请说明路段、交叉口一条车道的通行能力实测值是否相同,为什么?

3-8 请分析高速公路、一级公路、二级公路、三级公路路段服务水平评价指标差别性的原因。

第四章
行人与非机动车交通流特性

第一节 行人交通流特性

一、步行交通特性

行人(Pedestrian)步行交通具有出行目的多元性和随机性的特点。步行既可以是有明确目的的单纯交通通行行为,也可以是漫无目的的散步,或者是两者的结合,如购物或参观游览。不同出行目的下行人的步行速度、交通服务要求有显著差异,如表4-1所示。

三类典型步行目的及步行特征　　　　表4-1

出行目的	图示	典型行为	步行速度(m/s)	交通服务要求
具有交通出行目的的两点间位置移动		通勤交通	1.3~2.5	快速通过,便捷
伴随其他行为目的的移动		购物、游园	0.7~1.3	舒适的、有吸引力的空间环境
移动过程即为目的的移动		散步	0.8~1.2	

二、行人交通特征指标

为了理解行人在公路和城市道路上行走、停留过程中的安全设计和人性化设计需求,必须了解行人空间通行尺寸要求、步行速度、行人过街的等待时间、过街绕行阈值、车撞人伤害程度等关键指标。

1. 空间通行尺寸要求

人们行走时随着身体重心在两脚间转换,人体出现横向摆动,不带行李的标准行人行走横向宽度为75cm,轮椅推行时横向宽度为100cm。在行走过程中所需要的纵向空间由步幅区(生理需求)与感知区(心理需求)组成,如图4-1所示。通常平均步幅区长度取64cm,感知区主要受行人视觉、心理和安全感等因素影响,水平通道上以正常行走速度与舒适视觉角度前进,感知区取值应大于210cm。因此,舒适行走需要的通行空间为2.2m²/人以上。

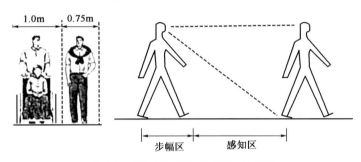

图4-1 行走中的横向、纵向空间示意图

人的通行空间是最能反映人员密集程度的指标,也是表达客流风险最直接的因素。目前对人群拥挤的安全密度尚无统一的标准。国内外文献指出,8~10人/m²是大多数人开始感觉到拥挤和不安的阈值,人群开始出现波动情况,有可能发生事故。

2. 步行速度

影响行人步行速度大小的因素有:行人个体因素,包括人种、年龄、性别、行动能力、健康程度等;出行因素,包括出行目的、路线熟悉程度、行李携带情况、出行长度等;行人步行交通设施因素,包括设施类型、坡度、安全出口等;环境因素,包括周围环境、天气条件和人流密度等。

在交叉口信号配时中,行人步行速度取值应具有可靠性,即保证85%的行人步行速度不低于该取值;应注意老年人步行速度取值,例如,上海老年男性的平均步行速度为1.01m/s,老年女性的平均步行速度为0.96m/s;同时还应考虑适用于具有生理障碍的行人。关于不同障碍、不同辅助器具类型的行人步行速度研究见表4-2。

我国的《城市道路交叉口规划规范》(GB 50647—2011)中规定行人设计步速为1.0m/s,行人过街绿灯时长不得小于行人安全过街所需的时间。

具有生理障碍的行人步行速度 表4-2

伤残/辅助器械	平均步行速度(m/s)
手杖/拐杖	0.8
助步器	0.6

续上表

伤残/辅助器械	平均步行速度（m/s）
轮椅	1.1
膝关节固化	1.1
膝下截肢	0.7
膝上截肢	0.6
髋关节炎	0.7~1.1
类风湿性关节炎（膝盖）	0.7

3. 行人过街的等待时间

行人过街的等待时间（Waiting Time）是行人过街的重要影响因素之一。行人等待时间包括：行人平均等待时间、行人最大等待时间、行人可忍受等待时间阈值。

（1）行人平均等待时间：是指一个信号周期内，所有行人等待时间总和与行人数的比值，也是行人平均延误。在德国《道路通行能力手册》（HBS2011）、美国《通行能力手册》（HCM2016）等西方国家的规范中，这一指标主要用于评价信控交叉口行人服务水平。

（2）行人最大等待时间：是指一个信号周期内，行人等待行人绿灯启亮所需的最长时间，等于信号周期时间与行人绿灯显示时间的差值。

（3）行人可忍受等待时间阈值：是指行人对等待时间存在一定的容忍限度，超过此限度行人会感到不适，甚至闯红灯过街。该时间限度即为行人可忍受等待时间阈值。当行人最大等待时间小于或等于行人可忍受等待时间时，认为行人基本能够按照信号灯色通行，行人交通流的可控性较好；反之，行人交通流的可控性较差，强行穿越机动车流的行人比例很高。

德国《信号控制规范》（RiLSA）通过实测，给出行人可接受等待时间阈值为60s。美国《通行能力手册》（HCM2016）指出行人平均等待时间大于40s时，行人闯红灯概率高。我国浙江省《城市道路人行过街设施规划与设计规范》（DB33/1058—2008）、安徽省《城市道路交叉口信号控制设计规范》（DB34/T 2423—2015）列出了同济大学在杭州、合肥调查研究的结果：在交通流量较大的主支相交路口，行人最大可忍受等待时间为90s，超过此时间限值，行人过街处于不可控局面；安全岛上行人的最大可忍受等待时间为50s。

4. 过街绕行阈值

过街绕行距离指总步行距离减去直线距离。步行者由于体力、心理因素，对过街绕行距离存在一定的容忍限度，超过此限，步行者往往会铤而走险，该容忍限度即为过街绕行阈值（Detour Threshold）。城市干路过街设施间距规划的约束因素包括：过街绕行阈值、道路等级、用地类型、慢行优先权。道路等级越低，慢行优先权越高，步行过街设施间距宜取小值。

《城市道路交通规划设计规范》（GB 50220—1995）中规定，在城市主干路和次干路的路段上，人行过街通道的间距宜为250~300m。

同济大学对上海市居民在干路上的过街绕行距离阈值调查结果显示，主干路绕行阈值最大为180m，最小约为60m；次干路绕行阈值最大为100m，最小约为40m。基于过街绕行阈值调查，结合道路等级、用地类型、行人数量等要素，干路过街设施间距阈值推荐值为：在居住、商业等步行密集区域主干路过街设施间距不应大于250m，次干路过街设施间距不应大于200m；在工业园区等步行活动较少区域主干路过街设施间距不宜大于500m。

5. 车撞人伤害程度

车撞人时,行人所受的伤害程度取决于车辆速度:当车速低于30km/h时,行人有90%的存活机会;超过30km/h时,行人罹难的概率即呈指数增长;超过50km/h后,其死亡概率则高达80%,如图4-2所示。因此,国内外城市通常将重要街区的车辆速度限制于30~50km/h,以免伤害超过行人的生理承受阈值。为了更好地理解车撞人的危险性,基于动量原理估算不同车速下行人受撞的等效坠落高度,如表4-3所示。虽然车撞人与高空坠落风险相近,但是行人对车撞人的危险认识远低于对高空的恐惧。图4-3再现了表4-3的行人违法过街风险性。

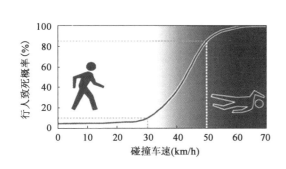

图4-2 行人致死概率与撞击车辆速度的关系

图4-3 行人违法过街风险示意

行人被不同车速车辆撞击后的等效坠落高度　　　　表4-3

撞击时车速(km/h)	20	30	40	50	60	80
等效坠落高度(m)	1.6	3.5	6.3	9.8	14.2	24
等效坠下的楼层	1楼	2楼	3楼	4楼	5楼	9楼

注:等效坠下的楼层以每层楼距3m计。

三、行人交通流量、密度、速度关系

行人受环境限制的影响小,可以任意选择其行动方向,行人行进路线不像机动车道那样规则划分,按道行驶。因此,在大多数情况下行人无需也不可能像汽车交通那样以整齐的"队列"行进,而是在可能的空间内以不规律的方式"蛇行"或交错地向前运动。

在开放(没有明确边界)的人行道上,一旦出现拥挤,由于行人交通的随机性,行人可能会离开人行道而进入邻近车行道上行走。因此,开放人行道上行人的"流体"特征不显著,行人速度、密度及流量三参数之间的关系关联性不强。

当众多行人个体出行目的明确一致,且同时在具有一定边界的步行空间通过时(如地铁站通道、楼梯内的客流),就形成了流动性、整体性较强的行人流。行人流在一定程度上可近似为可压缩的均质流,是行人交通流理论研究的重要目标。

1. 行人流量、密度、速度及行人占据空间

(1)行人流量:单位时间内通过某一断面的行人数,单位是人/(min·m)。研究流密速关系的单位观测时间可以是 30s、1min 或其他间隔。

（2）行人速度：指单位观测时间内行人的平均步行速度，单位是 m/s。

（3）行人密度：通道或楼梯单位面积上的平均行人数量，单位是人/m²。

（4）行人占据空间：通道或楼梯上每个行人的占用面积，单位是 m²/人，是行人密度的倒数，更适用于人行设施的分析。该空间的大小与人的活动有关，一般随步行速度的增加而增加。静态空间与动态空间具有相当大的差别。

静态空间（表4-4）应考虑以下三个因素：

①行人站立的空间需求（按照人体椭圆面积计算），如图4-4所示。

②行人携带行李物品时的空间需求修正。

③感觉舒适的空间需求（考虑行人站立时的心理缓冲空间）。

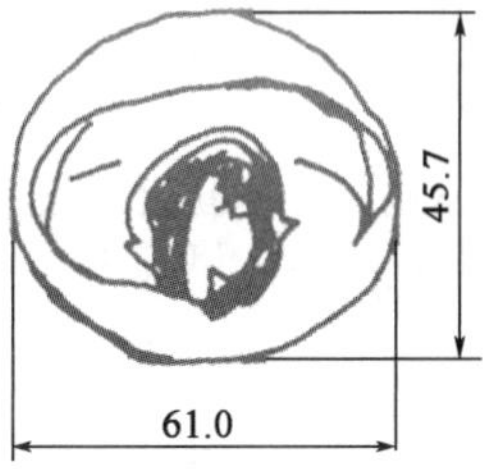

图4-4 人体椭圆图（尺寸单位：cm）

静 态 空 间 要 求　　　　　　　　　表4-4

考虑的因素	行人站立	携带行李	感觉舒适
空间需求（m²/人）	0.21	0.40~0.55	0.74~0.95

注："携带行李空间"考虑到行人携带轻物或大人带一小孩同行的最小面积。

动态空间（表4-5）应考虑以下三个因素：

①人群按照较理想的期望速度对应的空间要求。

②穿越或超越（横向、纵向）行人群的空间需求。

③行人舒适行走的空间需求（考虑心理缓冲空间）。

动 态 空 间 要 求　　　　　　　　　表4-5

考虑的因素	人群按照期望速度行走所需空间	穿越行人群	舒适行走
空间需求（m²/人）	>1.40	>1.67	2.20~2.26

注：当行人空间值小于1.40m²/人时，人群中所有的行人都不能按自己的期望速度行走。

2. 速度-密度关系

通道行人流量、密度、速度三者之间的定量关系反映了行人流的宏观运行特性。由于行人流中每一个体总是根据其邻近其他个体的状态调整自身步行行为，因此，速度-密度关系是交通流三参数中最重要、最本质的模型，刻画了不同密度条件下个体间相互作用的强度。流量-密度关系则描述了不同聚集密度下步行设施单位宽度在单位时间内的行人通过量，是确定设施通行能力与服务水平的重要依据。速度-流量关系反映不同流量条件下行人流可获得的平均行走能力（速度）。

和机动车宏观交通流特征类似，行人在固定宽度的路侧步行道或封闭通道内步行时，速度和密度也有相关关系：随着行人密度的增加，速度相应降低，以上海市为例，如图4-5所示。单向水平通道在行人流密度较低（≤0.5人/m²）阶段，为自由流状态，速度保持稳定，基本不随密度变化；密度大于0.5人/m²后，速度随密度增加保持缓慢下降。

行人在步行通道上并非以均匀分布的方式行走，往往是通道中轴线附近的人流密度较高，而靠近两侧的人流密度较低（行人移动的"向心性"），从而导致通道两侧附近的人流速度高，中轴线附近的人流速度低。这种现象被称为行人流速度分布的边缘效应，如图4-6所示。

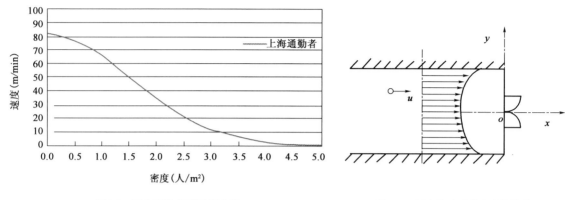

图4-5 行人速度-密度关系曲线　　图4-6 行人流速度分布边缘效应

3. 流量-密度关系

单向水平通道的行人流量-密度曲线如图4-7所示。曲线上存在一个最佳密度点,在最佳密度点处流量达到最大。当人流密度从低逐渐增加至最佳密度,流量也逐步增加;当人流密度大于最佳密度后,随着密度增加,流量逐步减少。

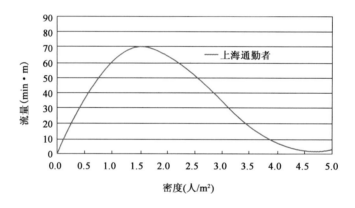

图4-7 单向水平通道行人流量-密度关系曲线

4. 速度-流量关系

行人速度和流量的关系如图4-8所示(以上海市为例),当行人流量较少时,速度较高;而当流量增加时,速度降低。当流量超过通行能力时,由于行走空间受限,流量和速度均减少。由于行人对流量的敏感性低于密度,因此,速度随流量增加的变化幅度并不显著,在行人交通流中,"流量 = 密度 × 速度"并不完全适用。

四、行人设施通行能力与服务水平

1. 基本概念

(1)行人设施通行能力:某人行设施能够通过或容纳的最大行人数量,用单位时间通过的人数或单位面积容纳的人数表示。

(2)行人设施服务水平:是评估行人活动空间的通行能力和舒适性的有效手段。服务水平分级主要基于行人自由选择期望速度与超越其他行人的能力,同时还衡量行人交通特有的一些属性,如穿越横向行人交通流的能力、与主要人流方向逆向行走的能力。

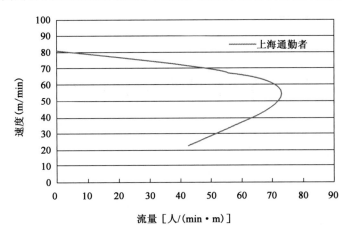

图 4-8 通道行人速度-流量关系曲线

2. 人行设施基本通行能力

《城市道路工程设计规范》(CJJ 37—2012)规定的人行设施基本通行能力和设计通行能力如表 4-6 所示。

人行设施基本通行能力和设计通行能力　　　　表 4-6

人行设施类型	基本通行能力[人/(h·m)]	设计通行能力[人/(h·m)]
人行道	3300	2800~3000
人行横道(绿灯时间)	2700	2000~2400
人行天桥	2400	1800~2000
人行地道	2400	1440~1640
车站码头的人行天桥、人行地道	1850	1400

注:行人较多的重要区域设计通行能力宜采用低值,非重要区域宜采用高值。

3. 人行道服务水平分级

《城市道路工程设计规范》(CJJ 37—2012)按照人均占用面积、人均纵向间距、人均横向间距、步行速度、最大服务交通量四个指标,给出四级人行道服务水平分级标准,如表 4-7 所示。人行道设计时宜采用三级标准。

人行道服务水平　　　　表 4-7

指　　标	服务水平一级	服务水平二级	服务水平三级	服务水平四级
人均占用面积(m^2)	>2.0	1.2~2.0	0.5~1.2	<0.5
人均纵向间距(m)	>2.5	1.8~2.5	1.4~1.8	<1.4
人均横向间距(m)	>1.0	0.8~1.0	0.7~0.8	<0.7
步行速度(m/s)	>1.1	1.0~1.1	0.8~1.0	<0.8
最大服务交通量[人/(h·m)]	1580	2500	2940	3600

在美国《通行能力手册》(HCM2016)中,人行道的服务水平以出行者的感知研究作为基础,如通过调查行人对城市特定街道上的服务质量的评价和行人在人行道上平均占用的空间

大小来评估服务水平。A 级代表最优质的服务,F 级代表最差的服务,A～F 级是由行人的出行体验及对服务质量的感知确定。

第二节　非机动车交通流特性

一、非机动车交通特征指标

现行的《中华人民共和国道路交通安全法》(2011 年)和《电动自行车通用技术条件》(GB 17761—1999)规定:非机动车包括人力驱动的自行车以及符合国家标准有动力装置驱动的助动车和残疾人机动轮椅车等交通工具。因此,我国道路上的非机动车道,实际是人力驱动的自行车与由电力、燃油或燃气驱动的助动车的混行车道。

为了理解两种车辆在公路和城市道路系统中的安全设计和人性化设计的需求,必须了解它们的尺寸、骑行动态空间、骑行速度、动力特性以及非机动车绕行时空阈值等关键指标。

1. 非机动车尺寸

助动车、自行车车型尺寸如表 4-8 所示。

助动车、自行车车型尺寸　　　　　　　表 4-8

车　　型		车长(cm)	车宽(cm)	车高(cm)
小型车	轮式电动自行车	138～180	50～65	100～115
大型车	踏板式电动车及燃气(油)助动车	180～196	65～80	110～125
26 型脚踏自行车		182	55～60	100
28 型脚踏自行车		194	55～60	115

2. 骑行动态空间

自行车骑行者在路段上正常骑行时,横向动态宽度为 1.0m/辆,如图 4-9 所示,助电动车横向动态宽度为 1.5m/辆。

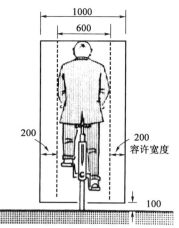

图 4-9　自行车横向动态宽度(尺寸单位:mm)

在不同速度下自行车动态占用道路面积有较大差异,自由流状态下当自行车骑行速度为 10km/h 时,动态占用道路面积为 5.2m^2;当自行车骑行速度为 12km/h 时,占用道路面积为 6.2m^2;当自行车骑行速度为 15km/h 时,占用道路面积为 10.3m^2;当自行车骑行速度为 20km/h 时,占用道路面积为 12.1m^2。

3. 骑行速度

(1) 自行车

自行车的骑行速度同骑车人的体力、心情和意志的控制有关。影响自行车骑行速度的其他因素有:自行车类型、自行车道路的路面类型、道路坡度以及自行车道上与其他车辆或行人混行的情况、天气情况。据观测,纵坡度为1%时,青壮年骑车者上坡速度为10～15km/h;纵坡度为2%时,上坡速度为7～12km/h;纵坡度为3%时,上坡速度约为5km/h。

(2)助电动车

助电动车的行驶速度与道路条件、交通状况、车辆状况,骑行人身体平衡的掌握、心情,天气、环境等因素有密切关系。

目前国内对有助电动车行驶的非机动车道设计速度尚无明确规定。《电动自行车通用技术条件》(GB 17761—1999)规定:"电动自行车最高时速不超过25km,质量(重量)不大于55kg。"在《机动车运行安全技术条件》(GB 7258—2017)中,把最高车速20km/h作为区分电动自行车或轻便摩托车的界限。《中华人民共和国道路交通安全法》规定,电动自行车应当在非机动车道内行驶,最高行驶速度不得超过15km/h。

目前的电动自行车在有限速装置的情况下,最高速度可以达到25km/h,拆除限速装置后速度可以达到35km/h以上。因此,路段上自行车和助电动车的平均运行速度差别显著,实地调查显示自行车速度约为15km/h,助电动车速度约为23km/h,助电动车的车速为自行车的1.5～1.7倍。自行车、助电动车运行速度都近似呈正态分布(Normal Distribution),自行车的速度范围较助电动车集中[自行车速度标准差(Standard Error)<4km/h,助电动车速度标准差≈6km/h]。上海武宁路机非实物隔离设施条件下自行车与助电动车速度分布与累积频率曲线如图4-10所示。

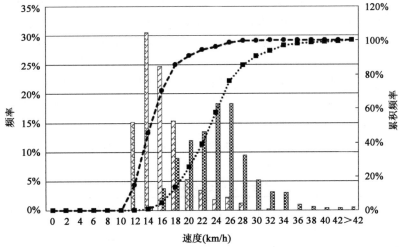

图4-10 机非硬隔离设施自行车与助电动车速度分布与累积频率曲线图(武宁路)

不同城市之间自行车和助电动车的速度无明显差异,如表4-9和表4-10所示。性别和年龄对自行车和助电动车的车速影响也不大。

自行车和助电动车车速对比　　表4-9

城　　市	自行车速度(km/h)	助电动车速度(km/h)	类　　型
昆明	14.8	21.9	路段
南京	16.7	23.3	路段

续上表

城 市	自行车速度(km/h)	助电动车速度(km/h)	类 型
上海	13.5	21.5	路段、自由流
成都	14.7	22.6	路段、自由流
杭州	14.4	23.6	路段
上海	12.7	17.7	交叉口
成都	10.8	14.4	交叉口

上海助电动车路段车速调查 表4-10

道路名称	道路等级	所在区域	机非分隔形式	均值(km/h)	最大值(km/h)	最小值(km/h)
海宁路	主干道	内环内	物理分隔	25.94	56.25	15.25
武宁路	主干道	内中环间	物理分隔	23.83	42.00	13.00
龙吴路	主干道	内中环间	物理分隔	23.01	41.00	10.00
曹杨路	次干道	内中环间	物理分隔	25.40	45.00	11.25
康定路	支路	内环内	划线分隔	20.82	31.03	10.47
清河路	支路	外环外	划线分隔	17.85	25.00	11.25

4. 动力特性

(1) 自行车

普通自行车行进时的动力是由骑行者自身提供的,成年男子付出的功率约为0.22kW。若持续蹬车30min以上,成年男子只能付出0.15kW,成年女子能够付出的平均功率约为男子的70%。行驶时间越长,骑车人所发挥出的功率越小,速度越慢,所以普通自行车不适合用于远程交通。

山地自行车可以通过变速系统来调整骑行者踩踏出力和轮胎扭力之间的转换及踩踏数与骑行距离的比例,使得山地自行车适应不同环境,达到骑行的耐久性与舒适性。山地自行车在平地行驶可以达到40km/h以上。

现行国家标准《自行车安全要求》(GB 3565—2005)给出了普通自行车和山地自行车的试验速度与制动距离,如表4-11所示。

自行车试验速度和制动距离 表4-11

试验条件	试验速度(km/h)	使用的车闸	普通自行车制动距离(m)	山地车制动距离(m)
干态	25	使用2个车闸	7	6
		单用后闸	15	10
湿态	16	使用2个车闸	9	5
		单用后闸	19	10

(2) 电动自行车

电动自行车的动力性能由电动机和驱动系统决定。电动机驱动后轮产生驱动力,克服行驶阻力使电动自行车持续行驶。电动自行车的驱动力为:

$$F_t = \frac{M_t}{r} = \frac{Mi\eta}{r} \tag{4-1}$$

式中：F_t——驱动力；

M_t——驱动轮驱动力偶矩；

r——驱动轮半径；

M——电动机的转矩；

i——传动系统传动比；

η——电动自行车效率。

电动自行车的动力来源为蓄电池。目前国内电动自行车电池电压一般为36V，一般充电器功率为300W左右，一次充电后的续行里程为25km，适宜中长距离的骑行。

制动距离由制动迟滞距离、制动距离组成，制动距离包括滚动距离和抱死滑动距离。国家标准《电动自行车通用技术条件》（GB 17761—1999）规定电动自行车以最高车速20km/h电动骑行时，干态制动距离应不大于4m，湿态制动距离应不大于15m。这是一个保证骑行安全的关键指标。制动效能相同的电动自行车，车速越高，制动距离越长。

制动迟滞距离、抱死滑动距离与重量无关；滚动距离与重量相关。试验表明，电动自行车配重增加8kg，制动距离平均增幅为2.09%；配重增加16kg，制动距离平均增幅为4.06%，制动距离均在标准允许的范围内，由制动距离的理论分析和试验可知：对于低速运动的电动自行车，适度增加整车重量对制动距离影响轻微。

5. 非机动车绕行时空阈值

囿于体力、心理因素，骑行者对绕行时间与距离存在一定的容忍限度，该容忍限度即为非机动车绕行时空阈值。非机动车绕行时空阈值应作为城市干路机非分流规划的约束指标，为机非分流中骑行者的时空损失划定"底线"。

自行车、助动车的绕行时空阈值亦有不同，前者可接受的绕行时间略长些，后者可接受的绕行距离略远些。自行车、助动车绕行时空阈值如表4-12所示。其中，非机动车流量很大或骑行环境较差时推荐Ⅰ类指标，流量较低时可采用Ⅱ类指标。

机非分流条件下骑行者绕行时空阈值推荐标准　　　表4-12

骑车类型	Ⅰ类绕行阈值		Ⅱ类绕行阈值	
	距离(m)	时间(min)	距离(m)	时间(min)
自行车	300	≤3.5	400	≤4
助电动车	625	2.5	750	3

二、非机动车交通流量、密度、速度关系

非机动车流(Non-motorized Traffic Flow)具备一般的交通流特性，但密度、流量、速度之间的关系与机动车流有区别。

1. 流量、密度、速度

（1）非机动车流量：单位时间间隔内通过某一观测断面单位宽度的标准自行车的车数（即自行车数与换算过的助动车数之和）。研究流密速关系时的单位观测时间单位可以是30s或1min。

（2）速度：指单位观测时间内非机动车的空间平均车速，单位m/s。

(3)密度:某一瞬间单位面积车道上的非机动车车辆数,单位辆/m²。自行车在路段上正常行驶时一般占用道路面积为 4~10m²,密度为 0.1~0.25 辆/m²,但在交叉口停止线前拥挤堵塞时,其密度很大,观测的自行车密度平均值为 0.63 辆/m²。

2. 自行车换算系数

自行车换算系数(Bicycle Equivalents,简称 BE)定义为,以自行车为标准车,在特定道路、交通和管理条件下一辆助电动车可以被等效替换的自行车辆数。

在一段时间内,交通设施的时空资源是稳定的,交通设施能够服务的车辆数取决于车辆的时空占用率。采用速度的倒数表征时间资源占用率,车辆占用道路面积表征空间资源占用率,自行车换算系数 BE 计算公式为:

$$\mathrm{BE} = \frac{\frac{1}{V_\mathrm{M}} \cdot A_\mathrm{M}}{\frac{1}{V_\mathrm{B}} \cdot A_\mathrm{B}} = \frac{V_\mathrm{B} \cdot A_\mathrm{M}}{V_\mathrm{M} \cdot A_\mathrm{B}} \tag{4-2}$$

式中:V_B——自行车的平均车速(m/s);

A_B——自行车占用的道路面积(m²);

V_M——助电动车的平均车速(m/s);

A_M——助电动车占用的道路面积(m²)。

由于非机动车在道路上横向移动频繁,穿插行驶,在车辆长度方面,助电动车与自行车在行驶时占用的车道空间差距不是很大,而宽度与自行车有区别,因此只考虑车宽因素对占用道路面积的影响。

在不同的助电动车比例范围内,不同的交通流密度下,BE 的计算方法有所简化。在自由流状态下,由于密度小,自行车和助电动车互不干扰,均能够保持期望速度自由行驶,并可以自由超车,故不考虑车辆面积对换算系数的影响,则 BE 的计算模型简化为:

$$\mathrm{BE} = \frac{V_\mathrm{B} \cdot A_\mathrm{M}}{V_\mathrm{M} \cdot A_\mathrm{B}} = \frac{V_\mathrm{B}}{V_\mathrm{M}} \tag{4-3}$$

稳定流状态下,车辆之间的相互干扰较为明显,不能随意地超车或并排行驶。非机动车的速度随着密度的升高而降低,不能保证自由流速度,计算公式见式(4-2)。

拥挤流状态下,车辆之间的间距已达到极限,没有超车现象,车流处于拥堵状态,在较慢的速度下整体前行。自行车和助电动车处于同一个"集团"内低速前行,二者速度无差异时,则 BE 的计算模型简化为:

$$\mathrm{BE} = \frac{V_\mathrm{B} \cdot A_\mathrm{M}}{V_\mathrm{M} \cdot A_\mathrm{B}} = \frac{A_\mathrm{M}}{A_\mathrm{B}} \tag{4-4}$$

自行车换算系数的研究目前还处于起步阶段。通过对比不同地点 BE 数值发现:

(1)BE 随密度的增加而增大。自由流状态,BE 值为 0.55~0.75;稳定流状态,BE 值为 0.70~1.09;拥挤流状态,BE 值为 0.86~1.13。

(2) BE 随助电动车比例的增加而增大。

(3) BE 受车道坡度和宽度的影响,有下坡路段的 BE 较水平路段的大。BE 随非机动车道宽度增大而减小。

3. 非机动车流密速三参数关系

国内已有研究提出,没有助电动车混入时,非机动车道自行车流的速度总是分布在接近期望车速的范围内,且与流率、密度无关,而速度的离散程度随着密度的增大而减小。自行车流速度-密度、流量-密度、速度-流量关系曲线如图 4-11 所示。

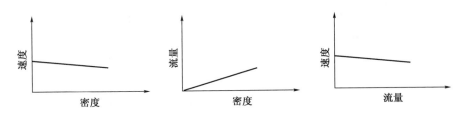

图 4-11　自行车流速度-密度、流量-密度、速度-流量关系曲线

混行非机动车流速-密度、流量-密度、速度-流量关系曲线如图 4-12 所示,由于非机动车流压缩性大,且很少出现拥挤的情况,路段行驶时一般不会出现类似机动车速度-密度关系中堵塞密度下车速几乎为零的状态,路段车流速度-密度、速度-流量及流量-密度关系均是单调的。自由流时混行非机动车辆速度的离散性大于纯自行车流,在自由流状态下混行非机动车的车速总是分布在某一期望车速附近;随着密度增加,车辆间相互干扰加剧,车速的离散程度降低。在高密度或高流量状态下,混行非机动车速度与密度、流量呈负相关关系,即随拥挤程度增加(密度、流量增大),混行非机动车速度逐渐降低。混行非机动车流量与密度呈明显的线性关系。

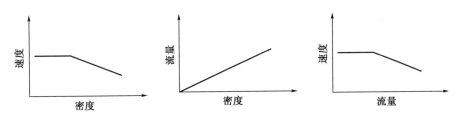

图 4-12　混行非机动车流速度-密度、流量-密度、速度-流量关系曲线

三、非机动车道通行能力与服务水平

1. 非机动车道通行能力

非机动车道通行能力,即单位时间间隔内通过非机动车道某一观测断面单位宽度的最大标准自行车数。

国内对于无混行的非机动车道单车道的设计通行能力建议值基本小于 2000 辆/(h·m),其中受交叉口影响的路段设计通行能力一般推荐值为 800～1200 辆/(h·m),如表 4-13 所示。

非机动车道通行能力　　　　　　　　　　　表 4-13

出　　处	通行能力[辆/(h·m)]	设施情况		备　　注
美国《通行能力手册》（HCM2016）	2000	单向自行车道或自行车专用道	间断流,饱和流量	
《城市道路工程设计规范》（CJJ 37—2012）	1600～1800	有分隔设施	不受交叉口影响	设计通行能力推荐值 [辆/(m·h)]
	1400～1600	无分隔设施		
	1000～1200	有分隔设施	受交叉口影响	
	800～1000	无分隔设施		
《交通工程手册》	2100	实体隔离	不受交叉口影响	建议通行能力 [辆/(m·h)]
	1000～1200		受交叉口影响	
	1000～1200		交叉口进口路段	
	1800	标线分离	不受交叉口影响	
	800～1000		受交叉口影响	
	800～1000		交叉口进口路段	

获取非机动车道通行能力的方法主要有三类:第一类是通过安全间距理论计算得到的理论通行能力;第二类是根据实际调查得到最大流率;第三类是通过计算机仿真方法获得单位时间内的最大流率并转换为通行能力。

2. 非机动车道服务水平

不同国家关于非机动车道的服务水平分级结果存在显著差异,因为非机动车交通流服务水平不仅受交通内部因素(如流量、密度和速度等)的制约,同时还受诸多外部环境因素(如气候、遮阳、路面质量、有效通行宽度等)的影响,且这些外部因素对自行车出行者感受到的服务品质影响相对较大。因此,非机动车道服务水平分级,需要考虑更多的环境因素对非机动车骑行者的影响。美国《通行能力手册》(HCM2016)非机动车道路段和交叉口的服务水平均根据骑行体验及对服务质量的感知确定的评分进行分级,具体计算方法可直接查阅美国《通行能力手册》(HCM2016)。

《城市道路工程设计规范》(CJJ 37—2012)的自行车道路段和交叉口服务水平分级如表 4-14 和表 4-15 所示,更多考虑了交通内部因素(骑行速度、占用道路面积、负荷度),基本未考虑外部因素。在工程设计中宜采用三级服务水平。

自行车道路段服务水平　　　　　　　　　　　表 4-14

指　　标	服　务　水　平			
	一级(自由骑行)	二级(稳定骑行)	三级(骑行受限)	四级(间断骑行)
骑行速度(km/h)	>20	15～20	10～15	10～5
占用道路面积(m^2)	>7	5～7	3～5	<3
负荷度	<0.40	0.55～0.70	0.70～0.85	>0.85

自行车道交叉口服务水平　　　　　　　　　　　表 4-15

指　　标	服　务　水　平			
	一级	二级	三级	四级
停车延误时间(s)	<40	40～60	60～90	>90

续上表

指标	服务水平			
	一级	二级	三级	四级
通过交叉口骑行速度(km/h)	>13	9~13	6~9	4~6
负荷度	<0.7	0.7~0.8	0.8~0.9	>0.9
路口停车率(%)	<30	30~40	40~50	>50
占用道路面积(m^2)	6~8	4~6	2~4	<2

习题

4-1 在我国某些城市的交通文明示范路口,行人与骑车人的守法率已超过90%,但仍有行人违法穿越。请结合行人交通特征指标,分析行人违法过街的主要原因。

4-2 机动车连续流与行人、非机动车流的流密速关系有什么差异?

4-3 请列举风景区非机动车道、行人步道宽度设计时需要考虑的要素,说明如何选取设计通行能力。

4-4 设计与城市轨道交通枢纽衔接的非机动车道和人行道时,如何选取设计通行能力?

4-5 请分析人行道、非机动车道与机动车道进行服务水平评价时,考虑因素与选取指标的差异性。

第五章
交通流理论

交通流理论是运用物理和数学的原理来描述交通流运行状态,研究交通流随时间和空间变化规律的模型和方法体系,是交通工程的基础理论。它以分析的方法阐述交通现象及其机理,从而使人们更好地理解交通特性及其本质,并把这些知识运用于实践。交通流理论的应用主要体现在交通控制、交通设计、交通仿真等方面。

交通流理论在 20 世纪 30 年代才开始发展起来,最早采用的是概率论方法。1933 年 Kinzer J. P. 论述了泊松分布应用于交通的可能性;1936 年 Adams W. F. 发表了数值例题。20 世纪 50 年代,随着汽车的逐渐普及,交通量、交通事故和交通阻塞骤增,交通流中各车的独立性越来越小,已经采用的概率论方法越来越不敷应用,迫使理论研究者寻找新的模型。于是,出现了交通波理论(流体动力学模拟)、车辆排队理论,基于交通动力学的跟驰理论等。此后,交通流理论的研究进入一个迅速发展时期,然而至今尚未形成能够揭示拥挤形成及消散机理的网络交通动力学理论的完整体系。

第一节 交通流的统计分布

在设计新的交通设施或确定新的交通控制方案时,需要预测交通流的某些具体特性。例如,在信号灯配时设计时,需要预报一个信号周期(Signal Cycle)到达的车辆数;在设计行人交通控制系统时,需要预测大于行人穿越时间的车头时距频率。交通流的统计分布(Statistical Distribution)知识为解决这些问题提供了有效的手段。

车辆的到达在某种程度上具有随机性(Randomness),描述这种随机性分布规律的方法有两种:一种是以概率论中描述可数事件统计特性的离散型分布(Discrete Distribution)为工具,考察在一段固定长度的时间或距离内到达某场所的交通数量的波动性;另一种是以描述事件之间时间间隔的连续型分布(Continuous Distribution)为工具,研究事件发生的间隔时间、可穿越空当(Gap)等交通流参数的统计分布特性。

一、离散型分布

在一定时间间隔内到达的车辆数或在一定路段上分布的车辆数是随机数(Random Digit),这类随机数的统计规律可以用离散型分布进行描述。常用的离散型分布有泊松分布(Poisson Distribution)、二项分布(Binomial Distribution)及负二项分布(Negative Binomial Distribution)等。

1. 泊松分布

(1)基本公式

$$p(x) = \frac{(\lambda t)^x e^{-\lambda t}}{x!} \quad (x = 0,1,2,\cdots) \tag{5-1}$$

式中:$p(x)$——在计数间隔 t 内到达 x 辆车的概率;

λ——单位间隔的平均到达率;

t——每个计数间隔时间(或路段长度);

e——自然对数的底,取2.71828。

若令 $m = \lambda t$ 为在计数间隔 t 内平均到达的车辆数,则式(5-1)可写为:

$$p(x) = \frac{m^x e^{-m}}{x!} \tag{5-2}$$

当 m 为已知时,应用式(5-2)可求出在计数间隔 t 内恰好有 x 辆车到达的概率。除此之外,还可计算出如下的概率值。

到达数小于等于 k 的概率:

$$p(x \leq k) = \sum_{i=0}^{k} \frac{m^i e^{-m}}{i!} \tag{5-3}$$

到达数大于 k 的概率:

$$p(x > k) = 1 - p(x \leq k)$$

用泊松分布拟合观测数据时,参数 m 按下式计算:

$$m = \frac{观测的总车辆数}{总计间隔数} = \frac{\sum_{j=1}^{g} k_j f_j}{\sum_{j=1}^{g} f_j} = \frac{\sum_{j=1}^{g} k_j f_j}{N} \tag{5-4}$$

式中:g——观测数据的分组数;

f_j——计数间隔 t 内到达 k_j 辆车这一事件发生的次(频)数;

k_j——计数间隔 t 内的到达数或各组的中值;

N——观测的间隔总数。

(2) 递推公式

$$p(0) = e^{-m}, p(x+1) = \frac{m}{x+1}p(x) \tag{5-5}$$

(3) 适用条件

车流密度不大,车辆间相互影响微弱,其他外界干扰因素基本不存在,即车流是随机的,此时应用泊松分布能较好地拟合观测数据。在概率论中,泊松分布的均值 M 和方差 D 均等于 λt,而观测数据的均值 m 和方差 S^2 均为无偏估计,因此,当观测数据表明 S^2/m 显著不等于1.0时,就是泊松分布不合适的表征。S^2 可按下式计算:

$$S^2 = \frac{1}{N-1}\sum_{i=1}^{N}(k_i - m)^2 = \frac{1}{N-1}\sum_{j=1}^{g}(k_j - m)^2 f_j \tag{5-6}$$

式中符号意义同前。

(4) 应用举例

【例 5-1】 某信控交叉口的周期 $T=90s$,有效绿灯时间 $g=40s$,在有效绿灯时间内排队的车流以 $S=900$ 辆/h 的流率通过交叉口,在有效绿灯时间外到达的车辆要停车排队。设信控交叉口上游车辆的到达率 $q=360$ 辆/h 时,服从泊松分布,求到达车辆不致两次排队的周期数占周期总数的最大百分率。

解:由于车流只能在有效绿灯时间通过,所以一个周期能通过的最大车辆数 $A = gS = 40 \times \frac{900}{3600} = 10$(辆)。如果某周期到达的车辆数 N 大于10,则最后到达的 $(N-10)$ 辆车就不能在本周期内通过而发生两次排队。在泊松分布中,$\lambda t = 360 \times 90/3600 = 9$(辆)。

按泊松分布公式分别计算到达车辆数为 0、1、2、3、4、5、6、7、8、9、10 的概率,可得到到达车辆数大于10的周期出现的概率为 $P(A>10) = 0.42$,即不发生两次排队的周期最多占58%。

本例的车流如果按每周期9辆均匀到达,则任何车辆最多在本周期内排一次队就能通过交叉口。实际车流的到达是时疏时密的,致使绿灯时间不能充分利用。这样,从平均角度来看每周期都能顺畅通过的车流实际上却会遇到一些不能顺畅通过的周期。因此,采用概率分布的理论和方法可以揭示车流运行的内在规律。

2. 二项分布

(1) 基本公式

$$P(x) = C_n^x \left(\frac{\lambda t}{n}\right)^x \left(1 - \frac{\lambda t}{n}\right)^{n-x} \quad (x=0,1,2,\cdots,n) \tag{5-7}$$

式中:$P(x)$——在计数间隔 t 内到达 x 辆车的概率;

λ、t——意义同前;

n——正整数。

其中,$C_n^x = \frac{n!}{x!(n-x)!}$。

通常记 $p = \lambda t/n$,则二项分布可写成:

$$P(x) = C_n^x p^x (1-p)^{n-x} \quad (x=0,1,2,\cdots,n) \tag{5-8}$$

其中,$0<p<1$,n、p 常称为分布参数。

用式(5-8)可计算在计数间隔 t 内恰好到达 x 辆车的概率。除此之外,还可计算到达数小于 k 的概率:

$$P(x < k) = \sum_{i=0}^{k-1} C_n^i p^i (1-p)^{n-i} \tag{5-9}$$

由概率论可知,对于二项分布,其均值 $M = np$,方差 $D = np(1-p)$,$M > D$。因此,当用二项分布拟合观测数时,根据参数 p、n 与方差、均值的关系式,用样本的均值 m、方差 S^2 代替 M、D,p、n 可按下列关系式估算(n 值计算结果取整):

$$p = \frac{m - S^2}{m} \tag{5-10}$$

$$n = \frac{m}{p} = \frac{m^2}{m - S^2} \tag{5-11}$$

(2)递推公式

$$p(0) = (1-p)^n, \quad p(x+1) = \frac{n-x}{x+1} \cdot \frac{p}{1-p} \cdot p(x) \tag{5-12}$$

(3)适用条件

车流比较大、自由行驶机会不多的车流用二项分布拟合较好。由于二项分布的均值 M 大于方差 D,当观测数据表明 S^2/m 显著大于 1.0 时就是二项分布不适合的表征。

(4)应用举例

【例 5-2】 在某交叉口,设置左转信号相位,车辆数符合二项分布,每一周期平均到达 30 辆车,其中有 30% 的左转车辆,试求:(1)到达 5 辆车中,有 2 辆左转车辆的概率;(2)到达 5 辆车中,少于 2 辆左转车辆的概率;(3)某一信号周期内没有左转车辆的概率。

解:(1)由 $p = 30\%$,$n = 5$,$x = 2$

根据式(5-8),得到 $P(2) = C_5^2 0.3^2 (1-0.3)^{5-2} = 0.309$,即到达 5 辆车中,有 2 辆左转车辆的概率为 30.9%。

(2)由 $p = 30\%$,$n = 5$

根据式(5-8),得到 $P(0) = C_5^0 0.3^0 (1-0.3)^{5-0} = 0.168$,$P(1) = C_5^1 0.3^1 (1-0.3)^{5-1} = 0.36$,$p(x < 2) = p(0) + p(1) = 0.528$,即到达 5 辆车中,少于 2 辆左转车辆的概率为 52.8%。

(3)由 $p = 30\%$,$n = 30$,$x = 0$

根据式(5-8),得到 $P(0) = C_{30}^0 0.3^0 (1-0.3)^{30-0} = 0.00002$,即某一信号周期内没有左转车辆的概率为 0.002%。

3. 负二项分布

(1)基本公式

$$P(x) = C_{x+\beta-1}^{\beta-1} p^\beta (1-p)^x \quad (x = 0, 1, 2, \cdots) \tag{5-13}$$

式中:p、β——负二项分布参数,$0 < p < 1$,β 正整数;

其余符号意义同前。

同样地,用式(5-13)可计算在计数间隔 t 内恰好到达 x 辆车的概率。到达数大于 k 的概率可由下式计算:

$$P(x > k) = 1 - \sum_{i=0}^{k} C_{i+\beta-1}^{\beta-1} p^\beta (1-p)^i \tag{5-14}$$

其余类推。

由概率论知负二项分布的均值 $M = \beta(1-p)/p$,方差 $D = \beta(1-p)/p^2$,$M < D$。因此,当用负二项分布拟合观测数据时,利用 p、β 与均值、方差的关系式,用样本的均值 m、方差 S^2

代替 M、D, p、β 可由下列关系式估算(β 值计算结果取整):

$$p = \frac{m}{S^2} \tag{5-15}$$

$$\beta = \frac{m^2}{S^2 - m}$$

(2)递推公式

$$\begin{cases} p(0) = p^\beta \\ p(x) = \dfrac{x + \beta - 1}{x} \cdot (1 - p) \cdot p(x - 1) \quad (x \geq 1) \end{cases} \tag{5-16}$$

(3)适用条件

当到达的车流波动性很大,所得数据就可能会具有较大的方差,此时应使用负二项分布拟合观测数据。S^2/m 显著小于 1.0 时就是负二项分布不适合的表征。

二、连续型分布

描述事件之间时间间隔的分布为连续型分布,连续型分布常用来描述车头时距、可穿越空当、速度等交通流参数的统计特征。最常用的连续型分布有负指数分布(Exponential Distribution)和移位负指数分布(Shifted Exponential Distribution),还有爱尔朗分布(Ireland Distribution)等。

1. 负指数分布

(1)基本公式

若车辆到达符合泊松分布,则车头时距就是负指数分布。在计数间隔 t 内没有车辆到达($x=0$)的概率为:

$$P(0) = e^{-\lambda t}$$

上式表明,在具体的时间间隔 t 内,如无车辆到达,则上次车到达和下次车到达之间车头时距至少有 t 秒,换句话说,$P(0)$ 也是车头时距等于或大于 t 秒的概率,于是有:

$$P(h \geq t) = e^{-\lambda t} \tag{5-17}$$

而车头时距小于 t 的概率则为:

$$P(h < t) = 1 - e^{-\lambda t} \tag{5-18}$$

若 Q 表示小时交通量,则 $\lambda = Q/3600$ (veh/s),式(5-18)可以写成:

$$P(h \geq t) = e^{-Qt/3600} \tag{5-19}$$

式中,$Qt/3600$ 是到达车辆数概率分布的平均值。若令 M 为负指数分布的均值,即平均车头时距,则应有:

$$M = \frac{3600}{Q} = \frac{1}{\lambda} \tag{5-20}$$

负指数分布的方差为:

$$D = \frac{1}{\lambda^2} \tag{5-21}$$

负指数分布的概率密度函数为:

$$p(t) = \frac{d}{dt}[1 - P(h \geq t)] = \lambda e^{-\lambda t} \tag{5-22}$$

用样本的均值 m 代替 M、样本的方差 S^2 代替 D，即可算出负指数分布的参数 λ。图 5-1 为式(5-22)的示意图。

(2) 适用条件与局限性

负指数分布适用于车辆到达是随机的、有充分超车机会的单列车流和密度不大的多列车流的情况。通常认为当每小时每车道的不间断车流量等于或小于 500 辆时，用负指数分布描述车头时距是符合实际的。

负指数分布的概率密度函数曲线是随车头时距 h 单调递减的，这说明车头时距越小，其出现的概率越大。这种情况在限制超车的单列车流中是不可能出现的，因为车头时距至少应为一个车身长，车头时距必须有一个大于零的最小值 τ，这就是负指数分布的局限性。

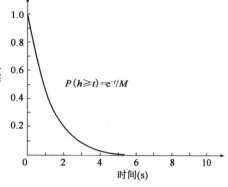

图 5-1　$h \geq t$ 的车头时距分布曲线($M=1s$)

(3) 应用举例

【例 5-3】　在一条双向双车道的公路上，对一个方向的车流进行了车头时距观测，得到如表 5-1 所示的结果，已知该方向交通量为 500 辆/h，试求其车头时距分布。

解： 当单向单车道交通量 ≤500 辆/h 时，一般可使用负指数分布拟合观测数据表 5-1。

用负指数分布拟合观测数据　　　表 5-1

车头时距 t_i(s)	观测频数	≥t_i 的累积观测频数	观测频数累积百分比(%)	理论频数累积百分比(%)	≥t_i 的理论累积频数
0~2.99	37	134	100	100	134
3~5.99	36	97	72.4	65.9	88.3
6~8.99	26	61	45.5	43.5	58.2
9~11.99	11	35	26.1	28.7	38.4
12~14.99	9	24	17.9	18.9	25.3
15~17.99	5	15	11.2	12.5	16.7
18~20.99	5	10	7.5	8.2	11.0
21~23.99	1	5	3.7	5.4	7.3
24~26.99	1	4	3.0	3.6	4.8
27~29.99	1	3	2.2	2.4	3.2
30~32.99	2	2	1.5	1.5	2.1
≥33	0	0	0	1.0	1.4

$$\lambda = \frac{Q}{3600} = \frac{500}{3600} = 0.139, P(h \geq t) = e^{-0.139t}$$

理论曲线和观测数据绘入图 5-2 中。由图看出，用 $P(h \geq t) = e^{-0.139t}$ 拟合观测数据可以得到满意的结果。

2. 移位负指数分布

(1) 基本公式

为克服负指数分布的车头时距越趋于零其出现概率越大这一缺点，可将负指数分布曲线

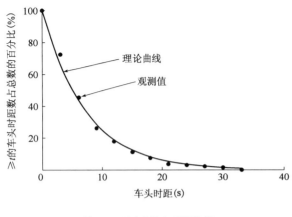

图 5-2 理论曲线与观测数据

从原点 O 沿 t 轴向右移一个最小的间隔长度 τ(根据调查数据确定,一般在 $1.0 \sim 1.5s$ 之间),得到移位负指数分布曲线,它能更好地拟合观测数据。

移位负指数分布的分布函数为:

$$P(h < t) = 1 - e^{-\lambda(t-\tau)} \quad (t \geq \tau) \quad (5\text{-}23)$$

其概率密度函数为:

$$p(t) = \begin{cases} \lambda e^{-\lambda(t-\tau)} & (t \geq \tau) \\ 0 & (t < \tau) \end{cases} \quad (5\text{-}24)$$

均值和方差分别为:

$$\begin{cases} M = \dfrac{1}{\lambda} + \tau \\ D = \dfrac{1}{\lambda^2} \end{cases} \quad (5\text{-}25)$$

用样本均值 m 代替 M,样本方差 S^2 代替 D,就可算出移位负指数分布的两个参数 λ 和 τ。如图 5-3 所示为移位负指数分布式(5-23)的曲线图。

(2)适用条件与局限性

移位负指数分布适合描述限制超车的单列车流车头时距分布和低流量时多列车流的车头时距分布。移位负指数分布的概率密度函数曲线是随 $(t-\tau)$ 的值单调递减的,即服从移位负指数分布的车间时距,越接近 τ 其出现的可能性越大,但这在一般情况下不符合驾驶员的心理习惯和行车规律。从统计角度看,具有中等反应强度的驾驶员占大多数,他们行车时是在安全条件下保持较短的车间距离(前车车尾与后车车头之间的距离,不同于车头间距),只有少部分反应特别灵敏或较冒失的驾驶员才会不顾安全去地追求更短的车间距离。因此,车头时距分布的概率密度曲线一般总是先升后降的。为了克服移位负指数分布的这种局限性,可用更通用的连续型分布,如爱尔朗分布等。

3. 爱尔朗分布

爱尔朗分布也是较为通用的描述车头时距、速度等交通流参数分布的概率分布模型,根据分布函数中参数"l"的改变而有不同的分布函数。

累积的爱尔朗分布可写成如下形式:

$$P(h \geq t) = \sum_{i=0}^{l-1} (\lambda l t)^i \dfrac{e^{-\lambda l t}}{i!} \quad (5\text{-}26)$$

当 $l = 1$ 时,式(5-26)简化成负指数分布;当

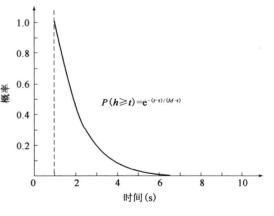

图 5-3 移位负指数分布曲线($M=1s$)

$l=\infty$时,式(5-26)将产生均一的车头时距。这说明爱尔朗分布中,参数l可以反映畅行车流和拥挤车流之间的各种车流条件。l越大,说明车流越拥挤,驾驶员自由行车越困难,车流运行的随机性越差。因此,l值是非随机性程度的粗略表示,非随机性程度随着l值的增加而增加。实际应用时,l值可由观测数据的均值m和方差S^2用下式估算,且四舍五入取整数:

$$l = \frac{m^2}{S^2} \tag{5-27}$$

爱尔朗分布的概率密度函数为:

$$p(t) = \lambda e^{-\lambda t} \frac{(\lambda t)^{l-1}}{(l-1)!} \quad (l=1,2,3,\cdots) \tag{5-28}$$

图 5-4 为 $l=1、2、4$ 时的概率密度曲线。

三、拟合检验方法

在决定采用何种分布去拟合观测数据时,可以采用卡方(χ^2)检验确定。当多种分布经检验都可以接受时,通常采用形式简单的分布。

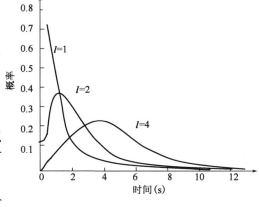

图 5-4　λ 固定时不同 l 值对应的爱尔朗分布密度曲线

【例 5-4】 在某大桥引桥上以 30s 为间隔对一个方向的车流到达数作连续观测,得到 232 个观测值,列于表 5-2(以表左上角按行从左到右为时序)。试求其统计分布并进行统计检验。

某大桥车流到达数观测值(30s 观测间隔)　　表 5-2

2	4	2	4	3	10	5	6	2	2	5	8	5	4	5	3	1
7	10	6	6	3	2	11	7	8	5	10	6	5	7	3	3	1
0	1	1	1	10	5	8	6	2	3	4	2	6	3	1	5	8
1	5	3	4	6	6	4	6	10	10	4	4	7	10	6	7	6
6	8	6	2	11	3	7	3	3	8	9	9	6	5	4	9	9
5	9	7	2	7	7	8	2	5	8	3	9	6	5	6	4
7	8	5	7	5	5	7	5	5	6	1	5	7	3	12	6
5	2	8	4	3	4	6	9	9	8	3	5	5	5	8	4
2	10	9	5	8	3	4	2	3	5	11	4	7	5	6	7	8
6	3	8	3	5	3	2	4	5	2	8	5	5	7	3	4	3
1	2	2	5	5	4	6	2	7	6	5	4	5	2	6	1	5
1	8	2	5	6	0	3	5	4	11	3	2	6	6	7	4	6
8	8	9	3	1	5	3	4	3	6	7	7	6	9	5	2	4	6	7
4	5	1	4	3	5	9	5	7	2	11

解: 采用统计分析软件对车流到达数进行泊松分布和负二项分布拟合及统计检验,结果如表 5-3 所示。

表格中 $h=0$ 和 $p\text{-value} > 0.05$ 均表示分布结果可以接受,否则不可接受。因此,可认为该车流到达服从负二项分布。

某大桥车流到达数分布拟合与统计检验结果（30s 观测间隔）　　表 5-3

分布函数	分布参数的拟合结果		h	p-value
泊松分布	$\lambda t = m = 5.25$		1	0.0051
负二项分布	$p = 0.7664$	$\beta = 17.2303$	0	0.0894

若观测时间间隔由 30s 改为 60s，表 5-2 数据转为表 5-4。对观测结果重新进行泊松分布和负二项分布拟合及统计检验，结果如表 5-5 所示。

某大桥车流到达数观测值（60s 观测间隔）　　表 5-4

6	6	13	11	4	13	9	8	8	16	9	13	15	15	11	10	4
1	2	15	14	5	6	9	14	9	8	10	10	16	14	11	16	13
14	8	18	6	11	18	11	13	14	16	9	15	9	13	12	11	10
15	12	10	12	6	7	12	16	11	10	7	10	18	11	10	9	12
12	14	11	6	8	15	12	13	14	11	9	5	8	13	6	10	7
3	7	11	10	13	10	12	7	6	10	11	3	7	14	8	16	10
16	12	4	7	13	14	7	10	11	6	7	14	12	13			

某大桥车流到达数分布拟合与统计检验结果（60s 观测间隔）　　表 5-5

分布函数	分布参数的拟合结果		h	p-value
泊松分布	$\lambda t = m = 10.5$		0	0.4497
负二项分布	$p = 0.7644$	$\beta = 34.0661$	0	0.0813

统计检验结果表明该车流到达既服从泊松分布，也服从负二项分布。

从上面的例子可以看出，对于车流的同一份观测数据，由于观测记录车辆到达数的时间间隔的长短不同，可导致服从不同形式的到达分布。当计数间隔短时，车流到达服从负二项分布而不服从泊松分布；当计数间隔加长后，既服从负二项分布又服从泊松分布。这说明，即使对于同一车流，一般来说，计数时间间隔 t 的大小会影响到达数的波动程度。

第二节　排队论及应用

排队论（Queueing Theory）是研究"服务"系统因"需求"超过服务能力，产生拥挤等待行列（即排队）的现象，以及合理协调"需求"与"服务"关系的数学理论。在交通工程中，1936 年 Adams 用排队论考虑未设置交通信控交叉口的行人延误问题；1951 年 Tanner 将其推广到行人问题。此后，排队论在车辆延误、通行能力、信号灯配时及停车场、加油站等交通设施的设计与管理诸方面有广泛应用。本节主要介绍排队论的基本方法及其在交通工程中的某些应用。

一、排队论原理

1. 基本概念

"排队"单指等待服务的车辆，不包括正在被服务的车辆；而"排队系统"既包括了等待服务的车辆，又包括了正在被服务的车辆。后者大于前者。

2.排队系统的基本构成

（1）输入过程

输入过程是描述各种类型的顾客（人或车辆）按照怎样的规律到达排队系统的。包括：

①顾客总体：顾客的来源是有限的还是无限的。

②到达的类型：顾客到达是单个到达还是成批到达。

③相继顾客到达的时间间隔：通常假定是相互独立同分布，常见有三种分布：等间隔到达、负指数分布、爱尔朗分布。

（2）排队规则

排队规则指顾客按怎样的规定的次序接受服务。常见的有等待制、损失制、混合制、闭合制。交通流的排队多是等待制。

①等待制。当一个顾客到达时所有服务台都不空闲，则此顾客排队等待直到得到服务后才离开。在等待制中，服务次序有先到先服务、后到先服务、随机服务、优先服务等。交通流排队多是先到先服务。

②损失制。当一个顾客到来时，所有服务台都不空闲，则该顾客立即离开，不等待。

③混合制。顾客到达时，若队长小于 L，就排入队伍；若队长大于 L，顾客就离去，永不再来。

④闭合制。顾客对象和服务对象相同且固定。如几名维修工人固定维修某个工厂的机器就属于闭合制。

（3）服务方式

服务方式是指同一时刻有多少服务台可接纳顾客，每一顾客服务了多少时间。每次服务可以接待单个顾客，也可以成批接待，例如公共汽车一次装载大批乘客。

服务时间的分布主要有以下几种：定长分布（即每一顾客的服务时间都相等）、负指数分布、爱尔朗分布。

3.排队系统运行状况描述指标

研究排队系统的目的是通过了解系统运行的状况，对系统进行调整和控制，使系统处于最优运行状态。描述一个排队系统运行状况的主要数量指标如下：

（1）队长与等待队长

队长（通常记为 L_s）是指系统中的平均顾客数（包括正在接受服务的顾客）。等待队长（通常记为 L_q）指系统中处于等待的顾客的数量。显然，队长等于等待队长加上正在服务的顾客数。等待队长的平均长度，即排队的平均顾客数。

（2）等待时间

顾客的平均逗留时间（通常记为 W_s）是指顾客进入系统到离开系统这段时间，包括等待时间和接受服务的时间。顾客的平均等待时间（通常记为 W_q）是指顾客进入系统到接受服务这段时间。

（3）忙期（Busyness Period）

从顾客到达空闲的系统，服务立即开始，直到再次变为空闲，这段时间是系统连续繁忙的时期，称之为系统的忙期。它反映了系统中服务机构工作强度，是衡量服务系统利用效率的指标，即：服务强度 = 忙期/服务总时间。

(4) 概率指标

p_n:系统中恰好有 n 个顾客的概率,这 n 个顾客包括排队和正在被服务的顾客;在系统里没有顾客的概率,即所有服务设施空闲的概率,记为 P_0。

p_w:顾客到达系统时,得不到及时服务,必须排队等待服务的概率。

4. 排队论中的符号表示

排队论中的记号是 20 世纪 50 年代初由 D. G. Kendall 引入的,通常由 3~5 个字母组成,形式为:$A/B/C/n$,其中 A 表示输入过程,B 代表服务时间,C 代表服务台数量,n 表示系统空间数。输入过程和服务时间常用的分布形式有:M-负指数分布、D-定长分布、E-爱尔朗分布、GI-一般相互独立分布、G-一般随机分布等。如 $M/M/S/S$ 表示输入过程是泊松分布,服务时间服从负指数分布,系统有 S 个服务台平行服务,顾客到达后不等待的损失制系统。$M/M/S/\infty$ 表示系统容量为无穷大的等待制排队系统。

二、$M/M/1$ 排队系统计算公式

$M/M/1$ 表示到达间隔服从负指数分布,服务时间服从负指数分布的单服务台排队系统模型,如图 5-5 所示。设平均到达率为 λ,平均服务率为 μ,则比率 $\rho = \lambda/\mu$ 称为系统的服务强度或利用系数或饱和度。如果 $\rho < 1$,并且时间充分,每个状态都按一定的非零概率反复出现,当 $\rho \geq 1$ 时,任何状态都不稳定,排队长度将会变得越来越长。因此,要保持稳定状态的条件是 $\lambda < \mu$。

图 5-5 $M/M/1$ 系统示意图

稳定状态下 $M/M/1$ 系统有 n 个顾客的概率:

$$p_n = (1-\rho)\rho^n \quad (n = 0,1,2,3,\cdots) \tag{5-29}$$

则系统没有顾客的概率为:

$$p_0 = 1 - \rho = 1 - \frac{\lambda}{\mu}$$

系统中的平均顾客数或顾客平均队长为:

$$L_s = \sum_{n=0}^{\infty} np_n = (1-\rho)\sum_{n=0}^{\infty} n\rho^n = \frac{\rho}{1-\rho} = \frac{\lambda}{\mu-\lambda} \tag{5-30}$$

L_s 与 ρ 的关系可以表示为图 5-6,不难看出,当交通强度 ρ 超过 0.8 时,平均排队长度快速增加,即不稳定因素迅速增加,服务水平迅速下降。

系统中顾客的平均等待队长为:

$$L_q = \sum_{n=1}^{\infty} (n-1)p_n = (1-\rho)\sum_{n=1}^{\infty} (n-1)\rho^n = \frac{\rho^2}{1-\rho} = \frac{\lambda^2}{\mu(\mu-\lambda)} \tag{5-31}$$

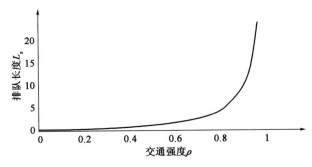

图 5-6 L_s 与 ρ 的关系

系统中顾客的平均逗留时间为：

$$W_s = \frac{1}{\mu - \lambda} \tag{5-32}$$

系统中顾客的平均等待时间为：

$$W_q = \frac{1}{\mu - \lambda} - \frac{1}{\mu} = \frac{\lambda}{\mu(\mu - \lambda)} \tag{5-33}$$

从式(5-31)~式(5-33)可以看出：

$$L_s = \lambda W_s, L_q = \lambda W_q \tag{5-34}$$

或写为：

$$W_s = \frac{L_s}{\lambda}, W_q = \frac{L_q}{\lambda} \tag{5-35}$$

该公式称为 Little 公式。在其他排队论模型中依然适用。$L_s = \lambda W_s$ 表明排队系统的队长等于一个顾客平均逗留时间内到达的顾客数。$L_q = \lambda W_q$ 表明排队系统的等待队长等于一个顾客平均等待时间内到达的顾客数。

三、M/M/N 排队系统计算公式

在 M/M/N 排队系统中，服务通道有 N 条，所以也叫"多通道服务"系统。

设 λ 为进入多通道服务系统顾客的平均到达率，排队行列从每个服务台接受服务后的平均输出率为 μ，则每个服务的平均服务时间为 $1/\mu$。仍记 $\rho = \lambda/\mu$，则 ρ/N 称为 M/M/N 系统的服务强度或交通强度或利用系数，亦可称为饱和度。和 M/M/1 相仿，当 $\rho/N < 1$ 时，系统是稳定的；而 $\rho/N \geq 1$ 时，系统的任何状态都是不稳定的，排队长度将趋向于无穷大。

M/M/N 系统根据顾客排队方式的不同，又可分为以下两种：

(1) 单路排队多通道服务

单路排队多通道服务指排成一个队等待数条通道服务的情况，排队中第一名顾客可视哪个通道有空就到哪里去接受服务，如图 5-7 所示。

(2) 多路排队多通道服务

多路排队多通道服务指每个通道各排一个队，每个通道只为其相对应的一队顾客服务，顾客不能随意换队，如图 5-8 所示。这种情况相当于由 N 个 M/M/1 系统组成的系统，其计算公式亦由 M/M/1 系统的计算公式确定。

对于单路排队多通道服务的 M/M/N 系统，其计算公式如下：

图 5-7 单路排队多通道服务　　　　图 5-8 多路排队多通道服务

系统中没有顾客的概率为：

$$P(0) = \frac{1}{\sum_{k=0}^{N-1}\frac{\rho^k}{k!} + \frac{\rho^N}{N!(1-\rho/N)}}$$

系统中有 k 个顾客的概率为：

$$P(k) = \begin{cases} \dfrac{\rho^k}{k!} \cdot P(0) & (k < N) \\ \dfrac{\rho^k}{N!N^{k-N}} \cdot P(0) & (k \geq N) \end{cases}$$

系统中的平均顾客数为：

$$\bar{n} = \rho + \frac{\rho^{N+1}}{N!N} \cdot \frac{P(0)}{(1-\rho/N)^2}$$

平均排队长度为：

$$\bar{d} = \frac{\bar{q}}{\lambda} + \frac{1}{\mu} = \frac{\bar{n}}{\lambda}$$

排队中的平均等待时间为：

$$\bar{w} = \frac{\bar{q}}{\lambda}$$

四、排队系统分析及应用

排队论可用于交通中道路收费站、加油站、停车场、交叉口排队长度的分析等，现以到达确定的排队系统为例，举例说明如下。

【例 5-5】 某无信控交叉口，主要道路和次要道路的车流到达过程符合泊松分布。设次路车流的交通量为 200 辆/h，次路车辆到达停止线到通过交叉口的平均服务时间为 10s，试求该系统的运行指标：交叉口前的平均排队车辆数、车辆从到达到通过交叉口的平均时间。

分析：对于主要道路与次要道路相交的无信控交叉口，主要道路有优先通行权，即主要道路上的汽车通行不受次要道路上汽车的影响，次路上的汽车必须等候主路上汽车流中有较大的车头间距时才能横穿通过。若把车辆通过交叉口看成是车辆接受了服务，那么次要道路上排队车流中的第一辆汽车为正在接受服务的顾客，第一辆汽车从到达停止线到通过交叉口的时间就是服务时间，它与主路车流的车头间距分布有关，当主路车流符合泊松流时，次路车辆的服务时间总是服从负指数分布的。在次路车流中，从第二辆起的汽车即为排队等候服务的顾客。因此，该交叉口系统就是一个标准的 $M/M/1$ 系统。

解：$\lambda = 200$ 辆/h，$\mu = 1/10$ 辆/s $= 360$ 辆/h；

服务强度 $\rho = \dfrac{\lambda}{\mu} = \dfrac{200}{360} = 0.556 < 1$,故排队系统是稳定的。

(1)交叉口前的平均排队车辆数(含第一辆车):

$$\overline{n} = \frac{\rho}{1-\rho} = \frac{0.556}{1-0.556} = 1.3(辆)$$

(2)车辆从到达到通过交叉口的平均时间:

$$\overline{d} = \frac{\overline{n}}{\lambda} = \frac{1.3}{200} = 0.0065(h/辆) = 24s/辆$$

【例5-6】 一加油站,今有60辆/h的车流量通过四个通道引向四个加油泵,平均每辆车加油时间为200s,服从负指数分布,试分别按多路多通道系统(4个 M/M/1 系统)和单路多通道系统(M/M/4 系统)计算各相应指标并比较之。

解:(1)按4个平行的 M/M/1 系统计算

根据题意,每个油泵有它各自的排队车道,排队车辆不能从一个车道换到另一个车道上去。把总车流量四等分,就是引向每个油泵的车流量,于是对每个油泵有:

$$\lambda = \frac{60/4}{3600} = \frac{1}{240}(辆/s)$$

$$\mu = \frac{1}{200}辆/s$$

$$\rho = \frac{\lambda}{\mu} = \frac{5}{6} < 1,系统稳定$$

$$L_s = \frac{\rho}{1-\rho} = \frac{\frac{5}{6}}{1-\frac{5}{6}} = 5(辆)$$

$$L_Q = L_s - \rho = 5 - \frac{5}{6} = 4.17(辆)$$

$$W_s = \frac{L_s}{\lambda} = \frac{5}{\frac{1}{240}} = 1200(s/辆)$$

$$W_q = W_s - \frac{1}{\mu} = 1200 - 200 = 1000(s/辆)$$

(2)按 M/M/4 系统计算

$$L_s = 5 \times 4 = 20(辆)$$
$$L_q = 4.17 \times 4 = 16.68(辆)$$
$$W_s = 1200s/辆$$
$$W_q = 1000s/辆$$
$$\lambda = \frac{60}{3600} = \frac{1}{60}(辆/s)$$

$$\mu = \frac{1}{200}(辆/s)$$

$$\rho = \frac{\lambda}{\mu} = \frac{10}{3}, \frac{\rho}{N} = \frac{10}{3 \times 4} = \frac{5}{6} < 1, 系统稳定$$

$$P(0) = \frac{1}{\sum_{k=0}^{3} \frac{\left(\frac{10}{3}\right)^k}{k!} + \frac{\left(\frac{10}{3}\right)^k}{4!\left(1 - \frac{5}{6}\right)}} = \frac{1}{16.0617 + 30.8642} = 0.0213$$

$$L_q = \frac{\left(\frac{10}{3}\right)^5}{4! \times 4} \times \frac{0.0213}{\left(1 - \frac{5}{6}\right)^2} = 3.33(辆)$$

$$L_s = q + \rho = 3.33 + \frac{10}{3} = 6.66(辆)$$

$$W_s = \frac{L_s}{\lambda} = \frac{6.66}{\frac{1}{60}} = 400(s/辆)$$

$$W_q = \frac{L_q}{\lambda} = \frac{3.33}{\frac{1}{60}} = 200(s/辆)$$

两种系统的相应指标对比如表5-6所示。

两种系统相应指标对比　　　　　　　　　　　表5-6

服务指标	4个平行的 $M/M/1$ (1)	$M/M/4$ (2)	$\frac{(1)-(2)}{(1)} \times 100\%$
L_s	20	6.6	67
L_q	16.68	3.3	80
W_s	1200	400	67
W_q	1000	200	80

由表5-6可见,在相同通道数目的条件下,$M/M/4$系统明显优于4个平行的$M/M/1$系统。原因在于:4个平行的$M/M/1$系统表面上到达车流量被分散,但实际受排队车道与服务通道一一对应的束缚,如果某一通道由于某种原因拖长了为某车的服务时间,显然要增加在此通道后面排队车辆的等待时间,甚至会出现邻近车道排队车辆后来居上的情形。而$M/M/4$系统就要灵活得多,排在第一位的车辆可视哪个服务台有空就到哪个服务台,避免了各油泵忙闲不均的情形,充分发挥了它们的服务能力,因而显得优越。

当顾客到达受随机影响较大,或者$\rho \geqslant 1$,这时上述方法不再适用,可考虑采用仿真技术随机模拟、马尔可夫链等方法解决。

五、简化的排队延误分析方法

1. 连续流的到达-驶离-排队分析

从连续流的定义可知,道路上的车辆不断到达,又不断离开,如果到达车辆都能及时离开,那么道路断面上没有车辆结集和排队;当遇到道路瓶颈时,经常会产生到达车辆数大于离开车辆数,则在瓶颈处就会发生车辆结集或排队,如图5-9所示。

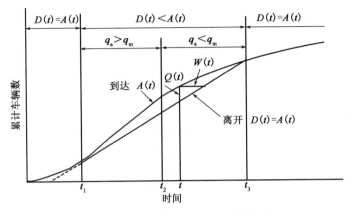

图5-9 简化的连续流排队延误分析方法

$A(t)$-到达车辆曲线函数;$D(t)$-离开车辆曲线函数;t_1-车辆开始排队时间;t_2-到达率达到最大的时间;t_3-排队全部消散,开始恢复正常行驶的时刻;$Q(t)$-在t时刻的排队长度,$Q(t)=A(t)-D(t)$;$W(t)$-t时刻的排队车辆,延长至$W(t)$时间后才离开;q_a、q_m-到达车辆数与离开车辆数

图中清楚地表示出t_1以前及t_3以后到达的车辆能及时离开;$t_1 \sim t_2$时段,到达车辆数大于离开车辆数,车辆就开始排队;$t_2 \sim t_3$时段,虽然到达率小于离驶率,但此时只能将新到达的车辆和原排队的车辆消散;到t_3时所有排队车辆均已离开,行车恢复正常。

2. 间断流的到达-驶离-排队分析

道路上的车流,遇到信号灯控制的交叉口,会发生车流中断,假定在某一持续时间内车辆的到达、驶离是均一的,则到达和驶离可用图5-10表示。横坐标上t_1以前是绿灯相位,到达的车辆均可驶离;$t_1 \sim t_2$是红灯时段,车辆继续到达,但无车辆驶离,形成排队;t_2是绿灯启亮时间;$t_2 \sim t_3$时段,车辆驶离率较到达率大,排队车辆逐渐消散;t_3以后恢复正常。

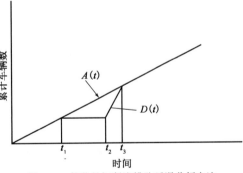

图5-10 简化的间断流排队延误分析方法

第三节 车流波动理论

一、车流波动理论的基本原理

1955年,英国学者Lighthill和Whitham将交通流比拟为流体流,对一条很长的公路隧道,研究了在车流密度高的情况下的交通流规律,提出了流体动力学理论。该理论运用流体力学的基本原理,模拟流体的连续性方程来建立车流的连续性方程。把车流密度的疏密变化比拟成水波的起伏而抽象为车流波。当车流因道路或交通状况的改变而引起密度的改变时,在车

流中产生车流波的传播,通过分析波的传播速度,以寻求车流流量和密度、速度之间的关系,并描述车流的拥挤-消散过程。因此,该理论又可称为车流波动理论。

流体力学理论是一种宏观模型,它假定车流中各个车辆的行驶状态与前车完全相同,这与实际是不相符的。尽管如此,该理论在分析交通流流体状态比较明显的场合,比如在分析瓶颈路段的车辆拥挤问题时仍然非常实用。

二、交通波模型的建立

图 5-11 是由八车道过渡到六车道路段的半幅路平面示意图,在四车道的路段和三车道的路段(即瓶颈段)车流都各行其道。而在由四车道向三车道过渡的那段时间内,车流出现了拥挤、紊乱甚至堵塞。这是因为车流在即将进入瓶颈段时会产生一个方向相反的波,就像管道内的水流突然受阻时的后涌那样,这个波导致在瓶颈之前的路段车流出现紊流现象。为方便讨论,取如图 5-12 所示的计算图示。假设一条道路上有两个相邻的不同交通流密度区域(k_1 和 k_2),用垂直线 S 分割这两种密度,称 S 为波阵面,设 S 的速度为 u_w,并规定交通流按照图中箭头正方向运行。

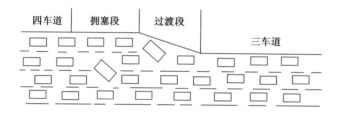

图 5-11 瓶颈段的示意图

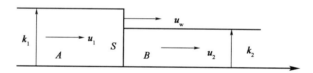

图 5-12 两种密度的车流运行情况

u_1-在 A 区车辆的区间平均速度;u_2-在 B 区车辆的区间平均速度

显然,由交通流量守恒可知,在时间 t 内通过界面 S 的车辆数 N 可以表示如下:

$$N = u_{r1}k_1 t = u_{r2}k_2 t \tag{5-36}$$

即

$$(u_1 - u_w)k_1 = (u_2 - u_w)k_2 \tag{5-37}$$

式中:$u_{r1} = u_1 - u_w$ ——在 A 区相对于垂直分界线 S 的车辆的速度;

$u_{r2} = u_2 - u_w$ ——在 B 区相对于垂直分界线 S 的车辆的速度。

整理可得:

$$u_2 k_2 - u_1 k_1 = u_w(k_2 - k_1) \tag{5-38}$$

由 $q = ku$ 可知:

$$q_1 = k_1 u_1$$

$$q_2 = k_2 u_2$$

代入式(5-38),可以得到:

$$u_w = \frac{q_2 - q_1}{k_2 - k_1} \tag{5-39}$$

式(5-39)就是波速的计算公式,有时也写成:

$$u_w = \frac{\Delta q}{\Delta k} \quad 或 \quad u_w = \frac{dq}{dk} \tag{5-40}$$

三、车流波动状态讨论

交通波描述了两种交通状态的转化过程,u_w 代表了转化的方向和进程。在图 5-13 中,A、B 两点代表两种交通流状态,当这两种交通流状态相遇时,便可以产生交通波,其波速为 A、B 连线的斜率。

根据 u_w 的符号可以确定不同的波动状态:$u_w > 0$,表明波面的运动方向与交通流的运动方向相同;$u_w = 0$,表明波面维持在原地不动;$u_w < 0$,表明波面的运动方向与交通流的运动方向相反。下面介绍三种不同的波动状态。

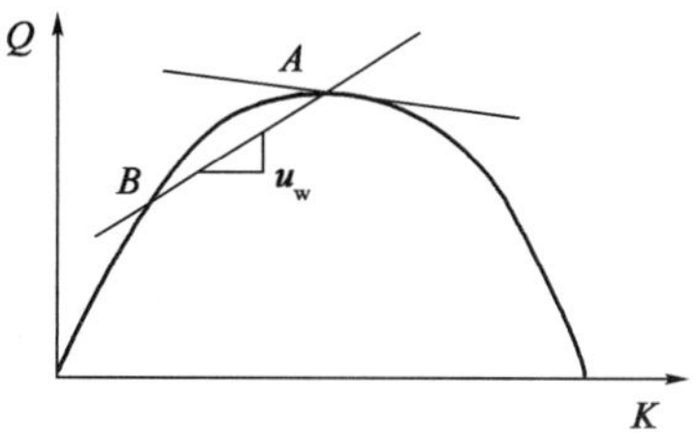

(1) $u_w > 0$

由交通波的波速计算公式有:

$$\begin{cases} q_2 - q_1 > 0 \\ k_2 - k_1 > 0 \end{cases} \quad 或 \quad \begin{cases} q_2 - q_1 < 0 \\ k_2 - k_1 < 0 \end{cases}$$

图 5-13 Q-K 图

当 $q_2 > q_1$、$k_2 > k_1$ 时,产生一个集结波,u_w 为正值,集结波在波动产生的那一点,沿着与车流相同的方向,以相对路面为 u_w 的速度移动,如图 5-14a)所示,表示交通流从低流量、低密度、高速度区进入高流量、高密度、低速度区。比如红灯期间车辆进入交叉口进口道排队、车辆通过变窄路段、高速公路车辆排队进入收费站等。当 $q_2 < q_1$、$k_2 < k_1$ 时,产生一个消散波,u_w 为正值,消散波在波动产生的那一点,沿着与车流相同的方向,以相对路面为 u_w 的速度移动,如图 5-14b)所示,表示交通流从高流量、高密度、低速度进入低流量、低密度、高速度区,比如车道数由少变多,车辆绿灯期间通过交叉口等。

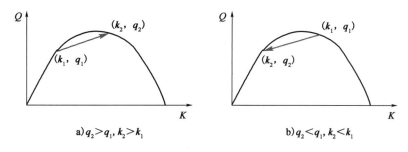

图 5-14 $u_w > 0$ 的波动状态

(2) $u_w = 0$

由交通波的波速计算公式有:

$$\begin{cases} q_2 - q_1 = 0 \\ k_2 - k_1 > 0 \end{cases} \quad 或 \quad \begin{cases} q_2 - q_1 = 0 \\ k_2 - k_1 < 0 \end{cases}$$

当 $q_2 = q_1$、$k_2 > k_1$ 时,产生一个集结波,u_w 为 0,如图 5-15a)所示,此时的交通波发生在瓶颈点处,既不前移,也不后退。当 $q_2 = q_1$、$k_2 < k_1$ 时,产生一个消散波,u_w 为 0,消散波在波动产生的那一点原地消散,如图 5-15b)所示。如当交通量不大,车道数增多或减少时,都会出现这种状态,此时的交通波产生在瓶颈点处,既不前移,也不后退。

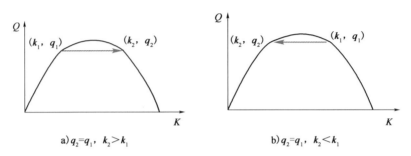

图 5-15 $u_w = 0$ 的波动状态

(3) $u_w < 0$

由交通波的波速计算公式有:

$$\begin{cases} q_2 - q_1 < 0 \\ k_2 - k_1 > 0 \end{cases} \text{或} \begin{cases} q_2 - q_1 > 0 \\ k_2 - k_1 < 0 \end{cases}$$

当 $q_2 < q_1$、$k_2 > k_1$ 时,产生一个集结波,u_w 为负值,集结波在波动产生的那一点,沿着与车流相反的方向,以相对路面为 u_w 的速度移动,如图 5-16a)所示,表示交通流从高流量、低密度、较高速度状态进入低流量、高密度、较低速度状态。当 $q_2 > q_1$、$k_2 < k_1$ 时,产生一个消散波,u_w 为负值,消散波在波动产生的那一点,沿着与车流相反的方向,以相对路面为 u_w 的速度移动,如图 5-16b)所示,表示交通流从高密度、低流量、低速度状态进入低密度、高速度、高流量状态。比如车道数由少变多,车辆绿灯期间通过交叉口等。

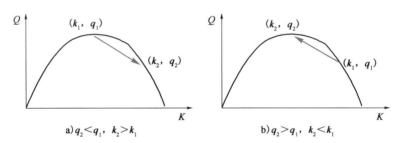

图 5-16 $u_w < 0$ 的波动状态

四、车辆波动理论的应用

【例 5-7】 已知某快速干道上车流速度(km/h)与密度(辆/km)具有如下关系:$u^{0.103} = 1.547 - 0.0025k$。现知一列 $u_1 = 50$km/h 的车流中插入一 $u_2 = 12$km/h 的低速车,不能超车而集结形成速度为 u_2 拥挤车流。此低速车在行驶 2km 后离去,拥挤车队随之离散形成具有速度 $u_3 = 30$km/h 的状态。试求:

(1) 拥挤车队消散的时间 t_s。
(2) 拥挤车队持续的时间 t_j。

(3) 拥挤车队最长时的车辆数 N_m。
(4) 拥挤车辆的总数 N。
(5) 拥挤车辆所占用过的道路总长度 L。
(6) 车流速度从 V_1 降低至 V_2 而延误的总时间 D。

解：把车流经历的疏散-密集-疏散这三个阶段的状态记为状态 1、2、3，相应的流量、速度、密度分别记为 Q_i、u_i、k_i，$i=1,2,3$。则由已知车流模型可算出：

$$Q_1 = 1000, u_1 = 50, k_1 = 20$$
$$Q_2 = 1200, u_2 = 12, k_2 = 100$$
$$Q_3 = 1500, u_3 = 30, k_3 = 50$$

由状态 1 转变到状态 2 形成集结波，记其波速为 u_{w1}，则：

$$u_{w1} = \frac{Q_2 - Q_1}{K_2 - K_1} = \frac{1200 - 1000}{100 - 20} = 2.5(\text{km/h})$$

由状态 2 转变到状态 3 形成消散波，记其波速为 u_{w2}，则：

$$u_{w2} = \frac{Q_3 - Q_2}{K_3 - K_2} = \frac{1500 - 1200}{50 - 100} = -6(\text{km/h})$$

受拥挤的 N 辆车的时间-空间运行轨迹线如图 5-17 中 N 条折线所示。

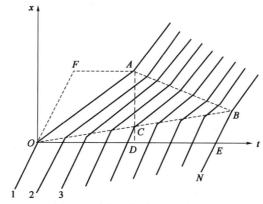

图 5-17 车辆运行时间-空间轨迹图

虚线 OB 的斜率等于 u_{w1}，虚线 AB 的斜率等于 u_{w2}，以 x_B、t_B 表示图中 B 点的空间坐标和时间坐标，其他各点亦然。从图中可以看出，从时间 t_0 到时间 t_A，拥挤车队越来越长，最长时占路长度等于 $x_B - x_C$，过了时刻 t_A，拥挤车队越来越短，到时刻 t_B 拥挤完全消散，因此有：

$$t_A = \frac{x_A}{v_2} = \frac{2}{12} = 0.167(\text{h})$$

又：

$$x_B = u_{w1}(t_A + t_S) = 2 + u_{w2} t_S$$

得：

$$t_s = \frac{2 - u_{w1} t_A}{u_{w1} - u_{w2}} = \frac{2 - 2.5 \times 0.167}{2.5 - (-6)} = 0.186(\text{h})$$

$$t_j = t_A + t_s = 0.353(\text{h})$$

由图 5-17 可知，拥挤车队从 A 点开始消散，所以落在路段 AC 上的车数就是拥挤车队最长时的车数 N_m，它等于波 w_1 在时段 $t_c - t_0$ 内掠过的车数，根据波流量公式，可得：

$$N_{\mathrm{m}} = Q_{\mathrm{w1}}(t_{\mathrm{c}} - t_0) = Q_{\mathrm{w1}} t_A = \frac{V_2 - V_1}{\frac{1}{K_2} - \frac{1}{K_1}} \cdot t_A$$

$$= \frac{12 - 50}{\frac{1}{100} - \frac{1}{20}} \times 0.167 = 158(辆)$$

w_1 掠过的车辆总数就是拥挤过的车辆总数 N。

$$N = Q_{\mathrm{w1}}(t_B - t_0) = Q_{\mathrm{w1}} t_B = Q_{\mathrm{w1}} t_{\mathrm{j}}$$

$$= \frac{V_2 - V_1}{\frac{1}{K_2} - \frac{1}{K_1}} \cdot t_{\mathrm{j}} = \frac{12 - 50}{\frac{1}{100} - \frac{1}{20}} \times 0.353 = 335(辆)$$

由图 5-17 可知,拥挤车辆所占用过的道路总长度 L 即 AD 长:

$$L = L_{AD} = 2\mathrm{km}$$

由于表示车辆行驶轨迹的各折线是分段等距平行的,因此遭遇拥挤的车辆的延误构成等差级数,于是总延误 D 的计算为:

$$D = N \cdot \frac{t_A - t_F}{2} = 335 \times \frac{0.167 - \frac{2}{50}}{2} = 21.27(辆 \cdot \mathrm{h})$$

第四节 跟 驰 理 论

跟驰理论(Car Following Theory)是运用交通动力学方法,探究在无法超车的单一车道上车辆列队行驶时,后车跟随前车的行驶状态,并用数学模式表达和分析的一种理论。跟驰理论研究的一个主要目的是通过观察各个车辆逐一跟驰的方式来了解单车道交通流的特性。跟驰理论可用来检验管控技术和通信技术,以便在稠密交通状态使追尾事故减到最低限度。

一般认为人工驾驶两辆车的车头间距在 100~125m 以内或车头时距小于 6s 时,车辆间存在相互影响,后车处于"跟驰"状态,此时,后一辆车的速度受前一辆车的速度影响。

一、跟驰状态车流特征

在道路上行驶的一队高密度汽车,车间距不大,车队中任一辆车的车速受前车速度的制约,驾驶员只能按照前车所提供的信息采用相应的车速。这种状态称为非自由行驶状态。跟驰理论只研究非自由行驶状态下车队的特性。非自由行驶状态下的车队有以下三个特性:

1. 制约性

在一列车队中,后车跟随前车运行,驾驶员总不愿意落后很多,而是紧随前车前进,这就是"紧随要求"。从安全角度考虑,跟驰车辆要满足两个条件:一是后车的车速不能长时间地大于前车车速,只能在前车速度附近摆动,否则会发生碰撞,这是"车速条件";二是前后车之间,必须保持一个安全距离,即在前车制动时,两车之间有足够的距离,从而有足够的时间供后车驾驶员做出反应,采取制动措施,这是"间距条件"。显然,车速高时,制动距离大,安全距离也大。

紧随要求、车速条件和间距条件构成了一队汽车跟驰行驶的制约性,即前车车速制约着后车车速和两车间距。

2. 延迟性

从跟驰车队的制约性可知,前车改变运行状态后,后车也要改变。但前后车运行状态的改变不是同步的,后车改变状态要滞后于前车。这是由于驾驶员对前车运行状态的改变要有一个反应过程,这个过程包括四个阶段:

(1)感觉阶段。前车运行状态的改变被察觉。
(2)认识阶段。对这一改变加以认识。
(3)决策阶段。对本车将要采取的措施做出决策。
(4)执行阶段。由大脑到手脚的操纵动作。

这四个阶段所需要的时间称为反应时间。假设反应时间为 T,前车在 t 时刻的动作,后车要经过 $(t+T)$ 时刻才能做出相应的动作,这就是延迟性。

3. 传递性

由制约性可知,第一辆车的运行状态制约着第二辆车的运行状态,第二辆车又制约着第三辆……第 n 辆制约着第 $n+1$ 辆,这就是传递性。这种传递性由于具有延迟性,所以信息沿车队向后传递时不是平滑连续而是像脉冲一样间断连续的。

二、车辆跟驰模型的基本假设及分类

跟驰模型基本假设如下:
(1)道路平直,不允许换道、超车。
(2)当前方车辆较远时,车辆自由行驶,当车头间距(或时距)小于一定临界值(如125m 或6s)时,车辆存在相互影响。
(3)在跟驰行驶时,后车根据前车和自身的运行状态来调整自身的运动状态。

跟驰模型是在对驾驶员反应特性分析的基础上,经过简化得到的。跟驰模型实际上是关于反应-刺激的关系式,用方程表示为:

$$反应 = \lambda \cdot 刺激 \tag{5-41}$$

式中:λ——驾驶员对刺激的反应系数,称为灵敏度或灵敏系数。

驾驶员接受的刺激是指其前面引导车的加速或减速行为以及随之产生的两车之间的速度差或车间距离的变化;驾驶员对刺激的反应是指根据前车所做的加速或减速运动而对后车进行的相应操纵及其效果。

根据数学模型的性质,可以将车辆跟驰模型分为线性模型和非线性模型。

三、线性跟驰模型

1. 线性跟驰模型

线性跟驰模型是基于刺激—反应原理的最简单的模型形式,一个驾驶员所接受的刺激是指其前方导引车的加速或减速以及随之而发生的这两车之间的速度差和车间距离的变化;该驾驶员对刺激的反应是指其为了紧密而又安全地跟踪前车所做的加速或减速动作。该模型有三条被广泛认可的假设：

（1）驾驶员考虑本车和前车的速度差来加减速。

（2）驾驶员存在反应延迟。

（3）驾驶员考虑本车当前速度和前后车的间距来加减速。

假定驾驶员保持他所驾驶的车辆与引导车的距离为 $s(t)$，以便在引导车制动时能将车停下而不至于和引导车尾撞。设驾驶员的反应时间为 T，在反应时间内，车速不变。这两辆车在 t 时刻的相对位置用图 5-18a) 表示，图中 n 为引导车，$n+1$ 为后随车。两车在制动操作后的相对位置用图 5-18b) 表示。

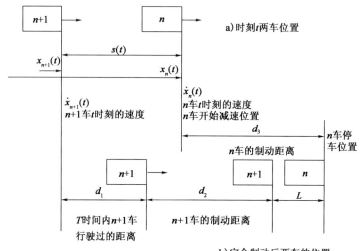

图 5-18 线性跟驰模型示意图

$x_n(t)$-第 n 辆车在 t 时刻的位置；$s(t)$-两车在 t 时刻的间距，$s(t) = x_n(t) - x_{n+1}(t)$；$d_1$-后随车在反应时间 T 内行驶的距离，$d_1 = T\dot{x}_{n+1}(t) = T\dot{x}_{n+1}(t+T)$；$d_2$-后随车在减速期间行驶的距离；$d_3$-引导车在减速期间行驶的距离；$L$-停车后的车头间距；$\dot{x}_n(t)$-第 n 辆车在 t 时刻的速度

假定 $d_2 = d_3$，要使在时刻 t 两车的间距能保证在突然制动事件中不发生碰撞，则应有：

$$s(t) = d_1 + L = T\dot{x}_{n+1}(t+T) + L$$

对 t 微分，得：

$$\dot{x}_n(t) - \dot{x}_{n+1}(t) = T\ddot{x}_{n+1}(t+T)$$

或

$$\ddot{x}_{n+1}(t+T) = \frac{1}{T}[\dot{x}_n(t) - \dot{x}_{n+1}(t)] \tag{5-42}$$

式中：$\ddot{x}_{n+1}(t+T)$——后车在时刻 $(t+T)$ 的加速度，称为后车的反应；

$1/T$——敏感度；

$\dot{x}_n(t) - \dot{x}_{n+1}(t)$——时刻 t 的刺激。

这样，式（5-42）就可以理解为：反应 = 敏感度 × 刺激。

式(5-42)是在引导车制动、两车的减速距离相等以及后车在反应时间 T 内速度不变三条假定下推导出来的。实际的跟车操作要比这三条假定所限定的情形复杂得多。例如,刺激也可能是由前车加速而引起的,而两车在变速过程中行驶的距离可能不相等。为了适应更一般的情形,把式(5-42)修改为:

$$\ddot{x}_{n+1}(t+T) = \alpha[\dot{x}_n(t) - \dot{x}_{n+1}(t)] \tag{5-43}$$

式中:α——反应强度系数(s^{-1})。

这里 α 不应再理解为敏感度,而应看成是与驾驶员动作的强弱程度直接相关。式(5-43)表明后车的反应与前车发出的刺激成正比,此公式称为线性跟车模型。

2. 线性模型的稳定性

在考察车辆跟驰特性时,一车队车辆的稳定性问题是很重要的。这里的稳定性有两个意思:一是指前后两车的速度大致相等,车间距离大体保持某一常数值,这称为局部稳定;另一是指引导车的速度变化向其后各车传播的特性,如速度变化的振幅在传播中扩大了,叫作不稳定,如振幅逐渐衰减,则叫稳定。这种情形称为渐进稳定。

式(5-43)是一个复杂的二阶微分方程,求解需用拉普拉斯变换。海尔曼推导得出:

$$c = \alpha T \tag{5-44}$$

式中:c——表示两车间距摆动性的数值,c 越大,间距值的摆动越大,稳定性越差;

α——反应强度系数(s^{-1});

T——反应时间(s)。

(1)局部稳定性

表5-7 列出了不同的 c 值所对应的两车间距的摆动情况。从中可以看出,随着 c 值的增加,车间距逐渐不稳定。这是由于,如果对早就出现的刺激(反应时间 T 长)反应太强烈(α 大,表现在加速过大,或行车制动器踏得过重),这种情况可能会偏向错误的方向。

c 值与摆动情况对应表　　　　　　　　　　　　　　　　　　　　　表5-7

c 值	间距摆动情况
$0 \leq c < \dfrac{1}{e}(=0.368)$	不摆动,基本稳定
$\dfrac{1}{e} \leq c < \dfrac{\pi}{2}(=1.571)$	摆动趋向减小
$c = \dfrac{\pi}{2}$	摆动幅度不变
$c > \dfrac{\pi}{2}$	摆动幅度增大

(2)渐进稳定

海尔曼的结果指出,一列行驶车辆仅当 $c<0.5$ 时,才是渐进稳定的。带头车运行中的波动以 α^{-1}(s/辆)的速率沿车队向后传播。当 $c>0.5$ 时,将以增大波动幅度传播,因而增大了车辆间的干扰;当干扰的幅度增加到使车头间距小于一个车长时,则尾撞事故即将发生。

图5-19 表示一列有 8 辆车的车队在不同 c 值时的车头间距。车辆间原来的间距为 21m,

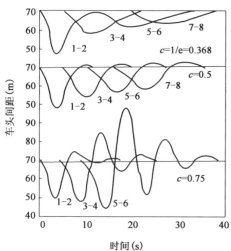

图 5-19 8 辆车的车队在不同 c 值时的车头间距

当引导车减速后又加速至原来的速度时,图上的曲线表示变动沿各车向后传播的情形。

四、基于跟驰模型分析交通流基本图关系

交通流基本图关系式指在稳定的车流中,流量、车速和密度之间的相关关系。根据线性跟驰模型,通过边界条件解微分方程可推导车速-密度关系。

积分式(5-44)可得:

$$\dot{x}_{n+1}(t+T) = \alpha[x_n(t) - x_{n+1}(t)] + c$$

车队处于平稳状态,$\dot{x}_{n+1}(t+T) = \dot{x}_{n+1}(t)$,因此对任何 u,上式都可化为:

$$u = \alpha s + c \tag{5-45}$$

令 $k = \dfrac{1}{s}$,则 k 就是车流密度。利用边界条件,可确定 α 和 c。当 $u=0$ 时,车队的密度为拥塞密度 k_j,于是 $0 = \alpha \cdot \dfrac{1}{k_j} + c$,$c = -\dfrac{\alpha}{k_j}$。

式(5-45)便成为:

$$u = \alpha\left(\dfrac{1}{k} - \dfrac{1}{k_j}\right) \tag{5-46}$$

且

$$q = uk = \alpha\left(1 - \dfrac{k}{k_j}\right)$$

$k=0$ 时,上式 q 达到最大值 q_m,即 $\alpha = q_m$,最后得到的车流模型为:

$$u = q_m\left(\dfrac{1}{k} - \dfrac{1}{k_j}\right), q = q_m\left(1 - \dfrac{k}{k_j}\right) \tag{5-47}$$

既然在跟驰状态下车辆的行驶是密度较高的非自由状态,因此由线性跟驰模型推导出来的车流模型式(5-46)或式(5-47)只适用于高密度情形。事实上,在式(5-46)中令 $k\to 0$,则车速 u 趋向于无穷大,这是不合理的。同样,在式(5-47)中,流量在密度等于零时达到最大值,也是不符合实际的。这是线性跟驰模型的缺陷所在。

线性跟驰模型的上述缺陷,究其根源在于它假定后随车的跟驰反应只依赖于它与引导车的速度差,而与两车的间距及后随车本身的速度无关。实际情况表明,在一定的车速下,两车的间距越近,尾撞的潜在危险越大,同时后随车对引导车的速度变化的感知也越快,因而反应更加迅速和强烈。另一方面,后随车本身的速度越高,一旦发生尾撞的后果就越严重,因而反应必须越迅速和有效。根据上述分析,应把跟车模型推广成为:

$$\ddot{x}_{n+1}(t+T) = \alpha \dfrac{[\dot{x}_{n+1}(t+T)]^m}{[x_n(t) - x_{n+1}(t)]^l}[\dot{x}_n(t) - \dot{x}_{n+1}(t)] + c \tag{5-48}$$

式(5-48)是跟驰模型的最一般的形式,令参数 m 和 l 取各种不同的组合,积分后可导出各种不同的车流模型,其中包括历史上不同研究者按其他不同方法提出的许多车流模型。表 5-8 列出了这些模型中常用的一部分。

对应于 m、l 不同组合的车流模型   表 5-8

l	$m = 0$
0	$q = q_m(1 - k/k_j)$，其中 q_m 为最大流量
1	$q = u_m k \ln(k_j/k)$，其中 u_m 为最佳速度
1.5	$q = u_f k[1 - (k/k_j)^{1/2}]$，其中 u_f 为畅流车速
2	$q = u_f k(1 - k/k_j)$
l	$m = 1$
2	$q = u_f k \cdot \exp\left(-\dfrac{k}{k_m}\right)$，其中 k_m 为最佳密度
3	$q = u_f k \cdot \exp\left[-\dfrac{1}{2}\left(\dfrac{k}{k_m}\right)^2\right]$

五、跟驰模型基本应用

通过研究车辆跟驰模型,不仅可以得到任意时刻车辆的瞬时加速度、速度、位置、车头时距或车头间距等微观交通流参数,还可以结合交通流理论,推导平均速度、密度、流量、延误等宏观交通参数。因此了解微观的车辆动力学特性,可以从机理上分析通行能力的生成,得出通行能力计算模型。

描述车辆交互作用的跟驰、换道及间隙接受的理论也是微观交通仿真模型的关键元素。因此,在 20 世纪 80 年代后期进行的跟驰模型研究大多是基于开发交通流仿真(Traffic Simulation)模型或是模拟驾驶模型而进行的。例如,VISSIM 仿真软件中车辆纵向运动采用心理-生理模型,其原型是 Wiedemann 跟驰模型;Gipps 模型被 AIMSUN 仿真软件所采用。心理-生理模型是将更多驾驶员的因素引入到模型中,采用"感知阈值"这一概念来定义驾驶员可以感知并且会做出反应的刺激的最小值,这个阈值是跟随车辆与引导车辆之间的速度差和空距的函数。Gipps 模型属于安全距离模型,是假设驾驶员通过感知与引导车之间的车头间距来做出反应。

通过对各种交通流的模拟,可以进行道路通行能力研究、服务水平划分、交通控制评价、安全分析等方面的工作。近年来,随着智能交通技术的发展,车辆跟驰模型也应用于车辆自主巡航控制系统的开发。但是,跟驰模型不适用于车辆高速行驶的高速公路。

习题

5-1 设 80 辆汽车随机分布在 6km 长的道路上,服从泊松分布,求任意 600m 路段上有 4 辆及 4 辆以上汽车的概率。

5-2 一段单车道公路交通流规律符合 Greenshields 模型。测得自由流车速为 80km/h,阻塞密度为 75veh/km。

(1)正常情况下交通流流率为1200veh/h,速度为75km/h。一辆速度为25km/h的载货汽车驶入该道路,行驶3.5km后又驶出。其后跟驶车辆被迫降低速度行驶,从而形成排队。如果车队的密度为30veh/km,流率为1600veh/h。确定货车驶出该路段时的排队长度。

(2)确定货车驶出后排队的消散时间(假设道路下游没有交通阻塞)。

5-3 某道路的车流量为300veh/h,假定车头时距服从负指数分布,试给出不同车头时距值的分布频数及频率(以1s为间隔),画出频率分布直方图,并计算车头时距不小于5s的概率及其出现频数。

5-4 某公路收费入口处设有一收费亭,汽车进入公路必须在收费亭交费。收费亭的收费时间服从负指数分布,平均每辆汽车的交费时间为7.2s,汽车的到达率为400辆/h,服从泊松分布。试求:

(1)收费亭空闲的概率。

(2)收费亭前没有车辆排队的概率。

(3)收费亭前排队长度超过100m(即排队车辆超过12辆)的概率。

(4)平均排队长度。

(5)车辆通过收费亭所花费时间的平均值。

(6)车辆的平均排队时间。

5-5 观测到某交叉口进口的到达流量为675veh/h。信号周期为80s,绿灯时间为40s,红灯时间为40s(忽略黄灯时间)。假设红灯时间排队车辆在绿灯时间以1800veh/h的饱和流率通过停止线,忽略驾驶员反应时间和车辆加速时间。

(1)绘出一个信号周期的累计车辆数-时间曲线,确定绿灯启亮后排队消散的时刻。

(2)计算一个周期的最大排队长度(排队中车辆数)。

(3)计算一个信号周期的车辆总延误和平均延误。

5-6 某市区有一汽车加油站,站上服务台平均36s处理一辆汽车,加油时间服从负指数分布,汽车到加油站加油的到达率为80veh/h,并服从泊松分布。当等待加油的汽车超过10辆(即排队长度超过80m)时,将影响加油站附近街道的正常交通,因而规定排队汽车不得超过10辆。试求:

(1)加油站空闲的概率。

(2)汽车来加油但因排队已满而被拒绝的概率。

(3)在系统中的平均顾客数。

(4)平均排队长度。

(5)汽车在整个加油过程中所花的时间。

(6)汽车的排队等候时间。

5-7 拟修建一个服务能力为120veh/h的停车场,布设一条出入口通道。据调查每小时有72辆车到达,车辆到达服从泊松分布,每辆车的服务时间服从负指数分布,若出入口通道长度能容纳5辆车,问是否合适?

5-8 一股车流运行速度为$v=62$km/h,流量为$q=1900$veh/h。由于发生交通事故,车速下降为$v=6$km/h,形成一股密度为$k=130$veh/km的队伍。过了10min后,事故被消除,队伍开始消散。队伍前面的车辆以速度60km/h加速行驶,且密度为42veh/km。试确定:

(1)集结波和消散波的波速u_1和u_2。

(2)车辆排队的最大长度是多少?此最大排队长度中的车辆数是多少?
(3)图 5-20 排队消散所用的时间 t_2 是多少?

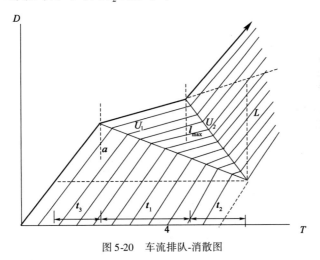

图 5-20　车流排队-消散图

(4)受此次事故影响的总车辆数是多少?

5-9　试分析跟驰模型中 λ(驾驶员对刺激的反应系数)可能与哪些因素相关。

第六章 交通网络

交通网络是交通系统的基本要素,人、货、车辆的移动均在交通网络中完成,交通网络特性、网络结构、功能等概念是交通工程的基础内容,是进行科学交通规划、设计、管理、控制、营运的前提。

第一节 交通网络概念

一、交通网络构成

"网络(Network)"是一个交错或交叉网状的织物线或交叉的系统。本书中的交通网络是由道路网(Road Network)、公共交通网(Public Transport Network)、步行与非机动车网络(Pedestrain and Non-motorized Network)等多层网络叠合构成,是各种交通工具运行及转换的基础设施,如图6-1所示。交通网络的整体性能受子网络状态以及子网络间交互作用的影响。

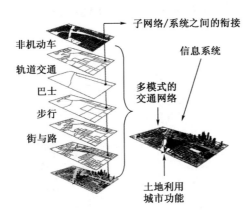

图 6-1 交通网络示意图

二、交通网络特征

(1) 多工具、多模式的复合性

使用交通网络的直接主体有多种类别,包括步行者与非机动车骑行者、公共交通乘客、机动车等;不同类别的交通工具的运行模式存在显著差异,以小汽车为例,包括出租车、私人小汽车、共享小汽车等,均具有不同的运行特征。不同的交通子网络或运输网络在空间是叠加的。例如,公共交通网络、物流网络、小汽车交通网络、行人及非机动车网络都是基于道路网络形成的。

(2) 网络多元构成要素的异质性

交通网络具有主体异质性、子网络结构异质性和子网络运行机制异质性等多重异质性。主体异质性是指出行者个体属性、个体需求、个体决策和个体行为是异质的;子网络异质性是指道路网络、轨道交通网络和地面公交网络的拓扑结构以及拓扑性能具有一定差别;运行机制异质性是指同一个子网络中不同方式的运行机制不同,例如道路网络中的公交车辆(按固定线路和时刻表运行)和小汽车(出行者自由决策)的运行规则是异质的。

(3) 网络状态的多尺度时-空动态性

长期来看,交通网络是动态变化的,表现在规模、等级结构、运行组织等,如图 6-2 所示。从中-短期来看,交通网络运行状态随时间-空间动态变化,外部因素也会显著影响网络状态(如天气等)。交通网络状态的动态性对交通服务质量以及交通需求的反馈有着重要影响。

(4) 网络运行的复杂性、非线性

交通网络的异质性和开放性带来了其复杂性和非线性特征。交通网络需求、网络结构与网络管控形成复杂的相互作用,且每个网络构成都呈非线性特征。另一方面,网络需求与网络干预的非线性反馈进一步加剧了系统的复杂性。

(5) 网络运行的可调性

尽管交通网络具有动态性、复杂性等特征,但其网络容量、网络状态和网络性能均具有可调节性。以 2010 年上海世博会为例,通过公共交通专用网络的运输组织、道路网络控制、交通出行行为诱导和其他干预手段(如停车禁令、价格杠杆等),实现了出行需求调整(如图 6-3 所示,游客选择小汽车出行由 2006 年意愿为 52% 下降至 2010 年世博会期间实际为 6%,即方式选择调整)和综合交通网络服务能力的双向提升,在几乎不干扰周边地区日常交通运行的条件下,实现了世博园区每日接待40万~100万人世博会观展大客流交通服务,充分证明了交通网络的可调节性。

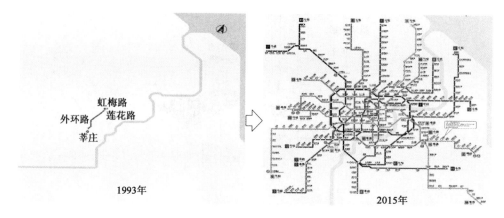

a) 长周期动态性——上海轨道交通网的变化

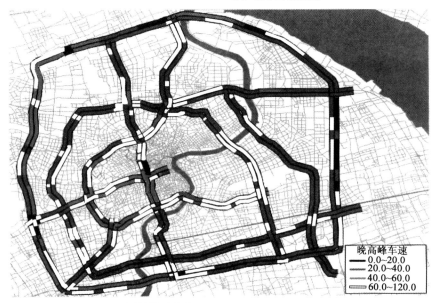

b) 短周期动态性——上海快速路网的运行状况

图 6-2　城市交通网络的时-空动态性

注:b)图为2016年工作日17:00—19:00上海中心城快速路网的行程车速分布,单位 km/h。

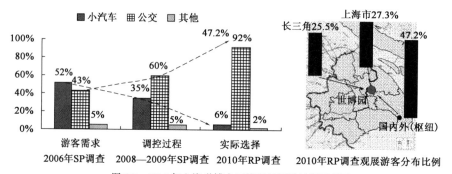

图 6-3　2010年上海世博会网络运行调控过程示意图

（6）网络运行的可靠性

网络运行可靠性是交通网络系统性能的综合反映。最初的可靠性研究来自于地震、洪水、山崩等自然灾害对交通网络连通性的影响，现在的研究已扩展到交通事故、道路破坏、上下班高峰和节假日等各类因素导致交通网络通行能力下降带来的网络可靠性下降。网络可靠性可以从连通可靠性、出行时间可靠性、通行能力可靠性等不同方面进行评价与分析。

第二节 道 路 网 络

一、道路分级和功能

1933 年的《雅典宪章》明确指出，"交通是城市四大功能之一，城市道路功能不分是城市交通面临的重要问题，街道需要进行功能分类，其中车辆的行驶速度是道路功能分类的依据"。1978 年通过的《马丘比丘宣言》认为，实践证明"把交通看作为城市基本功能之一，道路应按功能性质进行分类，改进交叉口设计等"是正确的。

将道路按功能进行分类和分级是道路网规划与设计的基础，既决定了道路的类型、功能及其技术标准，同时也决定了各类道路的层次结构以及它们之间采用何种衔接原则来构建路网，进而影响整个城市的形态与功能。同时，通过城市道路分类可将规划的道路功能用于道路的管理，确保道路系统在管理上更加精细，使道路的规划功能与道路运行管理更好地衔接。

我国将道路分为城市道路（Urban Road）和公路（Highway）两大类，在《城市道路设计规范》（CJJ 37—2012）中给出了城市道路分级的相关规定，在《公路工程技术标准》（JTG B01—2014）中给出了公路分级的相关规定。

1. 城市道路分级与功能

《城市综合交通体系规划标准》按照城市道路所承担的城市活动特征，将城市道路分为干线道路（Trunk Road）、支线道路（Access Road）以及联系两者的集散道路（Collector Road）三个大类；城市快速路、主干路（Arterial）、次干路（Secondary Road）和支路四个种类和八个小类。不同城市应根据城市规模、空间形态和城市活动特征等因素确定城市道路类别的构成。

（1）干线道路应承担城市中、长距离联系交通，集散道路和支线道路共同承担城市中、长距离联系交通的集散和城市中、短距离交通的组织。

（2）应根据城市功能的连接特征确定城市道路中类。城市道路中类划分与城市功能连接、城市用地服务的关系如表 6-1 所示。

不同连接类型与用地服务特征所对应的城市道路功能等级　　　　　　表6-1

连接类型	为沿线用地服务很少	为沿线用地服务较少	为沿线用地服务较多	直接为沿线用地服务
城市主要中心之间连接	快速路	主干路	—	—
城市分区（组团）间连接	快速路/主干路	主干路	主干路	—
分区（组团）内连接	—	主干路/次干路	主干路/次干路	—
社区级渗透性连接	—	—	次干路/支路	次干路/支路
社区到达性连接	—	—	支路	支路

注：依据道路主线车流能否停靠在道路上并进入沿线用地来判断道路对沿线用地的服务程度。

城市道路八个小类划分与规划要求如表 6-2 所示。

城市道路功能、等级划分与规划要求 表 6-2

大类	中类	小类	功能说明	设计速度（km/h）	高峰小时交通量推荐（双向 pcu）
干线道路	快速路	Ⅰ级快速路	为城市长距离机动车出行提供快速、高效的交通服务	80~100	3000~12000
		Ⅱ级快速路	为城市长距离机动车出行提供快速交通服务	60~80	2400~9600
	主干路	Ⅰ级主干路	为城市主要分区（组团）间的中、长距离联系交通服务	60	2400~5600
		Ⅱ级主干路	为城市分区（组团）间中、长距离联系以及分区（组团）内部主要交通联系服务	50~60	1200~3600
		Ⅲ级主干路	为城市分区（组团）间联系以及分区（组团）内部中等距离交通联系提供辅助服务，为沿线用地服务较多	40~50	1000~3000
集散道路	次干路	次干路	为干线道路与支线道路的转换以及城市内中、短距离的地方性活动组织服务	30~50	300~2000
支线道路	支路	Ⅰ级支路	为短距离地方性活动组织服务	20~30	
		Ⅱ级支路	为短距离地方性活动组织服务的居住街坊内道路、步行、非机动车专用路等		

2. 公路分级与功能

公路按功能也可分为干线公路、集散公路及支线公路。其中主干线公路具有通畅直达的功能，集散公路具有汇集疏散的功能，支线公路具有出入通达的功能。

《公路工程技术标准》（JTG B01—2014）中规定，公路分为高速公路、一级公路、二级公路、三级公路及四级公路五个技术等级。公路技术等级选用应根据公路功能和路网规划，结合交通量确定。五个技术等级公路规定如下：

（1）高速公路为专供汽车分方向、分车道行驶，全部控制出入的多车道公路。高速公路的年平均日设计交通量宜在 15000 辆小客车以上。

（2）一级公路为供汽车分方向、分车道行驶，可根据需要控制出入的多车道公路。一级公路的年平均日设计交通量宜在 15000 辆小客车以上。

（3）二级公路为供汽车行驶的双车道公路。二级公路的年平均日设计交通量宜为 5000~15000 辆小客车。

（4）三级公路为供汽车、非汽车交通混合行驶的双车道公路。三级公路的年平均日设计交通量宜为 2000~6000 辆小客车。

（5）四级公路为供汽车、非汽车交通混合行驶的双车道或单车道公路。双车道四级公路的年平均日设计交通量宜在 2000 辆小客车以下；单车道四级公路的年平均日设计交通量宜在 400 辆小客车以下。

二、道路网络结构与衔接关系

1. 道路网络结构

道路网必须具有合理的等级结构以及衔接方式,以保障各类交通流由低一级道路向高一级道路有序汇集及高一级道路向低一级道路有序疏散,实现不同出行距离和不同类别交通的合理分流,保障道路网络的运行安全和效率。

美国城市道路网的建议级配结构为主干路、次干路、集散道路、地区道路的长度分别占道路总长度的5%~10%、10%~20%、5%~10%、60%~80%。日本名古屋规划道路网的级配结构为快速路、基干道路及其他道路,长度分别占路网总长度的3.3%、13.3%、83.4%。国外机动化水平较高的城市,干路网规划指标大致处于同一水平,支路及以下水平道路的长度约占规划道路总长度的80%。

我国《城市综合交通体系规划标准》建议不同规模城市干线道路选择如表6-3所示,不同规模城市的干线道路网络密度如表6-4所示。干线道路占道路总里程比例随规划人口规模略有差异,一般宜为10%~25%,如表6-5所示。

城市干线道路等级选择要求　　　　　　　　　　　　　　　　表6-3

规划人口规模(万人)	最高等级干线道路	规划人口规模(万人)	最高等级干线道路
≥200	Ⅰ级快速路或Ⅱ级快速路	20~50	Ⅱ级主干路
100~200	Ⅱ级快速路或Ⅰ级主干路	≤20	Ⅲ级主干路
50~100	Ⅰ级主干路		

不同规模城市的干线道路网络密度　　　　　　　　　　　　　表6-4

规划人口规模(万人)	干线道路网络密度(km/km²)	规划人口规模(万人)	干线道路网络密度(km/km²)
≥200	1.5~1.9	20~50	1.3~1.7
100~200	1.4~1.9	≤20	1.5~2.2
50~100	1.3~1.8		

干线道路占道路总里程比例　　　　　　　　　　　　　　　　表6-5

规划人口规模(万人)	<50	50~100	100~300	≥300
干线道路里程比例(%)	10~20	10~20	15~20	15~25

2. 道路衔接原则与典型网络形态

城市道路依据一定的衔接原则相互连接构成路网,不同的衔接原则可以形成完全不同的网络结构和形态。

《城市综合交通体系规划标准》提出道路衔接与交叉主要原则是:

(1)城市主要对外公路应与城市干线道路顺畅衔接。因为城市主要对外公路是城市服务区域,实现对外联系的重要设施,与城市的联系应便捷、顺畅。但对于规划人口规模50万以下的城市,尤其是20万人口以下的城市,其道路层级较为简单,对外交通规模一般不大,因此其对外公路可根据交通需求特征与次干路衔接。

(2)集散道路系统与干线道路系统相交叉必须通过信号控制,确保集散交通的时效性与可靠性。

(3)支线道路系统要避免直接与干线道路交叉,如相交,则要通过支路车辆停车让行标志来进行组织。

通常将道路网络的形态分为:方格网式、环形放射式、自由式、混合式,如表 6-6 所示。

道路网布局形态示意 表 6-6

方格网式	环形放射式	自由式	混合式

(1)方格网式。类似棋盘,道路布局严整、简洁,网络交通分布均匀,但也会导致非直线系数过高的问题。西安、北京老城区路网为方格网式,如图 6-4a)所示。

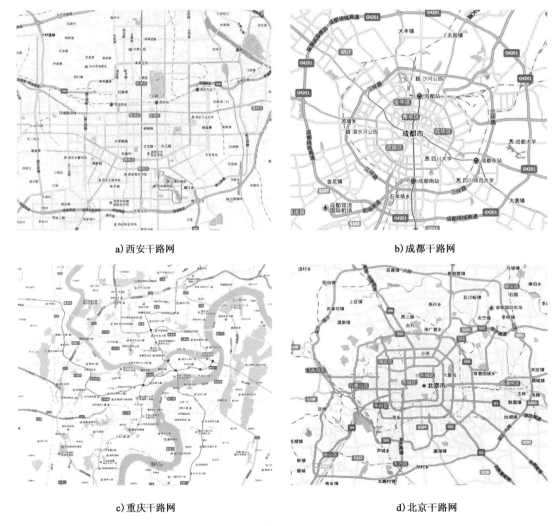

a) 西安干路网　　　　　　　　　　　b) 成都干路网

c) 重庆干路网　　　　　　　　　　　d) 北京干路网

图 6-4　不同城市干路网布局形态

(2)环形放射式。由城市中心为圆心的几条环线和城市中心向四周的若干放射线组成,如成都干路网。放射性干路非直线系数小,若与环线衔接不当,易在高峰时段造成沿线的拥堵。成都的干路网为环线放射式,如图6-4b)所示。

(3)自由式。通常由于地形起伏变化较大,道路结合自然地形呈不规则状布置而形成的,重庆干路网为自由式,如图6-4c)所示。

(4)混合式。几种形式的组合,如北京市干路网,如图6-4d)所示。

第三节 公共交通网络

城市公共交通是在城市范围内供公众乘用的各种交通方式的总称,主要包括定线运营的公共汽(电)车、轨道交通、渡轮、索道、出租车等交通方式。

一、公共交通网络功能与分级

城市公共交通网络划分为三类:

(1)快速公共交通网络。提供快速、大容量、可靠的公共交通服务,分布在城市高客流走廊至中客流走廊上,实现形式有城市轨道交通网络、快速公共汽车(Bus Rapid Transit,简称BRT)网络或有轨电车网络等,如表6-7所示。

(2)常规公共汽(电)车网络(Bus Network)。提供最基础、最常规的服务,以服务覆盖面广为主要特征,服务中短距离的出行,分布在普通客流走廊上。

(3)辅助公共交通网络(Paratransit Network)。在小范围内提供一端到门的服务,较高的可达性、便利性与灵活性是辅助公共交通的特征。

城市公共交通走廊(Public Transport Corridor)按照高峰小时单向客流量或客流强度可分为高、大、中与普通客流走廊四个层级,如表6-7所示。

城市公共交通走廊层级划分 表6-7

层 级	客 流 规 模	宜选择的运载方式
高客流走廊	高峰小时单向客流量≥6万人次/h或客运强度≥3万人次/(km·d)	城市轨道交通系统
大客流走廊	高峰小时单向客流量3万~6万人次/h或客运强度2万~3万人次/(km·d)	城市轨道交通系统
中客流走廊	高峰小时单向客流量1万~3万人次/h或客运强度1万~2万人次/(km·d)	城市轨道交通或快速公共汽车(BRT)或有轨电车系统
普通客流走廊	高峰小时单向客流量0.3万~1万人次/h	公共汽(电)车系统

二、城市公共汽(电)车网络

1. 基本概念

城市公共汽(电)车网络由线路、站点设施和管理系统组成,并包括专用的停车场、保养与修理场、调度中心等。

线路(Line)与线网:车辆按照确定的线路、时刻表运营,有确定的票价,停靠规定车站,形成公共交通线路。若干条线路形成城市公共汽(电)车网络。公共交通服务类型分为固定线路服务和需求响应型公交服务(Demand Responsive Transit)。需求响应型服务,针对特殊人群和特殊需求,根据用户出行需求动态确定路线和时刻表。

站点(Station):包括首末站(Origin Station and Terminal)、中途站(Stop)、枢纽站(Passenger Transfer Hub)。首末站是指公交线路的起始站和终点站。中途站是公交线路途经站。枢纽站是多条公交线路与其他客运交通设施交汇与转换的站点。

停车场(Parking Lot):为线路运营车辆下线后提供合理的停放空间、场地和必要设施等,并应能按规定对车辆进行低级别保养和小修作业。

保养与修理场:承担运营车辆的各级保养任务,并应具有相应的配件加工、修制能力和修车材料及燃料的储存、发放等的功能。

调度中心:具备运营动态管理、调度、监控和公共信息服务等功能。配置调度工作平台、通信设施、在线服务设施和救援车辆等设备。

城市公共汽(电)车场站分类与功能要求如表6-8所示。

城市公共汽(电)车场站分类与设施配置要求 表6-8

类 型	设施配置要求
首末站	(1)应配备乘客候车、上落客等设施; (2)首站应设置城市公共汽(电)车运营组织调度设施; (3)根据用地条件,宜配套设置驾乘人员服务设施; (4)根据用地条件,宜设置车辆停放设施
停车场	(1)应设置运营车辆停放、简单维修设施; (2)宜设置修车材料、燃料储存空间; (3)应设置燃料添加(加油、加气、充电),车辆清洗等服务设施; (4)宜配套设置驾乘人员的服务设施
保养场	(1)应具有运营车辆保养、维修、配件加工、修制等设施; (2)应设置修车材料、燃料储存空间; (3)宜设置燃料添加(加油、加气、充电),车辆清洗等服务设施; (4)根据用地条件,宜设置车辆停放设施

2.线网分级与功能

根据城市的公共交通客流组织特征和公共交通运营的要求,宜将城市公共汽(电)车线路分为干线、普线和支线三个层级,根据城市不同客流特征选择合适的层级布局。一般大城市公共交通客流需求大,出行距离长,公共交通线路的层级丰富;而中小城市一般客流规模小、出行距离短。应根据自身的客流特征选择公交层级,如对中小城市采用普线与支线,组成城市公共交通线网。不同层级的城市公共汽(电)车线路的功能与服务要求如表6-9所示。

不同层级城市公共汽(电)车线路功能与服务要求 表6-9

线路层级	干线	普线	支线
线路功能	沿客流走廊,串联主要客流集散点	大城市分区内部线路,或中小城市内部的主要线路	深入城市社区内部,是干线或普线的补充
运送速度(km/h)	≥20	≥15	
单向客运能力(千人/h)	5~15	2~5	<2
高峰期发车间隔(min)	<5	<10	与干线协调

3. 城市公共汽(电)车线网形态

公共汽(电)车线网在形成初期主要受城市形态和路网条件的制约;在发育完善过程中,则决定于客流交通需求、场站条件、车辆条件以及效率等因素。土地利用和客流需求是公共汽(电)车线网完善的内在动因,道路网是线网发展的前提条件和载体。公共汽(电)车线网通常有以下五种形态:

(1)单中心放射形线网。图6-5是有中央车站的单中心放射形线网,是公共汽(电)车线网的早期形式。仍然适用于小城市和大城市卫星城镇。特点是乘客可直接往返市中心,换乘少,调度管理方便。

(2)多中心放射形线网。主要适用于中小城市,尤其是具有老城和新城两个中心的城市形态。中心成为公交换乘枢纽,且在多个中心之间形成公交客运走廊。同样具有单中心放射形线网的优点和缺点。

(3)带有环线或切线状线路的放射形线网。单中心线网随着城区扩大,会逐渐衍变为带有环线或切线的放射形线网,如图6-6所示。

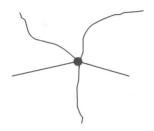
图6-5 单中心放射形线网

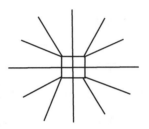
图6-6 环射形线网

(4)混合型线网。根据城市布局和路网条件灵活布置的线网。

(5)干线和辅线结合的主辅型线网。适用于在公交专用道上设置快速公交线路的城市。干线指快速公交线路主线,辅线包括支线、接驳线、共用公交专用道的其他线路。干线和辅线可以通过发车间隔调整达到需要的服务水平,如图6-7所示。

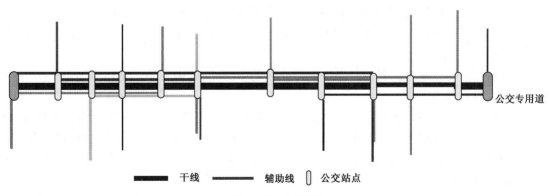
图6-7 主辅型线网

三、轨道交通网络

1. 基本概念

城市轨道交通网络(Metro Network)由线路、车辆、车站、车辆段与停车场、供电、通信及信号系统组成。

线路由正线(干线与支线)、配线和车场线组成。配线包括车辆基地出入线、联络线、折返线、停止线、渡线、安全线。

车辆:地铁车辆均为电动车组编组。按照我国《地铁设计规范》(GB 50157—2013),轨道车辆分为 A 型、B 型、C 型,在车辆长度、宽度、高度、额定载客量、车辆自重、加减速度、转弯半径、供电方式等技术参数方面有所差异。

车站是城市轨道交通中最复杂的建筑物,有很多类型,包括中间站、折返站、换乘站、越行站、接轨站、终点站。各类车站的示意图如图 6-8 所示。

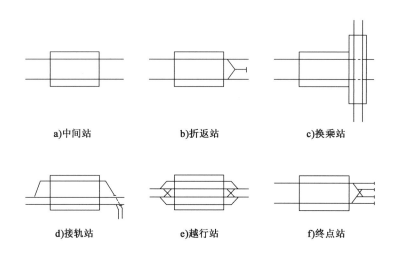

图 6-8 车站分类示意图

中间站是仅供乘客上下车之用的车站,其设施比其他各类车站都要简单。

折返站是在车站内有尽端折返设备的中间站,能使列车在站内折返或停车。

换乘站是能够使乘客实现从一线到另一线换乘的车站。它除了配备供乘客乘降车的站台、楼梯或电梯之外,还要配备供乘客由一线站台至另一线站台的换乘设施。

接轨站是位于轨道交通线路分岔处的车站,其中有一条是正线,可以在两个方向上接车和发车。

越行站是每个行车方向具有一条以上停止线的中间站,其中一条供站站停的慢车使用,其他供非每站都停的快车使用。

终点站是位于线路起、终点处的车站,除了供乘客乘降车外,还用于列车折返及停留,因此终点站一般设有多股停车线。如果线路需要延长时,则终点站可作为中间站或折返站来使用。

车辆段与停车场:是车辆停放、保养、修理的专门场所。车辆段承担车辆定期检修和车辆运用整备及日常维修任务。

供电:包括外部电源、主变电所(或电源开闭所)、牵引供电系统、动力照明供电系统、电力监控系统。牵引供电系统包括牵引变电所与牵引网;动力照明供电系统包括降压变电所与动力照明配电系统。

通信系统:由传输系统、无线通信系统、公务电话系统、专用电话系统、视频监视系统、广播系统、时钟系统、办公自动化系统、电源系统及接地、集中告警系统等子系统组成。

信号系统:由行车指挥和列车运行控制设备组成,并设置故障检测和报警设备。

2. 轨道交通网络分级

城市轨道交通按照其服务的空间范围分为市区轨道交通和市域轨道交通两个层次(表6-10)。

城市轨道交通线网的功能层次与主要技术特征指标　　　　表6-10

线网层次	市区轨道交通	市域轨道交通
功能定位	重点服务于中心城区及规划拓展区范围,主要满足该范围内部各功能片区之间的大中运量客运出行需求	重点服务于市域范围,主要满足大城市市域范围内的城市中心区与周边城镇组团及其城镇组团之间的大中运量客运出行需求
最高速度	80~100km/h	一般采用100~160km/h,线路长度较短时可选用80km/h
旅行速度	30~40km/h	40~65km/h
敷设方式	地下线为主	高架线或地面线为主
车辆制式	大运量(高峰小时单向最大断面客流量≥3万人次/h)时选用地铁制式;中运量(高峰小时单向最大断面客流量1万~3万人次/h)时一般选用轻轨、单轨等制式	一般可根据运量等级和线路长短等选用地铁、轻轨、铁路等制式

市区轨道交通重点服务于中心城区及规划拓展区范围,覆盖中心城区及规划拓展区的主要客流走廊,主要满足中心城区及规划拓展区内部各功能片区之间的大中运量客运出行需求和承担重要对外交通枢纽的客流集散功能。

市域轨道交通重点服务于市域范围,覆盖大城市市域范围内中心城区外的主要客流通道,主要满足大城市市域范围内(或合理通勤圈范围内)的城市中心区与周边城镇组团及其城镇组团之间的大中运量客运出行需求和承担重要对外交通枢纽的客流集散功能。

3. 轨道交通网络形态

最常见、最基本的轨道交通线网形态结构为网格式、无环放射式及有环放射式三种。

(1)网格式

网格式线网的各条线路纵横交叉,形成方格网,呈格栅状或棋盘状,基本结构如图6-9所示。网格式线网中的线路走向比较单一,基本线路关系多为平行与十字形交叉两种,例如大阪及墨西哥城市地铁线网就是这种类型。

这种结构的线网线路分布比较均匀,客流吸引范围比例较高;线路按纵横两个走向,多为相互平行或垂直的线路,乘客容易辨识方向;换乘站较多,纵横线路间的换乘方便,线网连通性好。此类线网的缺点:一是线路走向比较单一,对角线方向的出行绕行距离较大,市中心区与郊区之间的出行常需换乘,有些地方可能要换乘多次;二是平行线路间的换乘比较麻烦,一般要换乘2次或2次以上,当线网密度较小/平行线之间间距较大时,平行线间的换乘是很费时间的。

(2)无环放射式

无环放射式线网是由若干穿过市中心的直径线或从市中心发出的放射线构成,其基本结构如图 6-10 所示。这种类型的线网可使全市各区域至中心点的绕行距离最短,因此位于线网中心区域的可达性最好,市中心与市郊之间的联系非常方便,有利于市中心客流的疏散、市郊居民到市中心的工作、购物和娱乐出行,以及保持市中心的活力。由于各条线路之间都相互交叉,因此任意两条线路之间均可实现直接换乘,线网中任意两车站之间最多只需换乘 1 次。由于没有环行线,圆周方向的市郊之间缺少直接的轨道交通联系,需要经过市中心区的换乘站中转,绕行距离很长,或者需要通过其他交通方式来实现,这种交通不便的程度随着城市规模的扩大而增大。

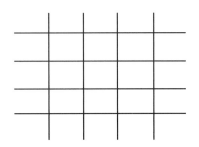
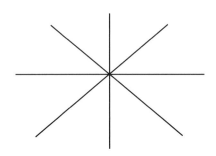

图 6-9　网格式线网的基本结构　　　　图 6-10　无环放射式线网的基本结构

当 3 条及以上轨道交通线路在同一点交汇时,其换乘站的设计、施工及管理都很困难,这种车站一般会高达 4 层以上,旅客换乘不便,日常运营维护费用也较高,同时庞大的客流量也难以疏解,因此,一般将市中心的一点交叉改为在市中心区范围内多点交叉,形成若干 X 字形、三角形线路关系,这样既有利于换乘站的设计与施工,又有利于乘客的集散,还有利于扩大中央商务区的范围及提高服务水平。

(3) 有环放射式

有环放射式线网在无环放射式线网结构的基础上加上环线形成,是对无环放射式的改进,因而既具有无环放射式线网的优点,又克服了其周向交通联系不便的缺点。通常由穿越市中心区的径向线及环绕市区的环行线共同构成,基本结构如图 6-11 所示。在一些轨道交通线网规模不大的城市,如新德里、巴黎等,环线一般只有一条;而在一些轨道交通线网规模较大的城市,如莫斯科、东京等,会出现两条或两条以上的轨道交通环线。这种线网对城市居民的使用最为便利。与无环放射式线网一样,这种线网在市中心区交汇成一点是不利的。

为了改进图 6-11 中市中心区放射线过于集中的缺点,将多线一点交叉变为多点两两交叉,这对节省工程与运营成本、提高枢纽使用及商业利用效果均有利,如图 6-12 所示。

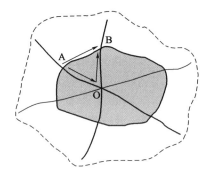
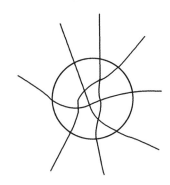

图 6-11　有环放射式线网基本结构　　　　图 6-12　改进的有环放射式线网基本结构

第四节　步行与非机动车网络

一、基本概念

为了满足步行与非机动车的交通性需求和日益增长的休闲健身需求,并保障公共活动的连续性,步行与非机动车网络既包括城市道路内的人行道、非机动车道、过街设施、专用路等,也包括城市道路外的各类专用空间,如公园、广场内的通道、滨水、环山的绿道、立体连廊、步行街、胡同、街坊路等,以及楼梯、台阶、坡道、电扶梯、自动人行道等各类专用设施。

步行网络:为保障步行交通的方便与通达,城市宜在合适的地区建设独立于城市道路系统、可以供步行交通通行的步行通道和步行路径,如向步行交通开放封闭的城市街区、大院,居住区内部道路允许步行交通穿越,建设城市绿地、建筑之间的步行路径等,提高步行设施网络的连通性和覆盖面。

非机动车网络:适宜自行车骑行的城市和城市片区,除城市快速路主路、步行专用路等不具备设置非机动车道的条件外,城市快速路辅路及其他各级城市道路均应设置连续的非机动车道。并宜根据道路条件、用地布局与非机动车交通特征设置非机动车专用路。

绿道指沿河流、溪谷、山川周边、城市绿地、旅游景区、郊野公园等布局的步行与非机动车专用道路,主要满足休闲、游览、健身等需求,注重舒适性和景观环境。为了保障绿道网络的通达,城区内绿道设施应与城市道路上的人行与非机动车通行空间衔接。

二、步行道网络分级

步行道网络分级的主要目的是明确不同类型步行道路的功能和作用,体现步行道路级别与传统城市道路级别之间的差异性和关联性,并提出差别化的规划设计要求。

步行道路级别主要由其在城市步行系统中的作用和定位决定,考虑现状及预测的步行交通特征、所在步行分区、城市道路等级、周边建筑和环境、城市公共生活品质等要素综合确定。《城市步行和自行车系统交通规划设计导则》将沿城市道路两侧布置的步行道分为三级:

(1)一级步行道:人流量很大,街道界面活跃度较高,是步行网络的重要构成部分。

主要分布在城市中心区、重要公共设施周边、主要交通枢纽、城市核心功能区、市民活动聚集区等地区的生活性主干路,人流量较大的次干路,断面条件较好、人流活动密集的支路,以及沿线土地使用强度较高的快速路辅路。

(2)二级步行道:人流量较大,街道界面较为友好,是步行网络的主要组成部分。

主要分布在城市副中心、中等规模公共设施周边、城市一般功能区(如一般性商业区、政务区、大型居住区)等地区的次干路和支路。

(3)三级步行道:以步行直接通过为主,街道界面活跃度较低,人流量较小,步行活动成分多为简单穿越,与两侧建筑联系不大,是步行网络的延伸和补充。

主要分布在以交通性为主,沿线土地使用强度较低的快速路辅路、主干路,以及城市外围地区、工业区等人流活动较少的各类道路。

步行道横断面划分为人行道、绿化带或设施带,以及建筑前区,如图6-13所示。各分区应保证连续,避免分区间发生重叠或冲突。

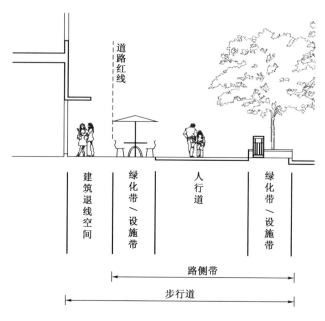

图6-13 步行道横断组成

分级步行道的人行道单侧宽度推荐值如表6-11所示。

人行道单侧宽度推荐值(单位:m)　　　　　　　　　　　　表6-11

步行道等级	一级	二级	三级
快速路(辅路)、主干路、次干路、支路	4.0~7.0	2.5~5.5	2.0~3.5

三、非机动车道网络分级

非机动车网络由各类非机动车道路构成,可分为非机动车道和非机动车专用路两类。非机动车道指沿城市道路两侧布置的非机动车道。非机动车专用路主要包括以下类型道路或通道空间:

(1)公园、广场、景区内的非机动车通道,滨海、滨水、环山的非机动车专用通道和非机动车绿道等。

(2)通过管理手段、铺装差异等措施禁止(或分时段禁止)除非机动车和步行之外的交通方式通行的各类道路,允许非机动车通行的步行街(区)等。

(3)不具备机动车通行条件、但非机动车可以通行的各类通道,如较窄的胡同、街坊路、小区路等。

非机动车道路分级的主要目的是明确不同非机动车道路的功能和作用。非机动车道级别主要由其在城市非机动车交通系统中的作用和定位决定。考虑现状及预测的非机动车交通特征、所在非机动车交通分区、城市道路等级、周边建筑和环境等要素综合确定。沿城市道路两侧布置的非机动车道可分为三级:

(1)一级非机动车道:以满足城市相邻功能组团间或组团内部较长距离的通勤联络功能

为主,非机动车流量很大,同时承担通勤联络、到发集散、服务周边等多种复合型功能,是非机动车网络的骨干通道。

主要分布在城市相邻功能组团之间和组团内部通行条件较好、市民通勤联络的主要通道上,以生活性主干路、两侧开发强度较高的快速路辅路和非机动车流量较大的次干路为主。

（2）二级非机动车道:以服务两侧用地建筑为主,非机动车流量较大,非机动车交通行为以周边地块的到发集散为主,与两侧建筑联系紧密,但中长距离通过性非机动车交通比例较小,是非机动车网络的重要组成部分。

主要分布在城市主(副)中心区、各类公共设施周边、交通枢纽、大中型居住区、市民活动聚集区等地区的次干路以及支路。

（3）三级非机动车道:功能以直接通过交通为主,非机动车流量较小,与两侧建筑联系不大,是非机动车网络的延伸和补充。

主要分布在两侧开发强度不高的快速路辅路、交通性主干路,以及城市外围地区、工业区等人流活动较少的地区的各类道路。

非机动车道宽度确定应同时考虑非机动车道等级、非机动车高峰流量、服务水平和非机动车混合车型组成等因素,如表6-12所示。

各级非机动车道宽度和隔离方式要求 表6-12

非机动车道等级	非机动车道宽度	隔 离 方 式
非机动车专用路	单向通行不宜小于3.5m,双向通行不宜小于5.0m	应严格物理隔离,并采取有效的管理措施禁止机动车进入和停放
一级	3.5～6.0m	应采用物理隔离
二级	3.0～5.0m	应采用物理隔离
三级	2.5～3.5m	主干路、次干路应采用物理隔离,支路宜采用非连续物理隔离

四、步行与非机动车网络设计要求

步行和非机动车网络设计必须保障安全性、连续性、方便性、舒适性。

安全性保障包括以下四个方面:

（1）应保障步行和非机动车交通通行空间,不得通过挤占步行道、非机动车道方式拓宽机动车道,杜绝安全隐患。

（2）步行和非机动车道应通过各种措施与机动车道隔离,不应将绿化带等物理隔离设施改造为护栏或划线隔离,不得在人行道及非机动车道上施划机动车停车泊位。

（3）当机动车交通与步行交通或非机动车交通混行时,应通过交通稳静化措施,将机动车的行驶速度限制在行人或非机动车安全通行速度范围内。

（4）在过街设施、道路照明、市政管线、街道界面等的设计和维护中应考虑步行和非机动车交通使用者的安全,降低交通事故或受犯罪侵害的风险。

连续性保障包括以下四个方面:

（1）应根据不同等级的城市道路布局与两侧用地功能,结合滨水、公园、绿地空间,形成由城市道路两侧步行道、非机动车道与步行专用路、非机动车专用路构成的步行和非机动车交通网络,保证行人和非机动车通行的连续、通畅。

(2)在步行和非机动车交通网络与铁路、河流、快速路等相交时,应通过工程及管理措施保障步行和非机动车交通安全、连续通行。

(3)探索步行和非机动车交通穿越公园、小区以及大院的可行措施,增强网络密度,提高连通性。

(4)在设计道路交叉口和过街设施时,应特别注意人行道和非机动车道的连续性,避免出现断点。

方便性保障包括以下四个方面:

(1)在既有城区改造、新区建设、轨道交通、环境综合整治等重大项目实施过程中,应充分考虑步行和非机动车网络与周边公园、大型居住区内部路网连通,作为城市路网补充,形成步行和非机动车交通的便捷路径,完善步行和非机动车微循环系统。

(2)鼓励结合城市水体、山体、绿地、大型商业购物区和文体活动区,建设步行和非机动车专用道路或禁车的步行街(区)。在城市滨水空间和公园绿地中应设置步行专用路和非机动车专用路,方便居民休闲、健身和出行。

(3)步行和非机动车网络布局应与城市公共空间节点、公共交通车站等吸引点紧密衔接,步行网络应与目的地直接连通,非机动车停车设施应尽可能靠近目的地设置,以提高效率和方便使用。

(4)应特别注意步行和自行车系统的无障碍设计,以方便老人、儿童及残障人士出行。

舒适性保障包括以下四个方面:

(1)在道路新建、改造和其他相关建设项目过程中,应保证步行和自行车通行空间和环境品质,保障系统舒适性,增强吸引力。

(2)除满足基本通行需求外,应结合不同城市分区特点,结合周围建筑景观,建设完善的林荫绿化、照明排水、街道家具、易于识别的标志及无障碍等配套设施,尽量提供遮阳遮雨设施,提高舒适程度和服务水平。

(3)应与城市景观、绿地、旅游系统相结合,将步行道和自行车道与城市景观廊道、绿色生态廊道、休闲旅游热线合并设置,尽可能串联城市重要景观节点和公共开敞空间,提升整体环境品质。

(4)在兼顾经济实用的前提下,应考虑地面铺装、植物配植、照明、标识及街道家具的美观性,力求体现当地环境特色,彰显地方文化特质。街道家具是设立在道路、道路边缘、人行道上的公共设施。

习题

6-1 请简述城市公共汽电车网络构成与道路网络构成的差别。

6-2 某通勤者早上7:30从家到单位的出行方式为自行车→轨道→公交→步行,请问在这个过程中他使用了哪些网络,这些网络之间的衔接处分别在哪里?如果该通勤者加夜班到23:00,准备从单位回家,此时发现公交的末班车是22:30,轨道交通的末班车时间是23:30,面对同样的交通网络,该通勤者采用与上班相同的出行方式会有什么问题?请结合该通勤者的通勤出行分析网络衔接应关注哪些问题。

6-3 图6-14为某特大城市城区道路1和道路2在一天24h的流量分布情况,纵坐标为小时流量占全日流量的比例。请分析判断这两条道路哪条可能是干路,哪条可能是支路,并说明理由。

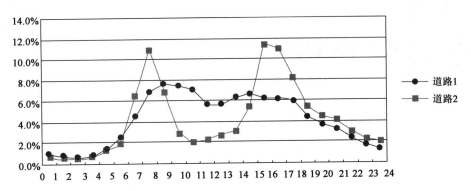

图6-14 某特大城市城区道路1和道路2在一天24小时的流量分布

6-4 请针对学校周边的步行者、非机动车骑行者做问卷调查,了解步行者、非机动车骑行者对学校周边现状步行网络和非机动车网络在安全性、连续性、方便性、舒适性方面的满意度及改善诉求。

第七章 交通需求分析

进行现状和未来年交通需求(Travel Demand)分析是交通政策制定、交通规划、交通网络设计、交通管理的基础。本章将介绍基于土地利用和交通网络的交通需求分析方法,重点对客运交通需求进行分析。货运需求分析的方法与客运需求相类似。

第一节 交通需求概念

一、交通需求与土地利用

土地利用(Land Use)、交通运输条件和社会经济活动并列为交通需求分析的三要素。社会经济活动依存于活动场所,家庭、工作地点、商店、学校、娱乐等场所,是城市有限空间内分散的、相互隔离的活动地点和场所。交通运输条件指通过提供连接这些地点的网络设施以及提供连接这些地点的交通服务,实现人或物从一个地点到另一个地点的移动。交通需求和土地利用及可选择的交通条件之间具有循环与相互作用关系。

1. 可达性

可达性(Accessibility)是指到达目的地或获得机会与服务的难易程度,它不仅受到两点空间阻隔的负向影响,还受到目的地活动规模大小的正向影响。可达性将土地利用(代表了发展机会或服务设施等城市活动)和交通系统(代表了出行距离、出行时耗等成本)两者有效地紧密结合在一起。可达性与土地利用的关系如图7-1所示。

因此,可达性概念直接体现居民各类出行活动的难易程度,其主要影响因素有两个:一是居民出行的机动性(交通条件);二是实现各类活动的机会的空间布局及强度,在形态上体现为用地类型。伦敦市采用公共交通方式45min可达工作岗位数量作为一种可达性的度量,如图7-2所示。

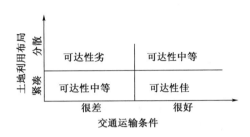

图7-1 可达性与土地利用的关系

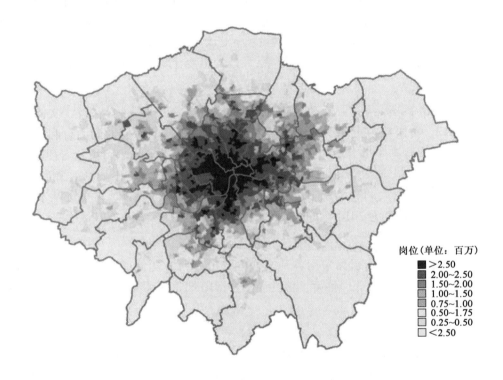

图7-2 伦敦市采用公共交通方式45min内可到达的工作岗位数量

2. 交通生成

交通生成反映了在某指定时段内(通常为日或小时)某区域(交通分区)的交通量。

交通生成量与土地利用的类型及其发生活动的规模和强度有关。不同的土地利用导致不同的出行特性,所以交通生成量是土地利用的函数。我国国家标准《城市用地分类与规划建设用地标准》(GB 50137—2011)规定,城市土地利用分10大类,分别为:居住用地;公共设施用地;工业用地;仓储用地;对外交通用地;道路广场用地;市政公共设施用地;绿地;特殊用地;水域及其他用地。在这10类城市土地利用中,前5类是城市活动的基本空间,是交通的主要发生源,这些用地上的人口状况、各类工作岗位数或活动容量是交通生成量预测的主要输入参数。

3. 交通需求

交通需求是由社会经济活动需要派生出来的,以实现生产或生活的目的,完成人或货物的空间移动。把城市或区域中每个人或每样货物在一定时间内的移动路径或位移在交通网络上叠加,即形成城市或区域交通需求。

二、客运交通需求特征指标

1. 出行、出行率和日出行总量

出行(Trip):为了一个(活动)目的,采用一种或多种交通方式从出发地到目的地移动的过程。

出行率:指城市居民人均的日出行次数,反映了居民在日常生活中参加各项活动的出行需求强度,是决定城市交通需求总量的重要参数。例如上海市常住人口1986年人均出行率为1.79次/(人·d),到2014年增长至2.16次/(人·d)。

日出行总量:出行率与人口乘积。出行率、人口发生变化均会引起日出行总量变化。

2. 出行目的

出行目的(Trip Purpose)按照活动目的分为上班、上学、公务、购物与餐饮、文体娱乐与旅游休闲、探亲访友、看病与探病、接送与陪护等。通常将出行目的归为通勤出行和非通勤出行两大类,其中通勤出行主要指上班和上学出行,其余出行归为非通勤出行。随着社会经济发展和居民收入水平的提高,通勤和非通勤活动出行目的比重有较大变化。以上海为例,1995—2014年的四次综合交通大调查结果显示,居民通勤活动与非通勤活动占全天活动的比例由1995年的68%∶32%转变为2014年的48%∶52%。

3. 交通方式结构

交通方式结构(Mode)指居民采用各种交通方式出行所占比例。交通方式结构受各交通方式的特征、服务水平、交通管理政策、出行目的、生活习惯等因素影响,是反映城市交通发展特征的重要指标。

4. 出行距离和时耗

出行距离(Travel Distance)和出行时耗(Travel Time)是指一次出行从起点到终点的路径总长度和花费的总时间。出行距离、出行时耗大小与目的地选择、所采用的交通方式、出行时段等因素密切相关。上海居民2009年和2014年平均出行距离分别为6.5km和6.9km,呈现稳步增长趋势;平均出行时耗分别为29.8min和29.4min,较为稳定,如表7-1所示。

上海居民出行调查主要特征值标对比　　　　表7-1

主要特征		2009年	2014年	增幅
用地	城市建设用地(km²)	2698	2918	8%
人口	常住人口(万人)	2210	2426	10%
出行特征	出行总量(万人次/d)	4947	5550	12%
	常住人口出行率(人次/d)	2.16	2.16	0
	出行方式结构(%) 公共交通	18.5	20.7	2.2%
	出行方式结构(%) 出租车	5.9	4.9	-1%

续上表

主要特征			2009年	2014年	增幅
出行特征	出行方式结构(%)	个体机动	16.2	16.9	2.7%
		电(助)动车	16.3	20.4	4.1%
		自行车	14.2	7.2	−7%
		步行	28.9	28.1	−0.8%
		合计	100	100	—
	空间分布(万人次/d)	中心城内部	2546	2641	4%
		进出中心城	375	541	44%
		郊区内部	2026	2367	17%
		合计	4947	5550	12%
	平均出行距离(km)		6.5	6.9	6%
	平均出行时耗(min)		29.8	29.4	−1%

注：中心城指外环以内区域。

5. 出行时间及分布

出行时间：是居民一次出行的起始时间。

出行时间分布：是反应所有居民在一天不同时间出行比例的变化情况。由图7-3可以看出，通勤出行相对于非通勤出行分布更集中，早晚高峰更明显；非通勤出行相比于通勤出行的早高峰推迟，而晚高峰提前。

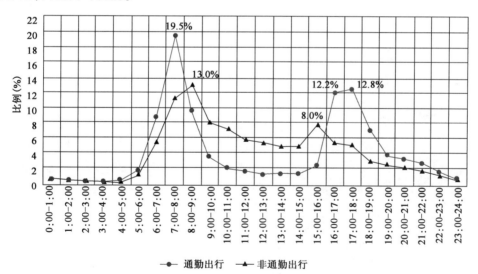

图7-3 上海常住人口出行时间分布(2009年)

6. 出行空间分布

出行空间分布可以通过OD(Origin-Destination)矩阵表、期望线图等进行表示。

(1) OD矩阵表

对于一次出行，"O"(Origin)表示出行的起点，"D"(Destination)表示出行的迄点。OD交通量表示起点交通小区到终点交通小区的出行量。采用OD矩阵表示一个城市或区域的出行分布,OD 矩阵的行表示出行起点的小区,列表示出行讫点的小区,矩阵元素 OD_{ij} 表示小区 i 到小区 j 的出行量。现状出行分布,由出行 OD 调查得到,如表 7-2 所示,OD 矩阵表既能反映各交通分区的出行量,又能反映交通分区之间的出行量和出行的流向。

出行 OD 矩阵表　　　　　　　　表 7-2

D	O					$O_i = \sum_{j=1}^{n} q_{ij}$
	1	2	3	…	n	
1	q_{11}	q_{12}	q_{13}	…	q_{1n}	O_1
2	q_{21}	q_{22}	q_{23}	…	q_{2n}	O_2
3	q_{31}	q_{32}	q_{33}	…	q_{3n}	O_3
…	…	…	…	…	…	…
n	q_{n1}	q_{n2}	q_{n3}	…	q_{nn}	O_n
$D_i = \sum_{i=1}^{n} q_{ij}$	D_1	D_1	D_3	…	D_n	$T = \sum_i O_i = \sum_j D_j$

(2)期望线图

期望线(Desire Line)图是上述 OD 矩阵的可视化结果,直观地显示交通需求的空间分布。根据交通分区之间的出行量大小,采用对应宽度的直线将交通分区之间的形心连接起来,称为期望线,如图 7-4 所示。在城市交通需求分析中,有时为了更宏观地把握交通需求的空间分布特征,常把若干个交通小区合并,形成交通中区或交通大区。交通中区或大区的期望线图对于分析城市客流走廊、城市干道网和公共交通网络布局的适应性十分有用。

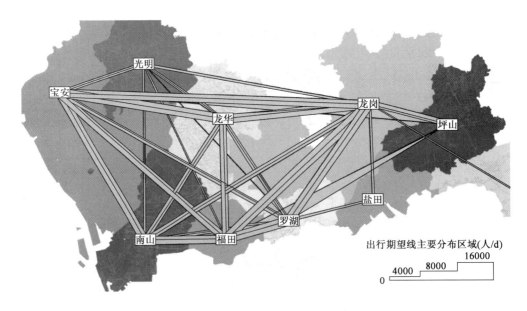

图 7-4　深圳市交通大区的出行期望线图

7. 交通成本

交通成本是指人在完成空间位移的过程中,所消耗的时间、费用、精力、能源、环境等成本。

三、货物运输特征及需求特征指标

1. 货的被动性特性

货的被动特性是相对于客运而言的。客运的对象是人,人的出行是主动性的,可以根据自己的出行目的做出购买运输服务的决策;而货物运输的对象是货物,货物是被动的,是由人来决定货物的运输,而人是根据经济社会对货物的需求而决定它的运输组织,货物需要在出发地提货,在目的地交付。货物运输较少关心线路的调整、中转,而主要关心是否能安全、低成本、按照客户需求按时到达目的地。

货的被动性有利于货物运输组织,运输组织者只要根据货物的特性及客户需求去组织货物运输,客户一般关注运输结果而较少关注运输过程。

2. 货物的运输需求特征

货运(Freight)交通是正常生活、生产、商业活动的派生需求,货运交通的本质为是提供货物转移的服务。为货物运输服务的交通系统也称为货运交通系统。货物的运输需求大体上可以分为三类:一是生产原材料供应的运输,其特点是用不同运输方式从不同地点将原材料运送至生产企业,运输规模、品种差异大;二是半成品、产成品的运输,具有高度集约化的特点;三是生活服务业的商品流动,具有集中配送、分送到户的特点。

由上面三类不同的货物流动特征,产生了对交通系统的不同需求。生产原材料的运输,一般来说是采用多种运输方式从原材料的产地运到生产制造基地,这对综合运输网络及不同运输方式转换节点提出了更高要求;半成品、产成品运输主要是将货物由生产基地运到集成商、分销商或者物流中心、配送中心,相对来说集约化程度较高,这对运输方式、载运工具有较高的要求,同时也需要不断优化综合运输网络;生活类的商品流动,特别是电子商务环境下的商品配送活动,对运输效率非常关注,因而对运输网络特别是城市配送网络、配送中心、中心城区末端配送节点规划设计提出了更高的要求。

3. 货物运输组织与交通系统的匹配性

随着网络、信息、新技术的发展和商业模式的改变,货物运输组织发生了根本性的变化,由传统计划经济下的货物运输组织模式,转变为供应链管理下的新型货物运输组织模式。新的货物运输组织大体将货物运输分为上、中、下游运输。其变化如图7-5所示。虽然上游长距离的货物和原料运输一般都由水路、铁路和空运实现,但运输链的最后一段——终端配送(货物配送至居民家庭、商店、超市、办公等场所)都是由货运车辆在道路系统上完成的。在传统货运中货物的运输通常是整体的空间位移,货运服务商只需将货物从 A 点运送到 B 点;电子商务背景下新的运输组织模式是为了适应供应链管理下的新需求,其核心是提高货物运输时效性,即减少货物运输里程,加快货物运输速度,降低货物运输成本。因此在货运中下游段,通常为零散-多次集中-运输-多次分散-零散的运输过程。

如果从空间上考虑,上、中游的货物运输组织大部分是在城市(区域)之间或者城市外围,而下游运输大部分是在城市(区域)内部进行运输配送组织。由于不同的运输组织特性,对交通系统的要求也就不同。

与上、中游货物运输匹配的是综合交通网络,包括各种货物运输通道及各种货运节点。货运通道包括远洋航线、航空、铁路、公路、大陆桥、管道等。货运节点(Freight Terminal/Node)是指货运网络中进行物资中转、集散和储运的各种货运场站及货物集散地,包括港口、航空货运站、铁路场站、公路场站、物流园区、大型公共仓库、配送中心、内陆港等。货运节点主要关注节点规模及基本信息,货运量,运输组织模式,人力资源,经济指标,货物的包装、装卸、保管、分货、配货、流通加工等。交通系统支撑货物运输组织时需要考虑以下问题:交通系统与货物运输需求之间是否匹配?如远洋货物运输是否有深水港?铁路运输是否有铁路货运场站?公路货运道路基础设施是否满足大型货运车辆的通行(包括路面承载能力、转弯半径等)?对于货物运输需求较大的通道是否有专用的货物通道?即货物运输需要哪些交通工程系统加以支撑。

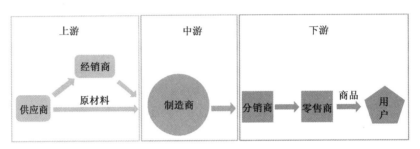

a) 传统货物运输组织

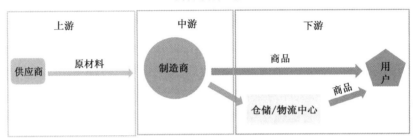

b) 新的货物运输组织模式

图 7-5 货物运输组织变化示意图

下游货物运输,特别是生活服务业的货物运输,大部分集中在城市周边和内部。城市货运交通主要包括城市对外货运交通、城市内部货运交通、过境货运和特殊货运。城市货运交通主要关注对外货运节点、对外货运通道(多交通方式)、城市内部配送节点和配送网络。特别是在电子商务环境下,城市内部的配送需要考虑:城市外围的配送中心如何与城市内部末端节点相连接,城市内部末端节点的规划设置,城市内部的配送网络规划,中心城区的装卸车位设置,城市配送载运工具的标准等问题。

4. 货运需求描述指标

(1) 货运量、货运周转量、运力结构

货运量(Volume of Freight Traffic):指一定范围、一定时期内运输企业实际运送的货物数量,单位是万 t。

货运周转量(Freight Turnover):是指运输货物的数量(t)与运输距离(km)的乘积,单位是 t·km。

运力结构:各种运输方式运输能力的比例关系。

分析整个地区货运量、周转量和运力结构特征,可以了解区域内工农业生产情况和商贸、物资流通情况,研究运输服务区域内各种运输方式以及一种运输方式中不同运输企业的规模及其分布情况等,为研究未来货物运输需求、运输能力及建立合理运输结构提供依据。

(2) 货运生成率

货运生成率(Freight Generation Rates):指不同性质单位面积用地所产生和吸引的自然车、标准车的数量或货运交通量。掌握已有不同用地的货运生成率,对规划用地的货运交通量预测具有参考作用。

(3) 货运服务可达性

货运服务可达性通常采用寄出地处理时限/寄达地处理时限、快递运输时限和国内异地快递服务 72h 准时率等指标进行描述。

(4) 载运工具

载运工具指各种运输方式的载运工具,主要关注载运工具的类型、载质量、容量、速度等。载运工具的速度和容量决定了货物运输的速度及承运的容量。可分为道路载运工具、轨道载运工具、航空载运工具、其他载运工具等。

第二节 交通需求分析数据采集和特征提取

交通需求分析是基于社会经济状况、土地利用、活动系统、出行行为以及交通系统数据,建立数学模型,模拟人、货物的出行或运输行为,得出现状以及不同预测年份、不同政策条件、不同情景方案的交通需求量。交通需求预测是交通政策制定、交通规划、交通网络设计、交通管理、交通控制等工作的基础。

一、数据采集类型

交通需求分析数据采集主要包括土地利用、社会经济、居民出行、交通系统设施与运行四大类数据。

(1) 土地利用数据

主要包括城市土地使用、用地规模、用地分布、人口及就业岗位分布等。

(2) 社会经济数据

主要包括城市概况、行政区划及人口、城市经济总量、产业结构与产业布局,城市布局形态、建成区规模、城市社会经济发展规划、城市总体规划、控制性详细规划及相关专项规划、城市统计资料等。

(3) 居民出行数据

居民出行数据主要来源于居民出行调查(Household Travel Survey)。近年来,也开始采集公交 IC 卡数据、移动通信数据、出租车 GPS 数据等作为补充。

居民出行调查是了解居民出行特征最基本的调查,也是建立交通需求预测模型的重要数据来源。通过调查,可以掌握全市居民的出行需求总量、出行需求在时间和空间上的分布,并可以分析归纳出交通需求产生的规律,把握"源"与"流"之间的关系。出行调查数据通常包括住户特征、个人特征、交通工具拥有特征和出行特征四个部分。

公交 IC 卡数据：公交 IC 卡每次刷卡产生一次记录，每条记录包括 5 个基本信息，分别是卡号、交易类型、日期时间、交易金额、终端代号。与出行特征有关的交易类型包括地铁消费、巴士消费、的士消费。终端代号为刷卡闸机或车辆终端的编号。在乘坐巴士情况下，通过终端设备编号可以得到其所属企业、线路和车牌的相关信息；在乘坐轨道交通情况下，可以得到轨道线路、使用站点和车牌的相关信息。

移动通信数据：由于移动通信数据本身包含时间戳数据，因此为了获得居民时空活动特征，主要关注移动通信数据的定位方法。手机定位技术是进行交通数据采集的基础，根据定位精度可以分为模糊定位和精确定位两种，模糊定位的精度介于 50～300m 之间，精确定位的精度与 GPS 技术相当，可以在 5～30m 之间。

出租车载 GPS 数据：车载 GPS 设备定时（30s～1min）记录车辆位置、载客状态、瞬时车速、采集时间等信息，并发送到调度中心。

(4) 交通系统设施与运行数据

交通系统设施包括：

①城市道路交通设施，含各级道路等级、车道数、通行能力现状及规划资料。

②公共交通网络设施，含线路、站点、发车班次、车辆容量、票制票价、运行管理模式等现状及规划资料。

③枢纽场站、停车场布局、功能、等级规模等。

城市交通运行数据包括：

①交通工具拥有量。

②交通流量（路段、交叉口）、典型道路车速、典型道路交通延误等。

③交通组织与管理。

二、居民出行调查特征数据提取

1. 出行调查数据的精度检验

对各交通小区调查数据按照抽样率、人口母体数据进行直接扩样与校核扩样后，完成调查数据质量检验。直接扩样的主要目的是对一个样本中的观测值乘以扩样系数以使样本在扩样后为总体的估计值，扩样系数为抽样率的倒数。扩样完成后，需分别进行现有统计资料对比检验、分隔查核线检验、区域境界线检验、公共活动集散中心客流量检验，以保障调查精度。

(1) 现有统计资料对比检验

由 OD 调查表推断出来的各类人口、社会、交通特征值与现有的统计资料进行比较，检验其误差程度。

(2) 分隔查核线检验

通常选择城市区域内天然屏障（如河流、铁路等）作为分隔查核线（Check Line），如图 7-6 所示。在 OD 调查的同时，实测跨越查核线上一些断面（桥梁、道口和交叉口）的流量与 OD 调查表统计扩算的不同交通方式通过查核线的出行量进行比较，一般相对误差在 15% 内符合要求，可进行必要调整；如果误差大于 15%，则应返工调查。

(3) 区域境界线检验

包围全部调查区域的一条假想线，有时还分设内线和外线，外线通常由机动车出入境界线的调查站连接而成，可以将统计扩样的 OD 分布量（车辆的内到外、外到内出行）与调查日的实际统计量进行比较。内线常为城市商业中心区的包围线。

(4)公共活动集散中心客流量检验

调查区域内的公共活动集散中心作为校核点,将起讫点调查获得的交通流量按抽样率扩算后与该点上实际观测的交通流量相比,作为控制市内 OD 调查精度的重要依据。

2. 交通出行特征指标提取

基于满足精度检验要求的居民出行调查扩样数据,对调查数据进行统计分析,提取住户特征、个人特征、交通工具拥有特征和出行特征数据。

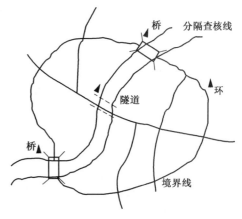

图 7-6 境界线和分隔查核线示意图

(1)住户特征,包括住户住址、总人口、住房建筑面积、住房性质、住户拥有交通工具等信息。

(2)个人特征,包括性别、年龄、户籍、与户主关系、职业、文化程度、有无驾照等信息。

(3)交通工具拥有特征,包括各类车辆类型、车辆性质、车龄、车辆行驶总里程、工作日一天平均行驶里程等信息。

(4)出行特征,包括出行地点、到达地点、出发时间、到达时间、出行率、分区日出行总量、平均出行时耗、出行空间分布数据、出行距离分布、各出行段交通方式、主要交通方式、同行人数、出行支付、停车费等信息。

三、基于连续型动态数据的出行特征数据提取

现在普遍使用的连续型动态数据,并不是专门为研究交通特征而存在的数据。例如公交 IC 卡数据主要用于收费,因此这些数据对交通分析而言是间接数据,必须认识到使用这些数据在进行交通特征提取时,数据不规整、含有很多缺失和无效值,使得分析结果准确性和完整性均存在一些问题;而多种数据相互验证可以提高分析的准确性。下文简单介绍常用的 3 种连续型动态数据可以提取的出行特征指标。

1. 基于 IC 卡和 GPS 数据的公交乘客行为特征提取

公交 IC 卡数据通常只有乘客上车站点的刷卡信息,和车载 GPS 数据结合,可以提取站点上客人数、断面客流量、公交乘客时变特征,间接推算出 IC 卡公交出行站点 OD 矩阵等(图 7-7)。

轨道交通 IC 卡数据同时记录乘客上下车站点的刷卡信息,可以提取线路客运量、断面客流量、站点上下客人数、客流流向、换乘量、乘距、IC 卡轨道出行 OD 矩阵等。

2. 基于出租车载 GPS 数据的出行特征提取

基于出租车载 GPS 数据,可以提取出租车载客次数、出租车乘客出行距离分布、出租乘客使用时间分布、出租车使用空间分布、道路路段行程车速等,可以推算出租车乘次的 OD 矩阵和时段信息。

3. 基于手机信令的出行特征提取

移动通信数据一般采用两种方式获取:征集志愿者进行个体追踪调查;从移动通信服务商处提取屏蔽个人属性特征和隐私后的通信数据。

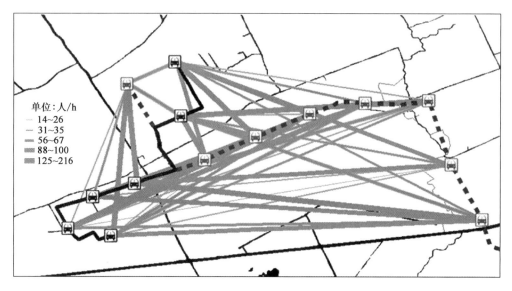

图 7-7 基于 IC 卡数据的公交站点 OD 推算结果

个体追踪调查需要在移动终端嵌入相关软件,定时将终端的位置数据发送至服务器,同时用户将个人的辅助数据(出行方式等)同步发送到服务器。此种方法可以获取详细的出行链信息,但是只能进行小规模的抽样调查。

移动通信服务商提供的通信数据,是由各个基站提供通信服务数据,来间接获取个体空间移动信息。利用移动终端编号可以确定个体所在的终端服务区域,结合其中的时间戳信息,可以在某种位置精度范围内确定个体时空移动轨迹,从而获得城市 24h 人群动态分布情况以及推算居住地和工作地的分布及其空间联系;辅助分析城市交通大区间 OD 分布,但应用手机信令推算的数据目前只能作为参考。

第三节 交通需求分析模型

1962 年,美国芝加哥市交通规划研究中提出的"生成-分布-方式划分-分配"预测方法标志着"四阶段交通需求模型(Four-step Travel Demand Model)"的形成。该模型将每个人的出行按交通小区进行统计分析,从而得到以交通小区为单位的集计分析(Aggregate Analysis)模型。"四阶段交通需求模型"由于其清晰的思路和模型结构、相对简单的数据收集和处理技术,自 1970 年以来,得到了广泛的应用,其理论体系也逐渐趋于成熟。1980 年以来,产生了"基于活动的交通需求分析"的新思想,认为交通需求是人类活动需求的衍生需求,相应的模型被称为"基于活动的交通需求模型(Activity-based Travel Demand Model)"。1990 年后,继续探索实现这类模型的建模方法,提出了采用非集计(Disaggregate)的基于计量经济学的建模方法对各类个体活动或出行选择行为进行建模。进入 21 世纪后,活动模型被逐步整合成活动和出行行为仿真模型体系,并与动态交通分配模型结合,期望产生新一代交通需求分析模型体系来取代经典"四阶段交通需求模型"。然而,该体系目前仍处于研究阶段,尚未在实践中广泛应用。本节主要介绍经典的"四阶段交通需求分析"基本方法与基本技术。

一、出行生成模型

出行生成模型是交通需求四阶段模型中的第一阶段,目标是求得各个交通小区的交通需求总量,即出行生成量(Trip Generation)。出行生成量是出行产生量(Trip Production)与出行吸引量(Trip Attraction)之和。

出行生成量与土地利用性质、设施规模、个人社会经济属性有着密切的关系。出行产生与出行吸引量的影响因素是不同的,前者以居民社会经济特性为主,后者以土地利用形态与就业岗位分布为主。因此,需分别预测出行产生量和出行吸引量,为下一阶段出行分布的预测打下基础。当居民社会经济特性、土地利用形态和就业岗位分布等发生改变时,出行生成模型可用来预测交通需求的变化。

1. 基家与非基家出行概念

出行可分为:"基家出行"(Home-based,简称 HB)和"非基家出行"(Non-home-based,简称 NHB)两个大类。

基家出行:指某一端(起点或讫点)是出行者居所的出行。

非基家出行:指两个端点都不是出行者居所的出行。

出行产生量:基家出行中居所端点和非基家出行中起点的总数。

出行吸引量:基家出行中非居所端点和非基家出行中终点的总数。

根据居民出行调查数据显示,大部分的出行属于基家出行,因为绝大多数出行者是从"家"出发,开始一天的行程安排,完成之后仍然会回到"家"安歇。这样的分类便于精确地估算每个小区的出行产生量并对其进行定位。对于一次"基家出行"来说,无论出行者离开"家"还是返回"家",都认为出行者"家"所在的小区"产生"了一次出行。如果需要预测某个小区的"基家出行"所贡献的产生量,可以将小区从人口普查中获得的人口数乘以相应的个人基家出行产生率来进行估算。

为了便于理解,以图7-8为例加以说明:某天某出行者先从处于小区1的家出发,到达处于小区2的工作地工作。工作后,他离开工作地,到达小区3购物,最后回到家里。整个过程生成了3次出行。其中,第1次是基家出行,因此家所在的小区1产生了1次出行,而工作地小区2吸引了一次出行。第2次出行是非基家出行,所以出行起点所处的小区2产生了1次出行,而出行终点所处的小区3吸引了1次出行。第3次是基家出行,所以仍然是家所在的小区1产生了1次出行,而另一端小区3吸引了1次出行,如图7-8产生吸引量表格所示,可以看到所有小区的总产生量和总吸引量相等并等于总出行次数。表7-3~表7-5是区分不同目的PA矩阵,表7-6是图7-8的总PA出行矩阵(Production-Attraction)。PA出行矩阵与OD出行矩阵类似,不同的是矩阵行号代表产生出行的小区,而列号代表吸引出行的小区。

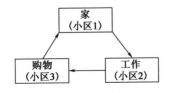

图7-8 基家与非基家出行的例子

第一次基家工作出行 PA 矩阵　　　　　　　　　表 7-3

产生小区	吸引小区		
	1	2	3
1	0	1	0
2	0	0	0
3	0	0	0

第二次非基家出行 PA 矩阵　　　　　　　　　表 7-4

产生小区	吸引小区		
	1	2	3
1	0	0	0
2	0	0	1
3	0	0	0

第三次基家其他出行目的 PA 矩阵　　　　　　　表 7-5

产生小区	吸引小区		
	1	2	3
1	0	0	1
2	0	0	0
3	0	0	0

总出行 PA 矩阵　　　　　　　　　　　　　　表 7-6

产生小区	吸引小区		
	1	2	3
1	0	1	1
2	0	0	1
3	0	0	0

2. 出行产生模型

结合"基家"与"非基家"的分类和出行目的可将出行进一步分类,如"基家工作""基家学习""基家购物""基家娱乐""基家其他"和"非基家"等若干种目的类型。利用居民出行调查数据可以估计不同类型的出行产生率,反映不同类型出行的发生频率。

(1) 交叉分类模型

人口乘以出行产生率的简单计算方法无法反映小区之间由人口属性不同而造成的差异。为了反映这种差异,将出行产生率表达成小区人口属性的函数,即建立交叉分类模型(Cross-classified Model),利用人口属性(如性别、年龄)对人口进行交叉分类,然后分别计算每一类人群的出行产生率。例如表 7-7 中的列代表某小区出行者的性别,行代表出行者的年龄段,表格中的数字代表不同交叉类型的出行者的出行产生率(由居民出行调查获得)。表 7-8 中的每个数字代表该小区属于某种交叉类型的人口数。

交叉分类模型的例子（双变量的出行率）（单位：次/d）　　　　表7-7

年 龄 段	男	女
<30 岁	2.5	2.2
30~60 岁	2.8	2.6
>60 岁	2.1	1.8

某小区交叉分类的人口数量分布的例子（单位：人）　　　　表7-8

年 龄 段	男	女
<30 岁	50	45
30~60 岁	100	95
>60 岁	60	65

将表7-7不同交叉类人口的出行产生率乘以表7-8相对应的人口数，可以估算不同分类人群的出行产生量，累加所有分类人群的出行产生量，即得到小区的总出行产生量：

$$P = 2.5 \times 50 + 2.2 \times 45 + 2.8 \times 100 + 2.6 \times 95 + 2.1 \times 60 + 1.8 \times 65 = 994（次）$$

交叉分类模型的优点是出行产生率计算方便，且可自然地把握分类变量对于出行产生率潜在的非线性影响和交互影响，但该模型有以下缺点：

① 分类变量的选择带有主观性，交叉分类模型本身无法检验分类变量对于出行产生率是否存在显著性的影响。

② 模型的应用需要借助于小区内交叉分类的人口数，而这些数字往往无法从人口普查中直接获得，需要进行推算，会带来一定的误差。

③ 模型中分类变量的数量受到限制。表7-7给出的是双变量交叉分类模型的例子，交叉分类模型中可以引入第三个变量，如收入，对人群实施更细致的分类（表7-9），然后利用调查数据分别计算每类人群的出行产生率。而当更多的变量被置入模型后，模型中被交叉定义的类型数会呈几何级数增加。但居民出行调查样本是有限的，更多变量的置入会导致某些交叉类型缺少甚至缺失调查数据，使得无法有效地估算该类型人群的出行产生率。因此在实践中，交叉分类模型通常很少容纳3个以上的分类变量。

交叉分类模型的例子（三变量）（单位：次/d）　　　　表7-9

年 龄 段	男	女
收入分类1（月收入4000元以下）		
<30 岁	2.1	2.3
30~60 岁	2.3	2.4
>60 岁	2.0	1.5
收入分类2（月收入4000元以上，15000元以下）		
<30 岁	2.5	2.3
30~60 岁	2.7	2.5

续上表

年 龄 段	男	女
>60 岁	2.1	1.9
收入分类3(月收入15000元以上)		
<30 岁	2.8	2.6
30~60 岁	3.0	2.7
>60 岁	2.5	2.1

(2)线性回归模型

交叉分类模型的缺点可以被线性回归模型(Linear Regression Model)弥补。如果将因变量 y 设置为某种目的类型的出行产生频率,可以用一系列影响 y 的解释变量 $x_1, x_2, \cdots, x_m$,乘上各自的系数 $\beta_1, \beta_2, \cdots, \beta_m$,而后累加得到 y 的期望值。模型可用以下公式表达:

$$y_i = \beta_0 + \beta_1 x_1 + \beta_2 x_2 + \cdots + \beta_m x_m + \varepsilon_i \tag{7-1}$$

式中:i——个体出行者的标识号;

ε_i——期望值为0的正态分布随机干扰项;

β_m——系数;

β_0——模型常数项,可以理解为随机干扰因素的期望值。

如果用 $\boldsymbol{X}$ 代表横向量 $[1, x_1, x_2, \cdots, x_m]$,$\boldsymbol{\beta}$ 代表系数列向量 $[\beta_0, \beta_1, \beta_2, \cdots, \beta_m]$,线性回归模型可以被写成更简练的形式:$y_i = x_i \boldsymbol{\beta} + \varepsilon_i$。

居民出行调查数据为模型系数的估计提供了一个随机样本,在该样本中可以观察到每个个体出行者的出行产生频率 y_i 和一系列的解释变量 x_i。对于每个个体出行者将得到:

$$y_1 = x_1 \boldsymbol{\beta} + \varepsilon_1$$
$$y_2 = x_2 \boldsymbol{\beta} + \varepsilon_2$$
$$\cdots$$
$$y_n = x_n \boldsymbol{\beta} + \varepsilon_n$$

这里 n 代表样本量,即样本中出行者的数量。如果用 $\boldsymbol{Y}$ 代表样本中所有个体的出行产生频率列向量 $[y_1, y_2, \cdots, y_n]'$,用 $\boldsymbol{X}$ 代表样本中所有个体被观察到的解释变量矩阵 $[X_1, X_2, \cdots, X_n]$,用 $\boldsymbol{\varepsilon}$ 代表随机干扰项的列向量 $[\varepsilon_1, \varepsilon_2, \cdots, \varepsilon_n]'$,上面的联立方程可以写成以下的矩阵表达式:

$$\boldsymbol{Y} = \boldsymbol{X\beta} + \boldsymbol{\varepsilon} \tag{7-2}$$

可利用最小二乘法,将随机干扰项的平方和最小化,获得模型系数 $\boldsymbol{\beta}$ 的估计值,即:

$$\hat{\boldsymbol{\beta}} = \mathrm{argmin}(\boldsymbol{\varepsilon}' \cdot \boldsymbol{\varepsilon}) \tag{7-3}$$

$$\boldsymbol{\varepsilon}' \cdot \boldsymbol{\varepsilon} = (\boldsymbol{Y} - \boldsymbol{X\beta})' \cdot (\boldsymbol{Y} - \boldsymbol{X\beta}) = \boldsymbol{Y'Y} - \boldsymbol{Y'X\beta} - \boldsymbol{\beta'X'Y} + \boldsymbol{\beta'X'X\beta} \tag{7-4}$$

为了使 $\boldsymbol{\varepsilon}' \cdot \boldsymbol{\varepsilon}$ 最小化,对系数向量 $\boldsymbol{\beta}$ 求偏导数并使其等于0,即 $\frac{\partial \boldsymbol{\varepsilon}' \cdot \boldsymbol{\varepsilon}}{\partial \boldsymbol{\beta}} = -2\boldsymbol{X'Y} + 2(\boldsymbol{X'X})\boldsymbol{\beta} = 0$。最后得到最小二乘估计:

$$\hat{\boldsymbol{\beta}} = (\boldsymbol{X'X})^{-1}\boldsymbol{X'Y} \tag{7-5}$$

因此,模型系数的估计值可以通过解释变量矩阵 X 和因变量向量 Y 的矩阵计算得到。

基于线性回归的出行产生率模型可以给出个体出行者的出行产生率的期望值,将模型应用到小区中的每个个体出行者,可以得到:

$$y_1 = x_1\beta + \varepsilon_1$$
$$y_2 = x_2\beta + \varepsilon_2$$
$$\cdots$$
$$y_m = x_m\beta + \varepsilon_m$$

公式中的 m 代表该小区的总人口数,对公式的左右两边分别进行累加,可得:

$$\sum_{i=1}^{m} y_i = \beta \sum_{i=1}^{m} x_i + \sum_{i=1}^{m} \varepsilon_i \tag{7-6}$$

两边取期望值,可以得到小区的总出行产生量的期望值:

$$P = E(\sum_{i=1}^{m} y_i) = E(\beta \sum_{i=1}^{m} x_i) = m\beta \frac{\sum_{i=1}^{m} x_i}{m} = m\bar{X}\beta \tag{7-7}$$

与计算个体不同的是,需要将解释变量——小区内的人均值代入公式(7-7),计算 $\bar{X}\beta$,并将 $\bar{X}\beta$ 值视为小区人均出行产生率,再乘上小区总人口数 m,即可得到小区总出行产生量。需要指出,解释变量向量 X 中既可能包含连续变量,也可能包含哑变量。哑变量是取值为 0 或 1 的分类变量,如果取值为 1,说明个体属于某个类别,而 0 表示不属于该类别。譬如,"男性"这个类别可以被定义为一个哑变量,也可以把年龄大于 60 岁的人分类为"老年人",定义相应的哑变量。这使得交叉分类模型中的分类变量可以以哑变量的形式被引入线性回归模型,而当两个哑变量的乘积被置入线性回归模型后,线性回归模型将与交叉分类模型等价。对于哑变量来说,其小区的人均值是相应类型的人群在该小区内所占的比例。

【例 7-1】 某小区的居民有 1000 人,建立基家购物出行的产生率线性回归模型为:

$$P_i = 0.18 + 0.20 \times 中年人(30 \sim 60 岁)_i - 0.30 \times 老年人(>60 岁)_i +$$
$$0.06 \times 女性_i + 0.01 \times 月收入(千元)_i + \varepsilon_i$$

已知该小区居民人均月收入为 5000 元,40% 为女性,50% 和 30% 的居民分别是中年人(30~60岁)和老年人(>60岁),则根据公式(7-7)可得该小区基家购物出行总产生量预测值为:

$$P = 1000 \times (0.18 + 0.20 \times 0.5 - 0.30 \times 0.3 + 0.06 \times 0.4 + 0.01 \times 5) = 264(次)$$

3. 出行吸引模型

与出行产生预测一样,出行吸引量也按照基家、非基家分出行目的分别建模。

(1)线性回归出行吸引模型的变量设置

在实践中,预测小区的总吸引量一般采用在该小区内工作的人数或小区内的土地利用情况作为解释变量,置入线性回归模型中。例如,对于基家工作出行来说,可以使用在该小区内工作的总就业人数。对于基家购物出行来说,可使用与购物相关的若干个吸引变量,如小区零售业的就业人数、小区商业区的用地面积等。对于基家娱乐出行来说,可使用与娱乐相关的吸引变量,如小区服务业的就业人数、小区娱乐场所的用地面积等。对于其他类出行来说,可使用其他类就业人数、小区人口等。使用小区人口,主要考虑其他类出行中可能包含走亲访友类

的出行目的,这类出行与人口有关。吸引模型的举例如下:

基家工作出行吸引量 = 1.45 × 总就业人数

基家购物出行吸引量 = 3.00 × 零售业就业人数 + 0.10 × 商业区的用地面积(m^2)

基家娱乐出行吸引量 = 4.90 × 服务业就业人数 + 0.15 × 娱乐场所的用地面积(m^2)

基家其他出行吸引量 = 1.70 × 其他类就业人数 + 0.20 × 总人口

非基家出行吸引量 = 1.50 × 其他类就业人数 + 0.30 × 总人口

模型系数同样可以应用最小二乘法计算获得。

需要指出,在某些特定情况下,交叉分类模型同样也可以被用于预测交通吸引。

(2) 出行吸引模型的数据来源

出行吸引模型系数的估计可以利用两种不同来源的数据。一种数据来源是居民出行调查。在出行调查过程中,受访者提供了每次出行的起讫点位置和出行目的,因此可以判断这些出行吸引点所在的小区,然后统计调查样本中各个小区的吸引量。由于调查样本是从总体中随机抽样的,将从样本中获得的吸引量除以抽样率,即可估计小区的总吸引量,并将其视为线性回归模型中的因变量 Y。而后采集小区内的解释变量,如各类就业人数、土地利用、人口等,以构成解释变量矩阵 X。注意这里的 Y 向量和 X 矩阵中的每一行对应的是一个小区,而不是一个个体出行者,这类模型称为"集计模型";而之前提到的出行产生率模型中的每一行代表一个个体出行者,这类模型称为"非集计模型"。两者的区别将在第八章第三节中作出更进一步的说明。

另一种数据来源是位于出行吸引点调查,如工作地、购物商场、娱乐场所等地点的交通出行调查。调查过程中,需要统计这些地点吸引的出行数量,作为回归模型中的因变量 Y,并记录该地点的吸引变量(如各类就业人数、商场或娱乐场所面积等),作为解释变量 X。这类模型以每个吸引地点为预测单位,集计程度较低。具体的实例可以参考美国《ITE Trip Generation 手册》。

4. 出行平衡调整

如果仅考虑区内出行,而不考虑出入境出行和过境出行,某类出行目的的出行产生和吸引在分析区域内的总量应该是相等的。然而,当分别采用出行产生模型和吸引模型预测每个交通小区的产生量和吸引量时,无法保证出行产生和吸引在分析区域内的总量相等。因此,需要通过"出行平衡"(Trip Balance)过程,使两者在总数上相等。这里需要先比较出行产生模型和吸引模型的精确程度,一般认为出行产生模型要比吸引模型精确。这是因为,一方面,出行产生模型属于"非集计模型",样本量较大,因此模型系数估计值的精度较高;另一方面,输入模型的解释变量来自人口普查,其可靠程度一般高于来自经济普查的就业和土地利用数据。所以,在实践中,往往采用按比例调整每个小区出行吸引量来拟合产生总量的方法,见公式(7-8),使分析区域内的出行产生量和吸引量在总数上相等。

$$A_j = \left(\frac{\sum_{j=1}^{Z} P_j}{\sum_{j=1}^{Z} A_j'} \right) A_j' \qquad (7\text{-}8)$$

式中:j——小区编号;

Z——分析区域内的小区总数;

P_j——产生模型给出的 j 小区的出行产生量；

A_j'——吸引模型给出的 j 小区的出行吸引量；

A_j——调整后的 j 小区的出行吸引量。

在"出行平衡过程"的最后环节，需要考虑非基家出行的产生端和吸引端的问题。假设 P_j 代表 j 小区由产生模型计算得到的非基家出行产生量，如果不考虑区内出行的情况，这 P_j 次非基家出行的起点（即产生点）并不在 j 小区内，因此不能认为该小区是这些出行的起点（产生点）。在实践中，往往用 j 小区的非基家出行吸引量来确定该小区的非基家出行产生量，即令 $P_j = A_j$。这种常用的定位方法是基于以下的考虑：对于非基家出行来说，其起讫点均不是出行者家的所在。出行者在一天的行程中仅途经这些点所在的小区，所以进入和离开该小区的非基家出行量基本上应该是相等的。

需要指出，这种方法在定位离家后的第一次和返家前的最后一次非基家出行时是有缺陷的。但由于非基家出行占总出行的比例较小，这些问题在实践中常被忽略。在非基家出行比例较高的情况下，应重视这些细节，可以考虑将这类非基家出行划分为单独的出行目的，分别进行预测、平衡和调整。

采用一个简单的例子来演示实践中常用的出行平衡过程。表7-10给出出行产生和吸引模型的输出值。这里的分析区域仅包含3个小区，而出行分为3种类型：基家工作、基家其他及非基家。表格中的 P 和 A 分别代表出行产生量和吸引量。表7-10的最后一行中计算出了调节系数，即每类出行的产生总量除以吸引总量，$\dfrac{\sum_{j=1}^{Z} P_j}{\sum_{j=1}^{Z} A_j'}$。在表7-11中，用调节系数调节吸引量，即令 $A_j = \left(\dfrac{\sum_{j=1}^{Z} P_j}{\sum_{j=1}^{Z} A_j'} \right) A_j'$。最后，在表7-12中，对非基家出行进行调整，即令 $P_j = A_j$。在最终的结果中可以看到，对于每类出行目的来说，分析区域内的总产生量等于总吸引量。同时，每个小区的非基家出行产生量和吸引量相等。

出行产生和吸引模型的输出值　　　　　　　　　　　　表7-10

小区	$P_{基家工作}$	$P_{基家其他}$	$P_{非基家}$	$A_{基家工作}$	$A_{基家其他}$	$A_{非基家}$
1	100	120	50	270	150	70
2	200	100	70	180	60	40
3	300	170	80	90	150	50
总数	600	390	200	540	360	160
调节系数				600÷540 =1.111	390÷360 = 1.083	200÷160=1.250

出行总量的平衡　　　　　　　　　　　　表7-11

小区	$P_{基家工作}$	$P_{基家其他}$	$P_{非基家}$	$A_{基家工作}$	$A_{基家其他}$	$A_{非基家}$
1	100	120	50	270×1.111	150×1.083	70×1.250
2	200	100	70	180×1.111	60×1.083	40×1.250
3	300	170	80	90×1.111	150×1.083	50×1.250
总数	600	390	200	600	390	200

非基家出行的调整　　表 7-12

小区	$P_{基家工作}$	$P_{基家其他}$	$P_{非基家}$	$A_{基家工作}$	$A_{基家其他}$	$A_{非基家}$
1	100	120	88	300	163	88
2	200	100	50	200	65	50
3	300	170	62	100	162	62
总数	600	390	200	600	390	200

二、出行分布模型

描述各交通小区间的出行次数与各小区自身出行产生量、吸引量之间相互关系的数学模型，称为"出行分布模型"(Trip Distribution Model)。在实践中，常用如表7-13中的PA出行矩阵来表示它们之间的关系。矩阵中的每个元素 T_{ij} 代表产生于小区 i，被吸引到小区 j 的出行次数，而矩阵的行和代表小区 i 的出行产生量(Production)，列和代表小区 j 的出行吸引量(Attraction)。"出行分布模型"就是根据矩阵行和值和列和值，计算得到矩阵中的每个元素 T_{ij}。T_{ij} 的值反映了小区 i 的出行者对目的地小区 j 的选择，小区 j 的吸引量越大说明对于出行者的吸引力越大。从小区 i 到达小区 j 的出行成本是一个负面因素，随着所需成本的增加会减少小区 j 的吸引力。所以，首先需要计算小区之间出行成本(如时间、金钱等)，并将出行成本反映到交通网络上。

小区间的出行分布与出行产生量、吸引量的关系示意图　　表 7-13

P	A						行和 (产生量)
	1	2	…	j	…	n	
1	T_{11}	T_{12}	…	T_{1j}	…	T_{1n}	P_1
2	T_{21}	T_{22}	…	T_{2j}	…	T_{2n}	P_2
…	…	…	…	…	…	…	…
i	T_{i1}	T_{i2}	…	T_{ij}	…	T_{in}	P_i
…	…	…	…	…	…	…	…
n	T_{n1}	T_{n2}	…	T_{nj}	…	T_{nn}	P_n
列和 (吸引量)	A_1	A_2	…	A_j	…	A_n	T (生成总量)

1. 增长系数法

增长系数法(Growth Factor Method)是一类常用的出行分布计算方法，需要已知现状分布，假设未来特征年居民出行分布与现状基本相同，预测区域交通设施或土地利用没有重大变化，一般适用于短期预测。增长系数法可分为平均增长系数法和福莱特(Fratar)法等。

(1) 平均增长系数法

平均增长系数法假设 i,j 小区之间的交通分布量的增长系数是 i 小区出行发生量增长系数和 j 小区出行吸引量增长系数的平均值，即现状分布×平均增长系数 = 未来分布，公式如下：

$$T_{ij} \times \frac{1}{2}(G_i + G_j) = T'_{ij} \tag{7-9}$$

【例 7-2】 已知 A、B、C 三区的出行量 P、增长系数 G 与现状分布,如表 7-14 和图 7-9 所示。现以平均增长系数法计算 A、B、C 三区的未来分布。

出行发生、增长系数和现状分布　　　表 7-14

区号	P	G	现状分布			P(Σ)
			A	B	C	
A	30	2	—	10	20	30
B	25	3	10	—	15	25
C	35	1	20	15	—	35

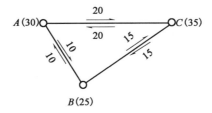

图 7-9　出行产生、增长系数和现状分布

解:按平均增长系数法的计算公式,分别算得:

$$T'_{AB} = T_{AB} \times \frac{1}{2}(G_A + G_B) = 10 \times \frac{1}{2}(2+3) = 25$$

$$T'_{AC} = T_{AC} \times \frac{1}{2}(G_A + G_C) = 20 \times \frac{1}{2}(2+1) = 30$$

$$T'_{BC} = T_{BC} \times \frac{1}{2}(G_B + G_C) = 15 \times \frac{1}{2}(3+1) = 30$$

此结果列成表 7-15,调整系数 α 的算式为:

$$\alpha_A = \frac{P_A \cdot G_A}{p'_A} = \frac{30 \times 2}{55} = 1.09$$

同理,$\alpha_B = 1.36$,$\alpha_C = 0.58$。

未来分布表(第一次试算)　　　表 7-15

出发区	到达区			重新合计 P'(Σ)	调整系数 α
	A	B	C		
A	—	25	30	55	1.09
B	25	—	30	55	1.36
C	30	30	—	60	0.58

增长系数法的精度要求为:$0.99 \leq \alpha \leq 1.01$,如 $\alpha > 1.01$ 或 $\alpha < 0.99$,则需再次计算,增长系数取值由第一次的 G 改为取 α。第二次试算结果如表 7-16 所示。

第二次试算仍然不符合精度要求,应取 1.08、1.26、0.65 分别为 A、B、C 区的增长系数,重复计算,直至调整系数满足精度要求。经计算可知,第十八次试算满足精度要求,结果如表 7-17 所示。可见此方法的缺点是收敛太慢,优点是公式简明易懂,易于程序化计算。

未来分布表（第二次试算） 表 7-16

出发区	到 达 区			重新合计 $P'(\Sigma)$	调整系数 α
	A	B	C		
A	—	30.63	25.05	55.68	1.08
B	30.63	—	29.10	59.73	1.26
C	25.05	29.10	—	54.15	0.65

未来分布表（第十八次试算） 表 7-17

出发区	到 达 区			重新合计 $P'(\Sigma)$	调整系数 α
	A	B	C		
A	—	49.76	11.01	60.76	0.99
B	49.76	—	24.24	73.99	1.01
C	11.01	24.24	—	35.24	0.99

（2）福莱特法

福莱特法（Fratar Method）引进了一个和各交通小区有关的数量关系，对增长率进行修正。即假设 i,j 小区间分布交通量的增长系数不仅与 i 小区的发生增长系数和 j 小区的吸引增长系数有关，还与整个规划区域的其他交通小区增长系数有关。福莱特法的具体公式为：

$$T'_{ij} = T_{ij} \cdot G_i \cdot G_j \cdot \frac{L_i + L_j}{2} \tag{7-10}$$

式中：$L_i = \dfrac{\sum_j T_{ij}}{\sum_j T_{ij} \cdot G_j} = \dfrac{T_i}{\sum_j T_{ij} \cdot G_j}$；$L_j = \dfrac{\sum_i T_{ij}}{\sum_i T_{ij} \cdot G_i} = \dfrac{T_j}{\sum_i T_{ij} \cdot G_i}$。

仍用前面的例子，首先需要计算 L 系数。

$$L_A = \frac{T_A}{T_{AB} \cdot G_B + T_{AC} \cdot G_C} = \frac{30}{10 \times 3 + 20 \times 1} = 0.600$$

$$L_B = \frac{T_B}{T_{BA} \cdot G_A + T_{BC} \cdot G_C} = \frac{25}{10 \times 2 + 15 \times 1} = 0.714$$

$$L_C = \frac{T_C}{T_{CA} \cdot G_A + T_{CB} \cdot G_B} = \frac{35}{20 \times 2 + 15 \times 3} = 0.412$$

在此基础上，进行第一次试算，试算结果如表 7-18 所示。例如，$T'_{AB} = T_{AB} \cdot G_A \cdot G_B \cdot \dfrac{1}{2} \cdot (L_A + L_B) = 10 \times 2 \times 3 \times 0.5 \times (0.6 + 0.714) = 39.42$。

未来分布表（第一次试算） 表 7-18

出发区	到 达 区			重新合计 $P'(\Sigma)$	调整系数 α
	A	B	C		
A	—	39.42	20.24	59.66	1.01
B	39.42	—	25.34	64.76	1.16
C	20.24	25.34	—	45.58	0.77

α 的计算同前：$\alpha_A = \dfrac{P_A \cdot G_A}{p'_A} = \dfrac{30 \times 2}{59.66} = 1.01$，同理，$\alpha_B = 1.16$，$\alpha_C = 0.77$。

第一次试算结果不符合精度要求,需要再次计算,增长系数由 G 改为 α,在此基础上重新计算 L 系数,进行第二次试算,重复此过程,直至精度满足要求。经计算可知,第六次试算满足精度要求,结果如表 7-19 所示,与增长系数法迭代 18 次的结果非常接近。

未来分布表(第六次试算)　　　　　　　　　　表 7-19

出发区	到达区			重新合计 $P'(\Sigma)$	调整系数 α	L 系数
	A	B	C			
A	—	49.78	10.94	60.72	0.99	0.991
B	49.78	—	24.28	74.06	1.01	1.010
C	10.94	24.28	—	35.22	0.99	0.995

由于增长系数法的精度严重依赖于增长系数,所以如调查区的发展有重大变化,增长系数法不宜采用。从实际情况来看,仅用增长系数作为影响未来出行分布的唯一因素也欠全面。

2. 重力模型

增长率法的一个主要缺陷就是没有考虑各个小区之间的交通阻抗,交通阻抗会随着交通设施的改进或流量的增加而不断变化。重力模型(Gravity Model)是模拟物理学中万有引力定律原理开发出来的出行分布模型,考虑因素较为全面,强调了局部与整体之间的相互作用,比较切合实际。此模型假定小区 i、j 间的出行分布量 T_{ij} 与小区 i 的发生量和小区 j 的吸引量成正比,与两小区之间的阻抗成反比,即:

$$T_{ij} = K P_i A_j f(t_{ij}) \tag{7-11}$$

式中:K——模型系数;

P_i——小区 i 的发生量;

A_j——小区 j 的吸引量;

$f(t_{ij})$——小区 i、j 之间的摩擦因子(Friction Factor)。

在公式中,T_{ij} 的值反映了小区 i 的出行者选择小区 j 作为目的地的出行量,小区 j 的吸引量越大说明对于出行者的吸引力越大。而从小区 i 到达小区 j 的出行时间 t_{ij} 是一个负面因素,随着所需时间的增加会减少小区 j 的吸引力。因此,摩擦因子 $f(t_{ij})$ 是出行时间 t_{ij} 的减函数。两个小区之间出行时间 t_{ij} 和时间阻抗矩阵的计算过程将在本章最短路算法部分进行详细介绍。以下着重介绍两类常用的重力模型:单约束重力模型和双约束重力模型。

(1)单约束重力模型

只对交通小区的出行发生量或出行吸引量进行约束的重力模型称为单约束重力模型(Singly-constrained Gravity Model),模型公式如下:

$$T_{ij} = K_i P_i A_j f(t_{ij}) \tag{7-12}$$

其中,$K_i = \left[\sum_j A_j f(t_{ij}) \right]^{-1}$,检验得到 $\sum_{j=1}^{n} T_{ij} = P_i$,即满足出行产生量约束。

【例 7-3】 有一个简单的仅包含 3 个小区的交通需求模型,通过最短路径分析,得到时间阻抗矩阵 t_{ij},如表 7-20 所示。交通生成模型给出 3 个小区的产生量和吸引量分别是 $P_1 = 100$,$P_2 = 200$,$P_3 = 300$,$A_1 = 300$,$A_2 = 200$,$A_3 = 100$。摩擦因子的表达式 $F_{ij} = f(t_{ij}) = \exp(-0.5 t_{ij})$。应用单约束重力模型,计算出行矩阵。

重力模型算例中的时间阻抗矩阵　　　　　　　　　　　　　　　　　　表 7-20

	小区 1	小区 2	小区 3
小区 1	1	3	2
小区 2	2	2	4
小区 3	5	3	3

解：在计算过程中，通常习惯把产生量 P 放置到矩阵的行和位置，吸引量 A 放置到矩阵的列和位置，然后计算阻抗矩阵中每个元素对应的摩擦因子值，得到表 7-21。

重力模型算例中的摩擦因子　　　　　　　　　　　　　　　　　　表 7-21

P \ A		小区 1	小区 2	小区 3
		300	200	100
小区 1	100	0.6065	0.2231	0.3679
小区 2	200	0.3679	0.3679	0.1353
小区 3	300	0.0821	0.2231	0.2231

最后根据单约束重力模型公式，计算矩阵中每个元素 T_{ij} 的值，这里仅给出 T_{12} 和 T_{23} 的计算过程，作为例子：

$$T_{12} = \frac{P_1 A_2 F_{12}}{A_1 F_{11} + A_2 F_{12} + A_3 F_{13}} = \frac{100 \times 200 \times 0.2231}{300 \times 0.6065 + 200 \times 0.2231 + 100 \times 0.3679} = 17$$

$$T_{23} = \frac{P_2 A_3 F_{23}}{A_1 F_{21} + A_2 F_{22} + A_3 F_{23}} = \frac{200 \times 100 \times 0.1353}{300 \times 0.3679 + 200 \times 0.3679 + 100 \times 0.1353} = 14$$

表 7-22 给出计算得到的所有元素 T_{ij} 构成的出行矩阵。

单约束重力模型输出的出行矩阵　　　　　　　　　　　　　　　　　表 7-22

P \ A		小区 1	小区 2	小区 3	模型计算值
		300	200	100	
小区 1	100	69	17	14	100
小区 2	200	112	74	14	200
小区 3	300	81	146	73	300
模型计算值		262	237	101	

可以检验，由于模型的单边约束特性，出行矩阵的行和与每个小区的产生量必然是吻合的。然而，出行矩阵的列与小区的吸引量并不相等。为了解决这一问题，便引出了双约束重力模型。

（2）双约束重力模型

同时满足出行发生量和出行吸引量约束的重力模型称为双约束重力模型（Doubly-constrained Gravity Model），其公式为：

$$T_{ij} = R_i C_j P_i A_j f(t_{ij}) \tag{7-13}$$

其中，$R_i = [\sum_j C_j A_j f(t_{ij})]^{-1}$，$C_j = [\sum_i R_i P_i f(t_{ij})]^{-1}$，分别为行调节系数和列调节系数。$R_i$ 和 C_j 的值可通过循环迭代计算的方式获得，一旦达到收敛状态，再根据公式（7-13），可以

计算得到 T_{ij} 的值。此时,可以验证 $\sum_{j=1}^{n} T_{ij} = P_i$ 和 $\sum_{i=1}^{n} T_{ij} = A_j$,即同时满足出行产生量和吸引量约束。

【例 7-4】 这里仍然用前面的简易模型作为算例,演示双约束重力模型的计算过程。

解:第一步,先根据摩擦因子函数,计算得到摩擦因子矩阵 F_{ij}。然后将 P 和 A 的值分别放置到行和和列和的位置,生成表 7-23。在表格右端添加行调节系数 R_i 列,下端添加列调节系数 C_j 行,将 R_i 和 C_j 初始化为 1。

双约束重力模型演示(第一步)　　　　表 7-23

P \ A		小区 1	小区 2	小区 3	R_i
		300	200	100	
小区 1	100	0.6065	0.2231	0.3679	1
小区 2	200	0.3679	0.3679	0.1353	1
小区 3	300	0.0821	0.2231	0.2231	1
C_j		1	1	1	

第二步,根据公式 $R_i = [\sum_j C_j A_j F_{ij}]^{-1}$,计算行调节系数 R_i 值,置入 R_i 列(表 7-24)。例如:
$R_1 = [\sum_j C_j A_j F_{1j}]^{-1} = (1 \times 300 \times 0.6065 + 1 \times 200 \times 0.2231 + 1 \times 100 \times 0.3679)^{-1} = 0.0038$。

双约束重力模型演示(第二步)　　　　表 7-24

P \ A		小区 1	小区 2	小区 3	R_i
		300	200	100	
小区 1	100	0.6065	0.2231	0.3679	0.0038
小区 2	200	0.3679	0.3679	0.1353	0.0051
小区 3	300	0.0821	0.2231	0.2231	0.0109
C_j		1	1	1	

第三步,根据公式 $C_j = [\sum_i R_i P_i f(t_{ij})]^{-1}$,计算列调节系数 C_j 值,置入 C_j 行(表 7-25)。

双约束重力模型演示(第三步)　　　　表 7-25

P \ A		小区 1	小区 2	小区 3	R_i
		300	200	100	
小区 1	100	0.6065	0.2231	0.3679	0.0038
小区 2	200	0.3679	0.3679	0.1353	0.0051
小区 3	300	0.0821	0.2231	0.2231	0.0109
C_j		1.1469	0.8415	0.9923	

例如:
$C_1 = [\sum_i R_i P_i F_{i1}]^{-1} = (0.0038 \times 100 \times 0.6065 + 0.0051 \times 200 \times 0.3679 + 0.0109 \times 300 \times 0.0821)^{-1} = 1.1469$。

第四步:再次使用公式 $R_i = [\sum_j C_j A_j F_{ij}]^{-1}$,更新行调节系数 R_i 值,置入 R_i 列(表 7-26)。
例如:$R_1 = (1.1469 \times 300 \times 0.6065 + 0.8415 \times 200 \times 0.2231 + 0.9923 \times 100 \times 0.3679)^{-1} = 0.0035$。

双约束重力模型演示(第四步) 表7-26

P \ A		小区1	小区2	小区3	R_i
		300	200	100	
小区1	100	0.6065	0.2231	0.3679	0.0035
小区2	200	0.3679	0.3679	0.1353	0.0050
小区3	300	0.0821	0.2231	0.2231	0.0114
C_j		1.1469	0.8415	0.9923	

第五步:如此反复交替地更新R_i和C_j的值若干次后,可达到收敛状态。最后可利用公式(7-13)计算出行矩阵,如表7-27所示。例如:

$$q_{23} = R_2 C_3 P_2 A_3 F_{23} = 0.0049 \times 0.9727 \times 200 \times 100 \times 0.1353 = 13$$

此时,容易验证$\sum_{j=1}^{n} q_{ij} = P_i$和$\sum_{i=1}^{n} q_{ij} = A_j$,即同时满足出行产生量和吸引量约束。

双约束重力模型演示(最终结果) 表7-27

P \ A		小区1	小区2	小区3	行和	R_i
		300	200	100		
小区1	100	74	13	13	100	0.0035
小区2	200	127	60	13	200	0.0049
小区3	300	99	127	74	300	0.0114
列和		300	200	100		
C_j		1.1666	0.8288	0.9727		

(3)摩擦因子的标定算法

重力模型中的摩擦因子(Friction Factor)函数可以为幂函数、指数函数、Gamma函数等,其常见的函数形式为:

幂函数:
$$f(t_{ij}) = t_{ij}^{-\gamma} \tag{7-14}$$

指数函数:
$$f(t_{ij}) = \exp(\beta t_{ij}) \tag{7-15}$$

Gamma函数:
$$f(t_{ij}) = \alpha t_{ij}^{\beta} \exp(\gamma t_{ij}) \tag{7-16}$$

式中:α、β、γ——摩擦因子函数的参数。

下面以$f(t_{ij}) = \alpha t_{ij}^{\beta} \exp(\gamma t_{ij})$为例,对双约束重力模型中摩擦因子函数的参数进行标定,算法具体步骤为:

第一步,给参数α、β和γ赋初值,可参照已建立该模型的类似城市的参数作为估计初值,或令$\alpha = 1, \beta = -1.0, \gamma = -0.1$。

第二步,计算摩擦因子矩阵$F_{ij} = \alpha t_{ij}^{\beta} \exp(\gamma t_{ij})$,应用双约束重力模型,得到出行矩阵$T_{ij}$。

第三步,根据出行时长t_{ij},对T_{ij}进行分时长段的统计[譬如,将时长分为0~1min,1~2min,…,$(K-1)-K$min 等K个时间段],得到每个时间段的出行比例估计值P_k^{est}(k为时间段编号,$k = 1, 2, \cdots, K$)。

第四步，令 $F_k \leftarrow F_k \cdot \dfrac{P_k^{obs}}{P_k^{est}}$，这里右边的 F_k 是 k 时间段中位数 t_k 对应的当前摩擦因子值，P_k^{obs} 是从出行调查样本中获得的该时间段内的出行比例调查值，P_k^{est} 是当前模型估计的该时间段的出行比例。"←"为赋值操作，用以更新 F_k 的值。

第五步，由于 $F_k = \alpha t_k^{\beta} \exp(\gamma t_k)$，那么 $\ln(F_k) = \ln(\alpha) + \beta \ln(t_k) + \gamma t_k$。根据更新的 F_k 值，计算 $\ln(F_k)$，并作为因变量，将 k 时间段中位数的 $\ln(t_k)$ 和 t_k 作为自变量，进行线性回归，可得到系数 $\ln(\alpha), \beta$ 和 γ。返回第二步，直到 $\ln(\alpha), \beta$ 和 γ 值的变化幅度小于给定的值（例如，相对变化小于1%）。

三、出行方式划分模型

出行方式划分模型（Model Split/ Mode Choice）是"四阶段交通需求模型"的第三个阶段。这一阶段的分析目的是将个人出行次数在不同交通方式之间进行划分，也可理解为出行者对于出行方式的选择。出行需求矩阵按照出行方式进行划分，得到使用不同出行方式的出行矩阵。因此，出行方式划分模型应能把握影响出行方式选择的关键因素，能够描述出行者对交通方式选择的行为，预测交通设施、交通服务水平、出行费用变化时交通需求在各个方式之间的转移变化。本节主要介绍两种在实践中广泛采用的模型：转移曲线和出行方式选择模型。

1. 建立模型的考虑因素

（1）出行特征

出行特征包括交通目的、行程时间、交通费用、舒适程度、安全程度等。其中行程时间和交通费用是方式选择中最主要的两个影响要素。行程时间是指由家出发到目的地所需的一次出行总时间。交通费用一般指直接支付费用。不同交通目的对交通方式的要求不同，是影响模型的关键要素。舒适程度有其相对性和可能性，是各种交通方式比较的结果；安全程度较多是非机动车出行方式的考虑因素。

（2）个人及家庭特征

个人及家庭特征是指职业、性别、年龄、收入、支出、家庭人员数、住房形式和居住条件等。

（3）城市和地区特征

城市和地区特征是指城市规模、居民人口密度、岗位密度、距市中心距离、是否进入市中心和停放车辆的条件等。

（4）时段特征

时段特征是指一天中不同时段内的出行规律。由于人们一天的活动所形成的出行和时段有关，根据不同时段的观测、结合道路阻塞与交通目的等资料，能明显地看出按时段选择交通方式的变化情况。

（5）交通方式特征

交通方式特征指各种交通方式的车速、载客量、机动性、准时程度等。

2. 转移曲线

转移曲线（Diversion Curve）是较为简单、直观的交通方式划分模型。美国、英国、加拿大都有成套的公共交通与私有交通的转移曲线，供规划部门应用。

美国交通运输研究中考虑的转换曲线程序含有5个变量：出行者的经济条件（按收入金额分为五个等级）；出行目的（如工作、非工作、上学）；两种方式的所需行程时间的比值；两种方式的所需费用的比值;两种方式的非乘车时间的比值。后三个变量简称为行时比、费用比和服务比,都是以公共交通为分子、私有交通为分母。

如图 7-10 所示为服务比 1.25,费用比 0.25 时,工作出行(高峰时)的转移曲线,适用于华盛顿。由图可见,收入越高,乘公交车辆的就越少。

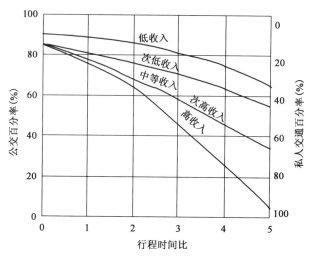

图 7-10 交通方式转移曲线

这种具有 40 个转换曲线类型的模型标定工作,需要有大量的统计资料和不少附加的细节,所有这些要求往往不能从一个标准的交通调查中提供。国内一些大城市已着手绘制各类转移曲线,有待通过实践的验证进一步完善。

转移曲线法的优点在于简易和直观,而缺点与交叉分类的出行产生模型相似,很难同时容纳多个解释变量。由于转移曲线缺乏对于交通设施建设或交通政策相关变量的敏感性,所以无法评估设施建设或政策对于出行方式选择的影响。

3. 出行方式选择模型

基于个体行为的出行方式选择模型源于微观计量经济学,随机效用理论和效用最大化原理是构建离散选择模型的基础。效用(Utility),是经济学中最常用的概念之一,一般是对消费者通过消费或花费时间使自身需求或愿望得到满足的一个度量。

对于每个个体选择者 n,给定一个选择集合 C_n,C_n 包含 j 个不同的选项。对于每个选项,有对应的随机效用值 $U_{jn}(j \in C_n)$。根据效用最大化原理,当且仅当选项 i 的效用值 U_{in} 比其他选项的效用值都大时,选项 i 会被选择者 n 选中,因此这两个随机事件的发生概率相等,记作:$P_n(i) = P(U_{in} > U_{jn}, \forall j \neq i, j \in C_n)$。随机效用 U_{jn} 常表达成 $V_{jn} + \varepsilon_{jn}$ 的形式,其中 V_{jn} 为系统部分(即确定部分),ε_{jn} 为随机部分。如果假设随机部分 ε_{jn} 服从相互独立的标准 Gumbel 分布,其概率分布函数 $F(\varepsilon) = \exp(-e^{-\varepsilon})$,密度函数 $f(\varepsilon) = \exp(-e^{-\varepsilon}) \cdot e^{-\varepsilon}$。根据这个分布假设可以计算得到 $P_n(i)$ 的值,选择者 n 选择选项 i 的概率可表达为:

$$P_n(i) = \frac{e^{V_{in}}}{\sum_{j \in C_n} e^{V_{jn}}} \tag{7-17}$$

这个模型被称为多元 Logit 模型(Multinomial Logit Model)。在应用中,随机效用(Random Utility)的系统部分可写成解释变量线性组合的形式,即:

$$V_{jn} = \beta_{j0} + \beta_{j1} x_{1n} + \beta_{j2} x_{2n} + \cdots + \beta_{jm} x_{mn} \tag{7-18}$$

该表达式也被称为效用方程或效用函数。如用向量表达就是 $V_{jn} = X_{jn}\beta_j$，这里 X_{jn} 代表解释变量横向量，β_j 是模型系数列向量。

模型参数估计是指根据从总体中抽取的样本估计总体分布中包含的未知参数。在线性回归模型中，可使用最小二乘法进行参数估计。而多元 Logit 模型拥有收敛的概率表达式，因此可应用极大似然法（Maximum Likelihood Estimate，简称 MLE）估计模型参数 $\beta_{j0}, \beta_{j1}, \cdots, \beta_{jm}$。

假设在用于模型估计的样本中存在 N 个选择者，选择者 n 实际选择某一选项的概率可表达为：$\prod_{j \in C_n}[P_n(j)]^{y_{nj}}$。如果选择者 n 选择选项 j，公式中的 $y_{nj}=1$；否则，$y_{nj}=0$。假设每个选择者的选择是相互独立的，考虑样本中所有选择者的选择，相应的似然函数和对数似然函数是：

$$L(\beta) = \prod_{n=1}^{N}\prod_{j \in C_n}[P_n(j)]^{y_{nj}} \tag{7-19}$$

$$LL(\beta) = \sum_{n=1}^{N}\sum_{j \in C_n} y_{nj}\ln[P_n(j)] \tag{7-20}$$

其中，β 代表模型中的参数向量。β 的估计值是能使似然函数最大化的参数值，即 $\hat{\beta} = \arg\max[LL(\beta)]$。可将 $LL(\beta)$ 对参数 β 求导后设为 0，即 $\frac{\partial LL(\beta)}{\partial \beta}=0$，而后采用数值方法求解 β，得到估计值 $\hat{\beta}$。

随着样本量的增加，数学上可以证明极大似然估计值 $\hat{\beta}$ 服从渐近正态分布（Asymptotic Normal Distribution），而且参数估计值 $\hat{\beta}$ 的标准差与样本量 N 的平方根成反比。根据这一特性，可利用 t 分布对估计值 $\hat{\beta}$ 进行检验，推断某个系数是否显著地不等于 0，以确定对应的解释变量是否对效用值产生影响。在实践中，还可以利用此关系，根据试调查数据的初步估计结果，估算所需样本量，以获得关键变量显著的系数估计值。

采用多元 Logit 模型进行出行方式选择分析时，解释变量通常包括该出行方式的服务水平（如车内行程时间、接驳时间、等候时间、金钱花费等），还可以包括出行者个人和社会经济属性、出行者所处的环境因素等。在模型开发过程中需要考虑数据的约束，即解释变量设置应考虑在整个分析区域内获取的可能性。

【例 7-5】 已知两个交通小区之间有 1000 次出行，有小汽车、地铁和地面公交三种可以选择的出行方式。如果使用小汽车方式，需要花 30min 并花费 20 元的汽油费和停车费；使用地铁方式，需要花 15min 步行到达和离开站点，5min 等候，40min 车内行程时间并花费 5 元钱买地铁票；而使用地面公交方式，需要花 10min 步行到达和离开站点，10min 等候公交车，50min 车内行程时间并花费 2 元钱买车票。针对这三种出行方式，建立如下多元 Logit 模型效用方程，应用该多元 Logit 模型，对两个交通小区间的 1000 次出行进行方式划分。

$$V_{\text{auto}} = 0.5 - 0.03 \times \text{Time}_{\text{auto}}(\min) - 0.10 \times \text{Cost}_{\text{auto}}(\text{元})$$

$$V_{\text{rail}} = 0.3 - 0.04 \times \text{Time}_{\text{rail}}(\min) - 0.10 \times \text{Cost}_{\text{rail}}(\text{元}) -$$
$$0.10 \times \text{Walk}_{\text{rail}}(\min) - 0.12 \times \text{Wait}_{\text{rail}}(\min)$$

$$V_{\text{bus}} = -0.05 \times \text{Time}_{\text{bus}}(\min) - 0.10 \times \text{Cost}_{\text{bus}}(\text{元}) -$$
$$0.10 \times \text{Walk}_{\text{bus}}(\min) - 0.15 \times \text{Wait}_{\text{bus}}(\min)$$

式中： V——不同方式的效用函数；

Cost——支出的货币费用(元);

Time——车内时间(min);

Walk——步行到达和离开车站的时间(min);

Wait——等候时间(min);

auto、rail、bus——三种出行方式小汽车、地铁、地面公交。

解:根据效用方程,可计算三种出行方式的效用值 V:

$$V_{auto} = 0.5 - 0.03 \times 30 - 0.10 \times 20 = -2.4$$

$$V_{rail} = 0.3 - 0.04 \times 40 - 0.10 \times 5 - 0.10 \times 15 - 0.12 \times 5 = -3.9$$

$$V_{bus} = -0.05 \times 50 - 0.10 \times 2 - 0.10 \times 10 - 0.15 \times 10 = -5.2$$

根据多元 Logit 模型给出的概率表达式,可以计算各种出行方式被选择的概率:

$$P(auto) = \frac{e^{V_{auto}}}{e^{V_{auto}} + e^{V_{rail}} + e^{V_{bus}}} = \frac{e^{-2.4}}{e^{-2.4} + e^{-3.9} + e^{-5.2}} \approx 0.779$$

$$P(rail) = \frac{e^{V_{rail}}}{e^{V_{auto}} + e^{V_{rail}} + e^{V_{bus}}} = \frac{e^{-3.9}}{e^{-2.4} + e^{-3.9} + e^{-5.2}} \approx 0.174$$

$$P(bus) = \frac{e^{V_{bus}}}{e^{V_{auto}} + e^{V_{rail}} + e^{V_{bus}}} = \frac{e^{-5.2}}{e^{-2.4} + e^{-3.9} + e^{-5.2}} \approx 0.047$$

因此,被划分到小汽车出行方式的出行次数为 $1000 \times 0.779 = 779$(次);地铁出行次数为 $1000 \times 0.174 = 174$(次);地面公交的出行次数为 $1000 \times 0.047 = 47$(次)。

在上例中,出行方式划分模型仅应用于某两个小区之间。而在实际应用中,模型可被应用到任意两个小区之间。因此,从出行分布模型中得到的出行矩阵可被划分成多个使用不同交通方式的出行矩阵。

4. PA 出行矩阵到 OD 矩阵的转换

第一阶段的"出行生成模型"中,区分了"基家"和"非基家"的出行目的,第二阶段的"出行分布模型"分别产生了"基家"和"非基家"的 PA 出行矩阵。对于"基家"出行来说,PA 矩阵中的元素 T_{ij} 仅代表产生于小区 i,且被吸引到小区 j 的出行次数,并不等于从小区 i 出发,实际到达小区 j 的出行次数。因此,在实践应用中,需要进行 PA 出行矩阵到 OD 矩阵的转换。

(1) 全天 PA 出行矩阵到 OD 矩阵的转换

通常认为出行者在一天的行程中,先离家,而后返家,整个过程具有对称性。因此认为一半的"基家"出行是从家所在的小区 i 出发,抵达吸引小区 j,而另一半是从吸引小区 j 出发,返回家所在的小区 i。所以,可用以下公式将全天"基家"的 PA 出行矩阵转换成全天 OD 矩阵:

$$TOD = 0.5 \cdot TPA + 0.5 \cdot TPA' \tag{7-21}$$

式中:TOD——OD 出行矩阵;

TPA——PA 出行矩阵;

TPA'——PA 矩阵的转置矩阵。

对于"非基家"出行来说,由于生成和吸引小区直接对应于出发和到达小区,所以 TOD = TPA。

(2) 分时段的出行矩阵划分

出行生成模型给出的是出行者一天的出行总数。在实际应用中,通常需要将一天的出行总数矩阵根据需要进行时段划分,得到一天中每个时间段的出行矩阵,然后分别在路网上做交通分配。如果模型应用于中长期预测,由于对时间分辨率的要求比较低,可以将一天划分成若干个大的时间段,如早高峰前、早高峰、午间、晚高峰、晚高峰后。这样可以大大节省后续交通分配模型的运行时间。利用居民出行调查数据,可以得到类似于表 7-28 的不同出行目的 PA 到 OD 矩阵分时段的转换系数,即每个时间段内基家出行离家和返家的比例。这些系数的列向总和应为 0.5,以保证全天内出入家总次数的平衡。如果某基家出行全天的 PA 矩阵为 TPA,利用表 7-28 的系数可计算每个时间段里的 OD 出行矩阵 TOD。例如,早高峰时段的基家工作出行 TOD = 0.212 · TPA + 0.011 · TPA′,非基家出行 TOD = 0.041 · TPA。

不同出行目的的 PA 到 OD 矩阵分时段转换系数　　　　表 7-28

目的		基家工作		基家其他		非基家
		离家	返家	离家	返家	
时段	早高峰前	0.136	0.015	0.013	0.007	0.014
	早高峰	0.212	0.011	0.098	0.012	0.041
	午间	0.113	0.212	0.245	0.256	0.643
	晚高峰	0.017	0.171	0.077	0.071	0.156
	晚高峰后	0.022	0.091	0.067	0.154	0.146
总和		0.500	0.500	0.500	0.500	1.000

(3) 人出行到车出行的转换

出行生成模型给出的是基于人出行频率计算得到的出行人次而非车次。如果家庭中的 2 个成员乘坐同一辆车完成某次出行,在居民出行调查中,这一次车出行会被记录为 2 次人出行。所以,通过出行方式划分模型得到使用机动车的人出行矩阵之后,在实施交通分配之前,需要将其转换成车出行矩阵。转换的关键在于估计不同出行目的的机动车车载率(Auto Occupancy Rate),即平均载客人数。从居民出行调查数据可以获取不同目的的机动车出行的车载率,形成如表 7-29 所示的分出行目的的车载率。通常情况下,基家工作出行的车载率较低,仅略大于 1,而其他目的出行的车载率往往在 1.5 左右。而后可用式(7-22)进行出行矩阵人到车的转换:

$$车出行矩阵\ V_{OD} = \frac{人出行矩阵\ T_{OD}}{车载率} \quad (7\text{-}22)$$

分出行目的的车载率　　　　表 7-29

出行目的	车载率(人/车)	出行目的	车载率(人/车)
基家工作	1.10	非基家	1.50
基家其他	1.40		

四、交通分配模型

交通分配(Traffic Assignment),就是将 OD 交通量按照一定的路径选择准则分配到路网中各条道路(路径)的过程,进而得到路网中各路段或路径的流量。为了应用计算机将大量 OD 对之间的交通量分配到路网上,需要先将路网存放到计算机的内存中。因此,在介绍交通分配模型之前,有必要先了解路网的表达形式。

1. 网络表达

(1) 路网表达

为了计算和分析的需要,交通网络通常被抽象为图论(Graph Theory)中的"图"。图由节点和路段两类基本元素组成,记作 $G(N,A)$,其中 N 表示节点(如交叉口)的集合,A 表示连接节点的线段(路段)的集合。由于交通流具有方向性,因此交通网络属于有向图。图 7-11 左边是实际的路网,右边是表达该路网的"图",其中交叉口被简化成了"节点"(Node),而路段被表达成了连接节点的"连接"(Link)。值得注意的是,公共交通网络表达与道路网络表达方法不同。

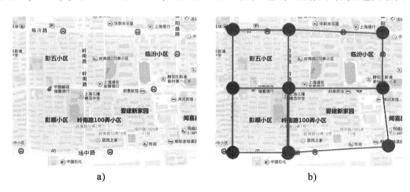

图 7-11 实际路网与路网图的例子

(2) 交通网络表达精度

根据分析目的、精度要求和计算成本的不同,对交通网络有着不同的表达精度。例如,在进行详细的城市交通网络流分析时,所有道路和交叉口可能都被视为交通网络的基本组成要素。在宏观分析交通需求的空间分布时,需要对细致的交通网络进行"去精取粗",作适当的简化。在全国范围的高速公路网分析中,高速公路构成网络的路段,大中城市构成网络上的节点。为了研究远距离货运对美国马里兰州的影响,图 7-12a) 显示的是马里兰州交通需求模型的路网图,由于该模型主要研究马里兰州的交通状况,因此美国东部的路网结构比较细致,而中西部仅保留了高速公路网。如果将图缩放到马里兰地区,可以在图 7-12b) 中看到非常细致的华盛顿特区和巴尔的摩的城市道路网。

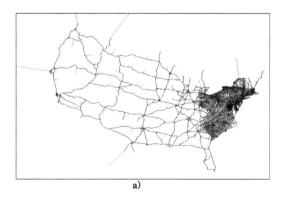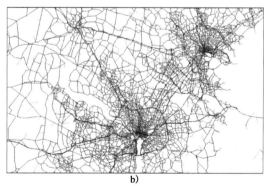

图 7-12 美国马里兰州交通模型的路网

(3) 网络与交通小区中心的连接

在交通规划中,通常将交通小区的中心看作出行的端点(产生源或吸引源),即小区形心或质心(Centroid)。交通小区中心是该交通区出行交通量产生或吸引的代表点,由于交通网络承载着各交通小区之间的出行交通量,因此在交通工程实践中,工程师会在模型中添加一些连接,使交通小区中心与周边相近的节点发生关联。交通区中心和交通网络节点的结合方法,虽然不十分精确,但是在城市交通需求分析和交通规划实践中却非常有效,因此成为国内外工程实践中的通用方法。

2. 最短路算法和阻抗矩阵生成

在出行分布的"重力模型"中,需要输入两个小区之间的出行时间阻抗矩阵(Skim Matrix)。为了计算两个小区之间的出行成本,需要分析小区之间路网的最短路问题。最短路算法也是交通分配模型的核心算法,因此有必要深入了解。

最短路(Shortest Path)问题是为了寻找从起点到终点的最短(成本最低)路径,有很多种不同的算法,其中代表性的算法是 Dijkstra 算法,该算法是最为常用的最短路算法,可搜索从起点到网络中任一节点的最短路径。

首先定义算法使用的一些符号和变量。对于交通网络 $G(N,A)$,其中,$N = \{v_i\}$ 为网络中节点的集合,$A = (v_i, v_j)$ 为网络中路段的集合,t_{ij} 为路段 (v_i, v_j) 的费用(或阻抗)。用 P、T 分别表示某节点的 P 标号(Permanent)和 T 标号(Temporary),S_i 表示第 i 步时具有 P 标号的节点的集合。$c(v_s, v)$ 表示从起点 v_s 到节点 v 的最短路径费用。为了在求出最短路径费用的同时,也获得最短路径轨迹信息(即最短路径所包含的路段),给每个节点一个 λ 值。算法终止时,若 $\lambda(v) = m$,表示在从 v_s 到 v 的最短路径上,v 的前一个节点是 v_m;若 $\lambda(v) = M$(M 为一非常大的常数),则表示在该网络中从 v_s 到 v 是不连通的;若 $\lambda(v) = 0$,表示 $v = v_s$。

Dijkstra 算法的基本思想是从起点 v_s 开始,为每一节点记录一个标号,包括 T 标号和 P 标号。T 标号表示从 v_s 到该节点的最短路费用的上界,称为临时标号;P 标号表示从 v_s 到该节点的最短路费用,称为固定标号。算法的每一步就是去修改 T 标号,并且逐步把某一节点的 T 标号修改为 P 标号。经过有限步后,所有的节点都可获得 P 标号,这样就得到了从起点 v_s 到任意节点的最短路费用。

Dijkstra 算法的具体步骤如下:

第一步,初始化。令 $i = 0$,$S_0 = \{v_s\}$,$P(v_s) = 0$,$\lambda(v_s) = 0$,对 $\forall v \neq v_s$,令 $T(v) = \infty$,$\lambda(v) = M$,令当前检查点的标号 $k = s$。

第二步,终止检验。若 $S_i = N$,算法终止,此时 $c(v_s, v) = P(v)$,$\forall v \in S_i = N$;否则转入第三步。

第三步,修改 T 标号。对每个使 $(v_k, v_j) \in A$ 且 $v_j \notin S_i$ 的节点 v_j,若 $(Tv_j) > P(v_k) + t_{kj}$,则修改节点 v_j 的 T 标号,即令 $T(v_j) = P(v_k) + t_{kj}$,$\lambda(v_j) = k$;否则转入第四步。

第四步,确定 P 标号。令 $T(v_{ji}) = \min\limits_{v_j \notin S_i} \{T(v_j)\}$。若 $T(v_{ji}) < +\infty$,则把 v_{ji} 的 T 标号置为 P 标号,即 $P(v_{ji}) = T(v_{ji})$,同时令 $S_{i+1} = S_i \cup \{v_{ji}\}$,$k = j_i$。令 $i = i + 1$,转入第二步;否则,算法终止,此时对每一个节点 $v \in S_i$,有 $c(v_s, v) = P(v)$,而对每一个 $v \notin S_i$,$c(v_s, v) = T(v)$。算法终止后,可通过 λ 值"反向追踪"从起点 v_s 到任意节点 v 的最短路径。

为了便于理解,下面用一个简单算例具体说明 Dijkstra 最短路算法的求解过程。如图 7-13 所示,各有向路

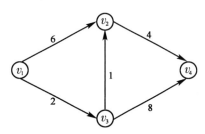

图 7-13 Dijkstra 算法的算例网络

段的行程时间标于路段连线旁。

第一步,令 $i=0, s=1, S_0=\{v_1\}, P(v_1)=0, \lambda(v_1)=0, T(v_2)=T(v_3)=T(v_4)=+\infty, \lambda(v_2)=\lambda(v_3)=\lambda(v_4)=M, k=1$。初始化标号结果如图 7-14a)所示。

第二步,由于 $S_0 \ne N$,转入第三步。

第三步,因 $(v_1, v_2) \in A, v_2 \notin S_0$,且 $P(v_1)+t_{12}=0+6=6<T(v_2)=+\infty$,所以修改 $T(v_2)$ 为 $T(v_2)=P(v_1)+t_{12}=6, \lambda(v_2)=1$;同理,$T(v_3)=P(v_1)+t_{13}=2, \lambda(v_3)=1$。

第四步,在所有的 T 标号中,$T(v_3)=2$ 最小,于是令 $P(v_3)=2$,令 $S_1=S_0 \cup \{v_3\}=\{v_1, v_3\}, k=3$。标号结果如图 7-14b)所示。

$i=1$:

第三步,把 $T(v_2)$ 修改为 $T(v_2)=P(v_3)+t_{32}=2+1=3, \lambda(v_2)=3$;同理,$T(v_4)=P(v_3)+t_{34}=2+8=10, \lambda(v_4)=3$。

第四步,在所有的 T 标号中,$T(v_2)=3$ 最小,于是令 $P(v_2)=3$,令 $S_2=S_1 \cup \{v_2\}=\{v_1, v_3, v_2\}, k=2$。标号结果如图 7-14c)所示。

$i=2$:

第三步,把 $T(v_4)$ 修改为 $T(v_4)=P(v_3)+t_{24}=3+4=7, \lambda(v_4)=4$。

第四步,仅有的 T 标号点为 v_4,于是 $P(v_4)=7$,令 $S_3=S_2 \cup \{v_4\}=\{v_1, v_3, v_2, v_4\}, k=4$。标号结果如图 7-14d)所示。

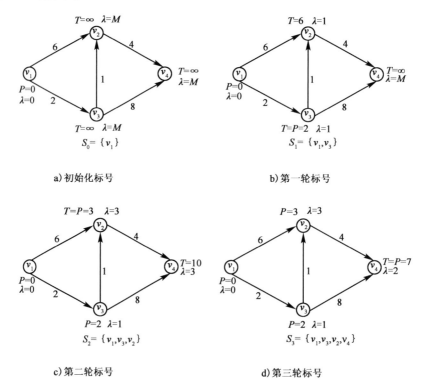

图 7-14 算例网络的 Dijkstra 算法求解过程

至此所有的节点都有了 P 标号,算法终止。此时,$P(v_1)=0, P(v_2)=3, P(v_3)=2, P(v_4)=7$,即从 v_1 到 v_2、v_3、v_4 的最短路径费用分别为 3、2、7;而 $\lambda(v_1)=0, \lambda(v_2)=3, \lambda(v_3)=1, \lambda(v_4)=2$。

根据 λ 值可以反向追踪出从起点 v_1 到 v_2、v_3、v_4 的最短路径。例如为了获得从 v_1 到 v_4 的最短路径，首先考察 $\lambda(v_4)$，因 $\lambda(v_4)=2$，故最短路径包含路段 (v_2,v_4)；再考察 $\lambda(v_2)$，因 $\lambda(v_2)=3$，故最短路径又包含路段 (v_3,v_2)；再考察 $\lambda(v_3)$，因 $\lambda(v_3)=1$，故最短路径还包含路段 (v_1,v_3)，这样从 v_1 到 v_4 的最短路径就是 (v_1,v_3,v_2,v_4)。同理，从 v_1 到 v_2 和 v_3 的最短路径分别为 (v_1,v_3,v_2) 和 (v_1,v_3)，如图 7-15 所示。

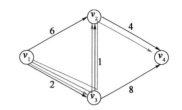

图 7-15　起点 V_1 至其他任意节点的最短路径

如果把图中的节点 v_1 视为某小区 i 的质心，而 v_2、v_3、v_4 视为其他小区的质心，算法找到了从 i 出发到达其他小区的最短路径。之后，可以沿着这些路径累计每个路段上的各类阻抗值（如距离、时间、费用等），得到从小区 i 到其他各个小区的各类阻抗累计值。如果对每一个小区质心都应用该算法，将得到每两个小区 i 和 j 之间的阻抗值 t_{ij}，t_{ij} 将形成各类阻抗矩阵（如距离、时间、费用等）。最后需要指出，此时矩阵对角线上的取值（即小区内部出行的阻抗值）为 0，这是不合理的。在实践中，往往采用根据小区面积大小给出的估算值或到达相邻小区的平均时间（或距离）的一半来取代这里的 0 值。最后形成的出行阻抗矩阵将成为出行分布模型的关键输入值。

3. 常用的交通分配模型

Wardrop 在 1952 年提出了网络均衡分配的第一准则和第二准则，即用户均衡（UE）和系统最优（SO）。Wardrop 第一准则假设出行者都确切知道网络的交通状态并选择最短路径出行。在 UE 状态下，所有出行者都不会通过单方面改变路径来降低其行程时间。Wardrop 第二准则假设，在 SO 状态下，网络总出行成本（或平均出行成本）最小。在现实世界中，出行者对路段阻抗的感知存在误差，不同的出行者对同一路段的感知也存在差异性。Daganzo 和 Sheffi 在 1977 年提出了随机交通分配方法，即考虑出行者的随机感知误差，OD 对的多条路径均有被选择的概率。按照是否考虑拥挤效应以及是否考虑出行者的感知误差，可以将交通分配模型划分为表 7-30 中的四类。由于 SO 是从系统最优的角度刻画路网的理想最优状态，一般不用来描述出行者在自然状态下的路径选择行为。

交通分配模型分类　　　　表 7-30

是否考虑拥挤效应		感知误差	
		NO	YES
拥挤效应	NO	全有全无交通分配	随机交通分配
	YES	确定性用户均衡	随机用户均衡

（1）全有全无交通分配

全有全无（All-or-nothing）交通分配模型不考虑拥挤效应，认为路段阻抗是固定不变的，将 OD 对间的出行量全部分配到该 OD 对间的最短路径上，而其他路径流量全部为零。全有全无分配是最简单的交通分配方法，其优点是计算简单，仅需一次分配。缺点也相当明显，没有考虑拥堵等因素对路段阻抗的影响，并且全部出行者都会集中在最短路径上。该模型没有考虑拥挤效应，比较适合于城市间非拥堵路网的交通分配。全有全无分配算法的计算步骤如下：

第一步，计算路网中每个起点 O 到每个终点 D 的最短路径。

第二步，将每个 OD 间的出行量全部分配到相应的最短路径上。

【例 7-6】 考虑如图 7-16 所示的方格路网,连线旁所标数字为两节点间的阻抗(行驶时间)。由起点 1 到终点 9 的出行量为 1000 个单位,请问该网络的全有全无分配结果如何?

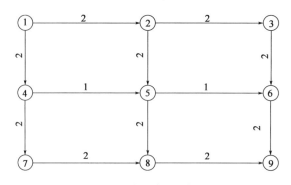

图 7-16 方格路网示意图

解: 第一步,执行最短路算法,实际应用中采用 Dijkstra 算法获取最短路径。可以得到 1→4→5→6→9 为从起点 1 到终点 9 的最短路径。

第二步,该最短路径上 4 个路段的流量均为 1000 个单位,而其他路段上的流量均为 0。

(2) 随机交通分配

随机交通分配也可称为多路径概率分配(Probabilistic Multi-route Assignment),一般使用 Logit 模型或 Probit 模型。Probit 模型没有闭合的概率表达式,计算复杂,这里不作介绍。假设 OD 点对 (r,s) 间每个出行者总是选择自己认为阻抗最小的路径 k,称出行者主观判断的路径阻抗为"感知阻抗",以 C_k^{rs} 表示。根据随机效用理论,感知阻抗可表示为实际阻抗与一个随机误差项的和:

$$C_k^{rs} = c_k^{rs} + \varepsilon_k^{rs} \quad (\forall k,r,s) \quad (7\text{-}23)$$

式中:c_k^{rs}——OD 点对 (r,s) 间第 k 条路径的实际阻抗;

ε_k^{rs}——随机误差项。

则出行者选择路径 k 的概率为:

$$P_k^{rs} = P(C_k^{rs} < C_p^{rs}) \quad (\forall p \neq k, \forall k,r,s) \quad (7\text{-}24)$$

即在多项选择中选择感知阻抗最小的路径。根据随机效用理论,假设随机误差项 ε_k^{rs} 互相独立,且服从相同的 Gumbel 分布,则此时出行者选择路径 k 的概率为:

$$P_k^{rs} = \frac{\exp(-\theta c_k^{rs})}{\sum_{p \in K^{rs}} \exp(-\theta c_p^{rs})} \quad (7\text{-}25)$$

式中:θ——离差参数,与出行者的感知误差有关;

c_p^{rs}——OD 对 (r,s) 间第 p 条路径的实际阻抗;

K^{rs}——OD 对 (r,s) 间全部路径的集合。

1971 年 Dial 设计了一种简洁的算法,能够在网络上实现 Logit 交通分配模型,同时规避枚举或存储路径集合 K^{rs}。该算法认为,在实际路网中有许多路径是明显不会被出行者考虑的,因此提出了有效路径的概念,有效路径由有效路段构成。当某一路段 (i,j) 的尾节点 i 比头节点 j 离起点 r 更近,且头节点 j 比尾节点 i 离终点 s 更近,则该路段为有效路段。利用这个算法,交通量可以依给定的概率被高效地分配到各条有效路径上。

(3)用户均衡交通分配

针对 Wardrop 第一准则即用户均衡(User Equilibrium),Beckmann 等学者提出了等价的数学规划表达式,用户均衡模型(简称 UE 模型)表达式如下:

$$\min Z(x) = \sum_a \int_0^{x_a} t_a(\omega) d\omega \quad (7\text{-}26a)$$

$$\text{s.t.} \quad \sum_k f_k^{rs} = q_{rs} \quad (\forall r \in R, s \in S) \quad (7\text{-}26b)$$

$$x_a = \sum_r \sum_s \sum_k f_k^{rs} \delta_{a,k}^{rs} \quad (\forall a \in A) \quad (7\text{-}26c)$$

$$f_k^{rs} \geq 0 \quad (\forall r \in R, s \in S, k \in K^{rs}) \quad (7\text{-}26d)$$

式中:x_a——路段 a 上的流量;

t_a——路段 a 的阻抗;

$t_a(\omega)$——路段 a 的阻抗函数,是路段流量 ω 的函数。在实践中,路段的阻抗函数常采用 BPR(Bureau of Public Road)函数的形式:

$$t_a(\omega) = t_0 \cdot \left[1 + \alpha \left(\frac{\omega}{c}\right)^\beta\right] \quad (7\text{-}27)$$

$t_a(\omega)$——当路段 a 流量为 ω 时,路段 a 的行驶时间;

t_0——自由流状态下,路段 a 的行驶时间;

c——路段 a 的通行能力;

α,β——公式中的参数(常用值是 0.15 和 4);

f_k^{rs}——OD 对 (r,s) 间第 k 条路径的流量;

q_{rs}——OD 对 (r,s) 间的总流量;

$\delta_{a,k}^{rs}$——路段—路径关联变量,如果路段 a 在 OD 对 (r,s) 间第 k 条路径上,则 $\delta_{a,k}^{rs}=1$,否则 $\delta_{a,k}^{rs}=0$;

A——网络中路段的集合;

R——网络中起点的集合;

S——网络中终点的集合;

其他变量含义同前。

上述模型中,式[7-26b)]的含义是 OD 间各条路径上的流量之和等于 OD 出行量,式[7-26c)]表示任意路段的流量等于途经它的全部路径流量之和,式[7-26d)]表示路径流量的非负约束。可以证明,上述数学规划模型的解满足所有使用路径的阻抗相等且最小,未被使用路径的阻抗都不小于使用路径的阻抗。在实际工程项目应用中通常采用用户均衡交通分配法。

【例 7-7】 考虑如图 7-17 所示的示例网络,两条路段的阻抗函数分别是:$t_1 = x_1 + 2, t_2 = 2x_2 + 1$。式中,$x$ 和 t 分别代表两条路段上的交通量和行驶时间。OD 对 (r,s) 之间的交通总量 $q=5$,计算用户均衡状态下两条路的交通分配量。

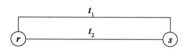

图 7-17 两条路径的简单网络

解:在用户均衡状态下,两条路径应具有相同的行驶时间,即 $t_1 = t_2$,因此:

$$x_1 + 2 = 2x_2 + 1 \quad (1)$$

同时,(r,s) 之间的交通总量 $q=5$,所以:

$$x_1 + x_2 = 5 \quad (2)$$

联立方程(1)和(2),可解得 $x_1^* = 3, x_2^* = 2$,所对应的路段行驶时间(即阻抗)$t_1^* = 5, t_2^* =$

5。也就是说两条路段都被使用,其阻抗相等,满足用户均衡条件。

Beckmann 等价数学规划变换式于 1956 年被提出,直到 1975 年才由 LeBlanc 等学者将 Frank-Wolfe 算法应用于求解该模型,已在交通规划实践中得到广泛采用。Frank-Wolfe 算法的步骤如下:

第一步,初始化。按照 $t_a^0 = t_a(0)$,$\forall a$,进行全有全无交通分配,得到各路段流量 $\{x_a^1\}$,令 $n=1$。

第二步,更新各路段阻抗: $t_a^n = t_a(x_a^n)$,$\forall a$。

第三步,寻找迭代方向。按照更新后的 $\{t_a^n\}$,执行全有全无分配,得到一组附加流量 $\{y_a^n\}$。

第四步,确定移动步长。求解满足如下一维线性搜索问题的最优 λ(可采用黄金分割法或二分法等)。

$$\min_{0 \leq \lambda \leq 1} \sum_a \int_0^{x_a^n + \lambda(y_a^n - x_a^n)} t_a(\omega) d\omega \tag{7-28}$$

第五步,确定新的迭代点: $x_a^{n+1} = x_a^n + \lambda(y_a^n - x_a^n)$。

第六步,收敛性检验。如果 $\{x_a^{n+1}\}$ 满足规定的收敛准则 $\left[\text{如} \dfrac{\sqrt{\sum_a (x_a^{n+1} - x_a^n)^2}}{\sum_a x_a^n} < 10^{-4}\right]$ 停止计算,$\{x_a^{n+1}\}$ 即最优解;否则令 $n = n+1$,返回第二步。

【例 7-8】 考虑一个由三条路径组成的单 OD 对简单网络,每条路径只包含一个路段,其阻抗函数分别为:

$$t_1 = 10\left[1 + 0.15\left(\dfrac{x_1}{2}\right)^4\right]$$

$$t_2 = 20\left[1 + 0.15\left(\dfrac{x_2}{4}\right)^4\right]$$

$$t_3 = 25\left[1 + 0.15\left(\dfrac{x_3}{3}\right)^4\right]$$

OD 出行量 q 为 10 个单位,请使用 Frank-Wolfe 算法求该网络的用户均衡解。

解: 第一步,各路段按流量为 0 计算阻抗,分别为 10、20、25,进行全有全无交通分配,得到各路段流量 $x_1 = 10$, $x_2 = x_3 = 0$。

第二步,更新各路段阻抗。

$$t_1 = 10[1 + 0.15(10 \div 2)^4] = 947.5$$
$$t_2 = 20[1 + 0.15(0 \div 4)^4] = 20$$
$$t_3 = 25[1 + 0.15(0 \div 3)^4] = 25$$

可以求得此时的 Beckmann 模型目标函数值为:

$$\min Z(X) = \int_0^{x_1}\left\{10\left[1 + 0.15\left(\dfrac{x}{2}\right)^4\right]\right\}dx + \int_0^{x_2}\left\{20\left[1 + 0.15\left(\dfrac{x}{4}\right)^4\right]\right\}dx +$$
$$\int_0^{x_3}\left\{25\left[1 + 0.15\left(\dfrac{x}{3}\right)^4\right]\right\}dx = 1975$$

第三步,按照更新后的路段阻抗,再进行一次全有全无分配,得到一组附加流量: $y_1 = 0$, $y_2 = 10$, $y_3 = 0$。

第四步,通过求解如下的最小化问题,确定移动步长。

$$\min Z(\lambda) = \int_0^{x_1+\lambda(y_1-x_1)} \left\{10\left[1 + 0.15\left(\frac{x}{2}\right)^4\right]\right\}dx + \int_0^{x_2+\lambda(y_2-x_2)} \left\{20\left[1 + 0.15\left(\frac{x}{4}\right)^4\right]\right\}dx +$$
$$\int_0^{x_3+\lambda(y_3-x_3)} \left\{25\left[1 + 0.15\left(\frac{x}{3}\right)^4\right]\right\}dx$$

可用二分法求得最优的 $\lambda = 0.5965$。

第五步，确定新的迭代点。

$$x'_1 = x_1 + \lambda(y_1 - x_1) = 4.0346$$
$$x'_2 = x_2 + \lambda(y_2 - x_2) = 5.9654$$
$$x'_3 = x_3 + \lambda(y_3 - x_3) = 0$$

第六步，收敛性检验。可以计算如下的收敛准则：

$$\frac{\sqrt{(x'_1-x_1)^2 + (x'_2-x_2)^2 + (x'_3-x_3)^2}}{x_1+x_2+x_3} = 0.8436$$

大于常用的收敛标准（如 10^{-4}），因此返回第二步，重新迭代计算。当进行到第 13 次循环时，各路段的阻抗分别为 $t_1 = 25.4514$, $t_2 = 25.4590$, $t_3 = 25.4556$，各路段上的流量分别为 $x_1 = 3.5834$, $x_2 = 4.6455$, $x_3 = 1.7711$，满足上述收敛标准，终止计算。

(4) 随机用户均衡交通分配

相比于随机交通分配，随机用户均衡（Stochastic User Equilibrium，简称 SUE）进一步考虑了路网拥挤效应，即路段阻抗随流量而改变。而路径选择概率与路径感知阻抗有关，路径感知阻抗是实际阻抗（与流量相关）与感知误差的和。如此反馈，达到随机用户均衡状态，这个关系式也被称为 SUE 条件。SUE 比 UE 更具普适性，UE 可被看作是 SUE 的一种特殊情形（即感知误差为 0）。

(5) 系统最优交通分配

根据 Wardrop 第二准则假设，在系统最优（System Optimum，简称 SO）状态下，网络总出行成本（或平均出行成本）最小。用户均衡与系统最优数学规划表达式具有完全相同的约束条件，唯一不同之处在于目标函数。系统最优的目标函数也可以等价改写为类似于用户均衡目标函数的形式：

$$\min Z(x) = \sum_a x_a t_a(x_a) = \sum_a \int_0^{x_a} \left[t_a(x_a) + x_a \frac{dt_a}{dx_a}\right]dx_a \tag{7-29}$$

其中，$t_a(x_a) + x_a \frac{dt_a}{dx_a}$ 即路段 a 的边际行程时间（Marginal Travel Time）。因此，可以简单修改上述用户均衡问题的 Frank-Wolfe 算法，用路段边际行程时间替换平均行程时间 $t_a(x_a)$，即可用于求解系统最优交通分配模型。

【例 7-9】 考虑【例 7-7】的场景，求解系统的最优交通分配量。

解：在系统最优分配中，需要考虑路段的边际行程时间 $t' = t_a(x_a) + x_a \frac{dt_a}{dx_a}$。由于路段阻抗分别为：$t_1 = x_1 + 2$, $t_2 = 2x_2 + 1$。

$$t'_1 = t_1 + x_1 \frac{dt_1}{dx_1} = x_1 + 2 + x_1 = 2x_1 + 2$$
$$t'_2 = t_2 + x_2 \frac{dt_2}{dx_2} = 2x_2 + 1 + 2x_2 = 4x_2 + 1$$

在系统最优状态下，$t'_1 = t'_2$，即：

$$2x_1 + 2 = 4x_2 + 1 \quad (1)$$

同时,(r,s) 之间的交通总量 $q = 5$,所以:

$$x_1 + x_2 = 5 \quad (2)$$

联立方程(1)和方程(2),可解得 $x_1^* = \dfrac{19}{6}, x_2^* = \dfrac{11}{6}$。

对同一场景进行用户均衡和系统最优两种方法求解,比较计算结果如表 7-31 所示。可以看出,在用户均衡状态下,两条路段的平均行程时间相等;在系统最优状态下,两条路段的平均行程时间不等,但边际行程时间相等,其系统总时间小于用户均衡状态下的系统总时间。在系统最优状态下,如果路段 1 上的一些出行者为了减少出行时间而转移到比较快的路段 2 上,系统最优的状态将无法维持。由于出行者趋于利己的选择行为机制,在不加干预的情况下,系统将不可避免地转向用户均衡的状态。

用户均衡与系统最优的算例比较　　　　　　　　　　　　表 7-31

路段	用户均衡		系统最优		
	流量	平均行程时间	流量	平均行程时间	边际行程时间
1	3	$3 + 2 = 5$	$\dfrac{19}{6}$	$\dfrac{19}{6} + 2 = \dfrac{31}{6}$	$\dfrac{31}{6} + \dfrac{19}{6} \times 1 = \dfrac{50}{6}$
2	2	$2 \times 2 + 1 = 5$	$\dfrac{11}{6}$	$2 \times \dfrac{11}{6} + 1 = \dfrac{28}{6}$	$\dfrac{28}{6} + \dfrac{11}{6} \times 2 = \dfrac{50}{6}$
系统总时间	25		$\dfrac{19}{6} \times \dfrac{31}{6} + \dfrac{11}{6} \times \dfrac{28}{6} = 24.92$		

习题

7-1　一位父亲上午上班途中先将孩子送到幼儿园,然后去上班;下午下班途中先到幼儿园接孩子,然后与孩子一同回家。他的家位于 1 号小区,幼儿园位于 2 号小区,工作地位于 3 号小区。请问这一过程中,这位父亲共完成了几次出行? 3 个小区分别生成和吸引了几次基家出行和非基家出行?

7-2　根据以下给出的某小区交叉分类的人口数量(表 7-32),应用交叉分类的基家工作交通生成模型(表 7-33),计算该小区的基家工作交通生成量。

某小区交叉分类的人口数量(单位:人)　　　　　　　　　　表 7-32

月 收 入	男	女
5000 元以下	20	30
5000 ~ 10000 元	30	20
10000 ~ 15000 元	40	50
15000 元以上	50	40

交叉分类的基家工作交通生成率(单位:次/d) 表 7-33

月 收 入	男	女
10000 元以下	2.4	2.2
10000 元以上	2.8	2.5

7-3 根据基于线性回归的基家购物出行生成和吸引模型和某小区的基础数据(表7-34),预测该小区的基家购物目的的出行生成量和吸引量。

基家购物出行生成率 = 0.30 - 0.15 × 未成年人(0~18 岁)比例 - 0.10 × 老年人(>60 岁)比例 + 0.10 × 女性比例 + 0.01 × 月收入(千元)

基家购物出行吸引量 = 6.00 × 零售业就业人数 + 0.10 × 商业区的用地面积(m^2)

某小区的基础数据 表 7-34

小区变量	数值	小区变量	数值
总人口	500	41~60 岁	150
男性人口	260	>60 岁	150
女性人口	240	平均月收入(千元)	6.0
0~18 岁	100	零售业就业人数	70
19~40 岁	100	商业区用地面积(m^2)	1000

7-4 某区域划分成 1、2、3 三个小区,各小区按照小汽车拥有量分类的户数和土地利用特征(岗位数)如表7-35 所示。已知基础工业的吸引率为 2.25 次/岗位,服务行业的吸引率为 1.75 次/岗位。出行产生率依每户小汽车拥有数为 0、1、2、3 而分别为 5.5 次/户、12 次/户、15.5 次/户、17 次/户。试求出各小区的出行产生量和吸引量,并进行出行平衡调整。

各小区按照小汽车拥有量分类的户数和岗位数指标 表 7-35

小区	不同小汽车拥有量的户数(户)				岗位数(个)	
	0 辆	1 辆	2 辆	3 辆	基础工业	服务业
1	10	30	20	15	400	300
2	25	60	40	30	500	600
3	15	50	50	30	250	350

7-5 从居民小区到市民广场一共产生了 100 次出行。两个小区之间有 3 种可以选择的出行方式,包括小汽车、地铁和地面公交。如果使用小汽车方式,需要花 20min,花费 15 元的汽油费和停车费;如果使用地铁,需要花 40min,并购买 5 元的地铁票;如果使用地面公交,需要花 60min,并购买 2 元的公交票。交通工程师建立了以下的基于多元 Logit 模型的出行方式选择模型,三个选项的效用方程分别是:

$$V_{auto} = 0.8 - 0.1 \times 出行时间_{auto} - 0.3 \times 出行花费_{auto}$$
$$V_{rail} = 0.5 - 0.1 \times 出行时间_{rail} - 0.3 \times 出行花费_{rail}$$
$$V_{bus} = -0.1 \times 出行时间_{bus} - 0.3 \times 出行花费_{bus}$$

应用多元 Logit 模型,分别计算从居民小区到市民广场使用开车、地铁和地面公交的出行次数。

7-6 表 7-36 的 2×2 矩阵是某交通需求模型中,基家工作目的、开车方式的全天人出行 PA 矩阵的前 2 行和前 2 列。PA 到 OD 出行矩阵分时段转换系数查阅表 7-28,分出行目的的车载率为 1.1 人/车,给出该出行目的的晚高峰时段的开车出行 OD 矩阵的前 2 行和前 2 列。

全天人出行 PA 矩阵   表 7-36

P \ A	1	2
1	0	100
2	50	0

7-7 计算如图 7-18 所示网络中从节点 1 到所有其他节点的最短路。

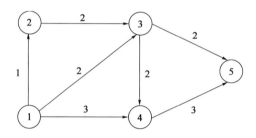

图 7-18 交通网络示意图

7-8 已知 A、B、C、D 四个小区交通现状分布和增长系数,如表 7-37 所示。试以 $|G'-G|<0.01$ 的精度,按照 Fratar 法求出将来的分布。

四个小区交通现状分布和增长系数   表 7-37

区号	P	G	现状分布			
			A	B	C	D
A	70	2	0	20	15	35
B	75	1.5	20	0	30	25
C	55	3	15	30	0	10
D	70	2.5	35	25	10	0

7-9 从 A 至 B 有两条平行道路,两条路的长度均为 100km,1 号路径为高速公路,2 号路径为一级公路,高速公路、一级公路的行驶车速分别为 100km/h 和 50km/h;高速公路、一级公路的收费费率分别为 0.5 元/km 和 0.2 元/km。试用 Logit 模型计算这两条路的流量分担比例。两条路径综合费用差的效用函数为:
$$u = -1.188 - 2.588t - 0.032c$$
式中:t——1 号路径与 2 号路径的行程时间差(h);
c——1 号路径与 2 号路径的收费差(元)。

7-10 在如图 7-19 所示的交通网络中,各边的行程时间已标出,现从节点 1 流向节点 4 的交通量为 3000。试分别按全有全无分配法和 Logit 随机交通分配法求出各边上的交通量。

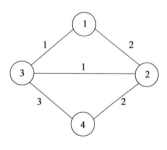

图 7-19 交通网络示意图

7-11 考虑如图 7-20 所示的交通网络,路段连线旁的数字是相应路段的编号。从节点 1 到节点 3 的出行需求为 4 个单位。路段行程时间函数分别为:$t_1 = 2 + x_1^2, t_2 = 3 + x_2, t_3 = 1 + 2x_3^2, t_4 = 2 + 4x_4$。请给出该问题的用户均衡解。

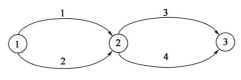

图 7-20 　交通网络

解：

从节点 1 到节点 3 共有 4 条路径：
- 路径 a：路段 1 → 路段 3
- 路径 b：路段 1 → 路段 4
- 路径 c：路段 2 → 路段 3
- 路径 d：路段 2 → 路段 4

设路段流量为 x_1, x_2, x_3, x_4，满足守恒条件：
$$x_1 + x_2 = 4,\quad x_3 + x_4 = 4$$

用户均衡条件： 所有被使用的路径行程时间相等。若四条路径均被使用，则要求 $t_1 = t_2$ 且 $t_3 = t_4$：

由 $t_1 = t_2$：
$$2 + x_1^2 = 3 + x_2 \Rightarrow x_1^2 - x_2 = 1$$
结合 $x_2 = 4 - x_1$，得
$$x_1^2 + x_1 - 5 = 0 \Rightarrow x_1 = \frac{-1+\sqrt{21}}{2} \approx 1.791$$
$$x_2 = \frac{9-\sqrt{21}}{2} \approx 2.209$$

由 $t_3 = t_4$：
$$1 + 2x_3^2 = 2 + 4x_4 \Rightarrow 2x_3^2 - 4x_4 = 1$$
结合 $x_4 = 4 - x_3$，得
$$2x_3^2 + 4x_3 - 17 = 0 \Rightarrow x_3 = \frac{-2+\sqrt{38}}{2} \approx 2.082$$
$$x_4 = \frac{10-\sqrt{38}}{2} \approx 1.918$$

用户均衡解（路段流量）：
$$x_1^* = \frac{\sqrt{21}-1}{2},\quad x_2^* = \frac{9-\sqrt{21}}{2},\quad x_3^* = \frac{\sqrt{38}-2}{2},\quad x_4^* = \frac{10-\sqrt{38}}{2}$$

各路段的行程时间：
$$t_1 = t_2 = \frac{15-\sqrt{21}}{2} \approx 5.209$$
$$t_3 = t_4 = 22 - 2\sqrt{38} \approx 9.670$$

各路径行程时间均等于 $\dfrac{59-\sqrt{21}-4\sqrt{38}}{2} \approx 14.88$，满足用户均衡条件。

第八章 交通规划

第一节 交通规划基本概念

一、交通规划的定义及作用

交通规划是通过科学配置各类交通资源,协调交通系统内部各子系统之间的关系,统筹城市内部交通、对外交通、客运交通、货运交通,处理好远期发展与近期建设的衔接,最终形成可持续发展的城市综合交通体系。交通规划是交通运输系统建设与管理科学化的重要环节,是制订交通运输系统建设计划、选择建设项目的主要依据,是确保交通运输系统建设合理布局,有序协调发展,防止建设决策、建设布局随意性、盲目性的重要手段。

二、城市规划体系与交通规划体系对应关系

《中华人民共和国城乡规划法》规定,城市总体规划属于法定规划,城市交通规划是城市总体规划的重要组成部分。交通规划是指导城市综合交通系统发展的规划,必须与城市规划相协调才能实现城市空间发展与交通系统相互促进的良好效果。城市规划体系与交通规划体系对应关系如图 8-1 所示。

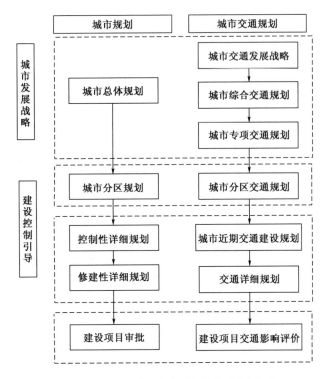

图 8-1 城市规划体系与交通规划体系对应关系

三、交通规划的范围和分类

交通规划范围与年限应与城市总体规划一致。在交通规划编制过程中,进行交通需求分析的基础是城市用地规划中的空间与用地布局,城市总体规划、控制性详细规划是城市用地发展唯一法定的用地布局依据。

按照交通规划具体工作内容的差别,可分为多种类型,如表 8-1 所示。

交通规划的分类及成果应用　　表 8-1

层次	各层次项目	成果在城市规划方面的应用	成果在市政建设等规划管理方面的应用	成果在交通系统运行和行业发展方面的应用
交通规划类	综合交通体系规划	骨架、模式、功能、目标等战略要素规划,与城市规划沟通融合	成果指导城市交通体系架构性建设与管理工作	作为交通系统一体化建设发展纲领性文件的依据
	分系统专项交通规划	轨道、干线路网、对外枢纽及综合枢纽等布局规划成果纳入城市总体规划;公交场站布局规划纳入分区、组团规划;停车配建标准纳入城市规划标准及准则	设施布局及交通、工程、经济性评价等,作为市政建设管理依据	公交、停车、交通管理等发展政策成果作为行业发展的政策
	分区交通规划	分区交通规划成果纳入分区规划	设施布局及总体布置,作为市政建设的管理依据	成果用于协调整体与局部关系
	片区交通规划	片区交通规划成果纳入法定图则		成果用于落实资源配置

续上表

层次	各层次项目	成果在城市规划方面的应用	成果在市政建设等规划管理方面的应用	成果在交通系统运行和行业发展方面的应用
工程前期类	近期交通建设规划	交通近期建设规划成果纳入城市近期建设规划	规划成果为具体项目预可行性研究提供规划条件，为项目审批提供技术依据，为交通设施近期建设管理提供依据，为交通综合治理工程设计及管理提供依据	成果作为相关行业发展的依据
工程前期类	交通详细规划	枢纽、场站、轨道交通、快速公交、干线道路详细规划与沿线土地利用规划调整同步协调	规划成果为安排布置设施功能空间提供技术依据，为方案、初步设计审批提供管理依据	—
工程前期类	建设项目交通影响评价	—	成果作为规划要点的部分依据	成果可作为局部交通改善的依据
专项研究类	交通基础调查	—	交通调查数据是交通规划编制、交通政策制订的基础性依据	
专项研究类	交通专项研究	—	智能交通系统研究成果可提高交通系统运行效率；交通模型研究成果可改善规划设计编制的技术手段；规划设计指引研究成果可提高交通规划设计编制的技术手段；交通政策研究成果可为交通发展与管理提供政策保障	

第二节　交通规划方案编制工作流程与基本原则

一、交通规划方案编制工作流程

各类交通规划方案编制的工作流程较为相似，以综合交通体系规划为例，工作流程通常可分为现状调查、专题研究、纲要成果、规划成果四个阶段。

（1）现状调研阶段。通过多种方式收集城市经济社会发展的现状和规划资料，听取相关部门规划设想和建议；分析城市发展中存在的主要交通问题；根据规划需要开展相应的交通调查及分析。

（2）专题研究阶段。在现状调研基础上，对影响城市综合交通体系发展的重大问题组织开展专题研究，一般应包括交通发展趋势、城市交通发展战略与政策、重大交通基础设施布局等。

（3）纲要成果阶段。重点评价和分析城市综合交通体系现状存在的主要问题；论证城市综合交通发展趋势和需求、交通发展战略和交通资源配置策略，提出城市综合交通体系框架；

确定城市综合交通体系总体发展目标和交通各子系统规划目标；提出城市综合交通体系的布局原则。

（4）规划成果阶段。确定城市综合交通发展战略、政策和保障措施；确定城市交通设施布局方案、控制性规划指标和强制性内容；提出对城市交通各子系统规划的指导性技术要求；提出近期规划的策略与方案。

二、交通规划的基本原则

1. 交通与城市空间布局协调

在城市发展过程中，综合交通体系与城市空间、用地布局协同，形成良好的城市活动体系是交通规划的重要任务，也是从源头管理交通需求，形成良好的交通与城市用地关系的关键。

城市综合交通体系应与城市空间布局协同规划，合理协调交通系统在承载城市活动、引导城市集约高效开发、塑造城市特色风貌、提升城市环境质量等方面的功能；通过用地布局优化引导城市职住空间的匹配、合理布局城市各级公共服务设施，将居民出行距离控制在合理的范围内。《城市综合交通体系规划标准》提出居民通勤出行（单程）平均出行距离控制要求如表8-2所示。缩短居民的出行距离，一是可以降低城市的交通总周转量（交通周转量是出行次数与出行距离的乘积），缓解城市交通拥堵问题；二是可以提升步行与自行车等绿色交通的比例，大幅度降低城市交通对机动交通的依赖；三是可以提升居民的生活品质。

居民通勤出行（单程）平均出行距离的控制要求　　　表8-2

规划人口规模（万人）	≥500	300~500	100~300	50~100	≤50
通勤出行距离（km）	≤9	≤7	≤6	≤5	≤4

2. 城市交通体系的协调要求

交通规划应根据不同城市和城市不同地区的交通特点，差异化确定交通体系内不同交通方式的功能定位、优先规则、组织方式和资源配置，包括城市公共交通，小客车、摩托车等个体机动化客运交通方式，步行、自行车等非机动化客运交通方式，以及机动化与非机动化货运交通方式。

城市综合交通体系功能组织应突出城市和交通特色，符合城市发展实际。我国城市发展普遍面临空间、资源、环境紧约束，城市交通体系应坚持低碳环保、集约高效的发展导向，优先保障步行、自行车和城市公共交通的运行空间与环境，并根据城市和交通的承载能力，引导小客车、摩托车等个体机动化交通方式有序发展、合理使用。同时，交通规划应体现公平，为所有出行者服务。在绿色、低碳的基础上，通过交通资源的合理分配，保障所有出行者的交通可达性，特别是城市中的弱势人群。

城市内部交通体系的协调应做好交通政策的顶层设计，保持各类交通政策的一致性，充分发挥交通政策的引导作用。通过合理的制度设计，分清政府和市场职责，发挥市场和价格机制在交通资源配置中的作用。交通工具停放空间，一方面应考虑交通网络的承载能力，另一方面也要结合动态运行情况，采取差别化的停车建设管理策略，精细化调控停车资源与需求。

3. 不同规模城市客运交通系统结构协调原则

规划人口规模 500 万人及以上的城市,应确立大运量城市轨道交通在城市公共交通系统中的主体地位,以中运量及多层次普通运量公交为基础,以个体机动化客运交通方式作为中长距离客运交通的补充。人口规模达到 1000 万人及以上时,应构建快线、干线等多层次大运量城市轨道交通网络。

规划人口规模 300 万~500 万人的城市,应确立大运量城市轨道交通在城市公共交通系统中的骨干地位,以中运量及多层次普通运量公交为主体,引导个体机动化交通方式的合理使用。

规划人口规模 100 万~300 万人的城市,宜以大、中运量公共交通为城市公共交通的骨干,多层次普通运量公交为主体,引导个体机动化客运交通方式的合理使用。

规划人口规模 50 万~100 万人的城市,客运交通体系宜以中运量公共交通为骨干,普通运量公共交通为基础,构建有竞争力的公共交通服务网络。

规划人口规模 50 万人以下的城市,客运交通体系应以步行和自行车交通为主体,普通运量公交为基础,鼓励城市公共交通承担中长距离出行。

4. 城市不同土地使用强度地区各种交通方式的协调原则

按照城市用地开发强度可区分为中高密度地区、中低密度地区,如表 8-3 所示。城市内不同用地开发强度地区,各种客运交通方式之间的协调关系宜根据土地使用和交通出行特征的不同有所侧重,如表 8-4 所示。

城市土地开发强度 表 8-3

类　　别	参考建筑面积(hm^2/km^2)	区　　位
中高密度地区	100 及以上	城市中心地区
中低密度地区	100 以下	城市集中建设区除中心地区以外的其他地区

城市不同土地使用强度地区客运交通体系协调要点 表 8-4

分　区	公　共　交　通	步行和自行车交通	个体机动化交通
城市中心区	优先保障公共交通路权,加密城市公共交通网络和站点,并应优先保障城市公共交通枢纽用地	构建独立、连续、高密度的步行网络和安全、连续、高密度的非机动车网络,紧密衔接各类公共交通站点与周边建筑	严格控制机动车出行停车位规模,降低个体机动化交通出行需求和使用强度
城市其他地区	公共交通走廊应保障公共交通优先路权。根据需求布设常规公交普线、支线,鼓励灵活的辅助型公交发展	构建安全、连续的步行和自行车网络;公共交通走廊、主要公交站点周边应加密步行与自行车设施	控制机动车出行停车位规模,调控高峰时段个体机动化通勤交通需求

此外,在交通拥堵常发地区,应优先保障城市公共交通、步行与非机动车交通路权,对小客车、摩托车等个体机动化出行需求进行管控。

三、数据采集要求

交通规划通常需要采集的数据及相关要求如下：

基础资料应包括城市和区域经济社会、历史文化保护、城市土地使用、交通工具和设施供给、交通政策、交通组织与管理、居民出行、对外客货运输、城市交通系统运行、交通投资、体制与机制、交通环境与安全等方面。资料形式包括统计数据、政府文件、调查成果、相关规划文本与图纸等。相关规划资料应收集最新批复的规划成果和在编的各项规划草案。采用的基础资料应来源可靠、数据准确、内容完整。

反映现状的统计数据宜采用规划基年前1年的资料，特殊情况下可采用前2年的资料；用于发展趋势分析的数据资料不应少于连续的5个年度，且最近的年份不宜早于规划基年前2年；现状分析和交通模型建立应采用5年内的交通调查资料。5年以上的调查资料可作为参考。

应根据交通规划的要求进行相关交通调查，交通调查的内容和精度应根据规划的分析要求确定；调查涵盖交通规划所涉及的各类交通客货运需求、各类交通设施及运行指标。交通调查应包含不同调查项目之间相互校验的内容及其与其他来源公开数据的一致性检查。

第三节　交通规划基本分析技术

一、交通规划编制技术流程

交通规划采用定性、定量分析相结合，问题、目标导向相结合的分析技术，编制技术流线如图8-2所示，由现状分析、发展态势分析、发展目标和策略、规划方案编制、规划方案评价与近期工作计划五个环节构成。

二、现状分析方法

以调查数据和相关资料为基础，采用与主管部门访谈、与规范比较、与其他城市类比等方法，开展供需分析、出行结构分析、运行状况分析、环境安全分析等，切实反映城市交通体系的现状特征和存在问题。现状分析通常关注以下几个方面：

（1）城市概况。包括城市区位、自然地理、历史文化、城市功能定位、现状城市人口与用地规模等基本状况。

（2）城市经济与产业。包括城市经济发展规模、水平与增长态势、城市产业结构、城市财政能力、基础设施投资规模与结构比例、存在问题等。

（3）城市空间结构与土地使用。包括现状城市空间结构特征、城市功能布局及土地使用特点、城市发展与交通系统的关系等。

（4）城市交通需求。包括居民出行特征、典型走廊和城市断面的交通分布特征，各类交通工具的规模、增长情况、使用特点以及影响因素，城市重要集散点的交通吸引特征，城市主要货源点分布及货运交通集散特征等。

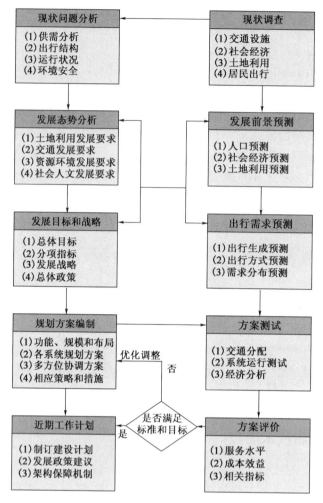

图 8-2 交通规划编制技术流线

(5) 城市对外交通。包括各种对外交通的客货运输规模和增长情况，货物运输的主要种类，对外交通系统布局、场站设置与城市规划建设的关系，与城市交通衔接存在的突出矛盾等。

(6) 城市道路交通现状。包括现状城市道路网络规模、结构、布局特点，道路功能与土地使用的相互关系，现状道路服务水平，主要道路、交叉口交通流状况，路网容量与饱和度等。

(7) 公共交通现状。包括各种公交方式发展水平、线网规模、布局及场站设施，各类公交方式运营组织模式及服务水平，优先发展公交的保障措施，公交专用道、港湾公交站、公交优先信号设置状况，公交发展存在的主要问题等。

(8) 步行、自行车交通现状。包括步行、自行车交通的分布及主要交通特征，步行、自行车交通设施和运行管理现状，以及存在的问题等。

(9) 城市停车现状。包括公共停车规模、布局，配建停车状况，路内停车状况，不同地区停车供求状况，停车设施使用状况及运营管理等。

(10) 交通管理情况。包括交通管理设施、交通组织等基本状况以及存在的主要问题等。

(11) 交通信息化现状。包括交通信息化建设、交通信息共享需求等基本状况以及存在的主要问题等。

通常,根据交通规划需要解决的实际问题,除关注以上方面外,还会针对性地进行数据采集和现状分析。

三、交通发展态势分析与发展战略、目标的确定方法

1. 交通发展态势分析

交通需求分析模型是城市交通发展态势定量分析的重要工具,交通模型要素主要包括基础数据、数学模型、软件工具三个部分。在模型建立过程中,基础数据采集、数据库构建以及数据综合校核分析是最重要的基础工作。通常,交通需求建模与分析主要工作包括:

(1) 数据采集与定期维护。构建交通模型的基础数据库。交通模型的基础数据库通常包括土地利用及人口、就业岗位分布、综合交通网络、基于交通调查的模型参数等。如图8-3所示为上海市交通规划模型基础数据库。

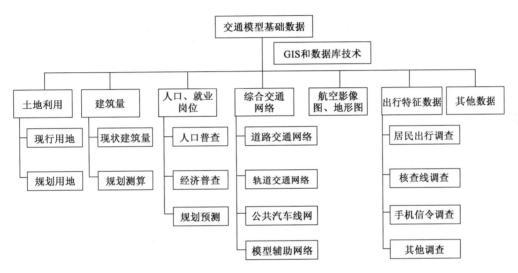

图 8-3　上海市交通规划模型基础数据库

(2) 模型参数标定。根据不同规划需求,出行生成、出行分布、出行方式划分和交通分配模型均需要进行参数标定,提高数据质量和完整度决定了模型参数标定的准确度,直接影响交通模型预测的可靠性和精度。

(3) 模型校核。将传统调查数据与连续数据进行融合分析,为交通模型综合校核提供有力保障。例如采用手机信令数据得出核查线流量和大区OD分布与出行分布模型结果进行校核;将高架路(桥)和地面道路的线圈数据、交叉口视频数据等与交通分配结果进行综合校核等。模型校核得出的预测精度必须保证规划控制指标计算的精确度。

在发展前景和交通需求预测基础上,开展交通发展态势分析,并对土地利用、交通发展、资源环境等提出发展要求。

2. 发展目标和战略

结合交通发展态势,采用公众参与、对标城市及区域类比方法,制定城市交通发展愿景、发展目标及发展思路。战略包括发展战略和总体政策;发展目标包括总体目标和分项目标。

自20世纪60年代以来,交通发展理念与价值取向的转变带动了交通发展目标的转变。

城市交通规划发展目标由早期重点关注机动车移动速度、效率向当前更关注交通安全、低能耗、低排放、社会公平及最终的生活质量转变,如图8-4所示。在35个国际大都市城市交通规划目标中出现概率最高的关键词有"安全、环保、高效、对经济和生活的支持、多模式、公平",其中"安全、促进经济发展、环保"排在前三位。

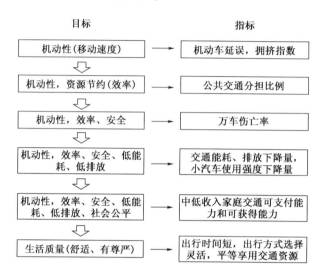

图 8-4　国际大都市交通发展目标演变

四、规划方案编制方法

1. 交通规划实施评估

交通规划方案的编制和实施计划制订前,必须进行交通规划的实施评估,并应以交通规划的实施评估结论为依据。在传统的规划"编制-实施"单线模式基础上,通过引入具有跟踪监测和动态调校作用的规划实施评估机制,开展交通规划实施评估工作,形成"编制-实施-评估-调整"的滚动闭环,为修订与编制新一轮规划提供依据。

交通规划实施评估应综合采用定性与定量两种评估方法。定性评估可采用专家评估、公众评估等形式,由专家分析城市综合交通体系发展的关键问题,提出专业性、建设性的评估结论和意见,结合市民给出满意程度、发展愿景和意见。定量评估应构建指标体系,依托科学可靠的基础数据和技术手段,衡量各项指标的数值水平和变化趋势,提供量化的交通发展描述和规划评估结论。在分析评估的基础上,应提出对于规划修订、编制和实施具有反馈作用的建议。

综合交通体系规划实施评估应与《城市总体规划实施评估办法(试行)》一致,原则上每2年进行一次。有条件的城市可采取一年一评估的滚动模式,对年度实施计划提供更及时的动态反馈与调整,并以年度实施计划作为滚动编制过程中动态调校规划实施的关键。

规划实施评估内容包括实施进度、实施效果和外部效益等方面,并应符合以下规定:
(1)实施进度评估应评估综合交通体系各组成部分的规划实施进度与协调性。
(2)实施效果评估应评估规划实施后城市空间的布局调整、居民出行特征、交通系统的运行效果、财政可持续能力等与规划预期的关系。

(3) 外部效益评估应评估规划实施对城市经济发展、土地使用、社会与环境可持续等方面的外部影响。

2. 规划方案编制

在上述交通规划实施评估结论基础上,以交通发展需求预测为基础,结合城市地形、地貌和城市空间形态及功能布局规划,在城市综合交通体系发展的总体目标指导下,编制规划方案。交通需求分析"四阶段"与规划方案编制关系如图8-5所示。

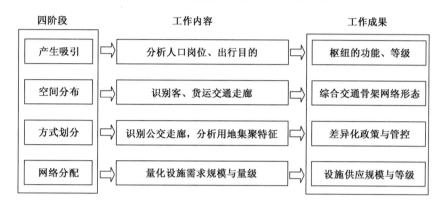

图 8-5 交通需求分析"四阶段"与规划方案编制关系

在出行生成和出行空间分布阶段,主要分析人口、岗位聚集量、出行目的,根据出行分布期望线和出行分布矩阵,辨识客、货运枢纽及客、货运交通走廊,形成相应的综合交通骨架网络形态方案,并对枢纽的功能、等级进行规划,形成相应的枢纽规划方案。上海的客流空间分布图如图8-6所示。上海的轨道交通网络与客运走廊吻合度较好,如图8-7所示。通过枢纽、走廊的功能定位,识别出行目的、方式、距离、时效要求等需求特征,开展分级交通网络和交通组织规划。

图 8-6 上海的客流空间分布图

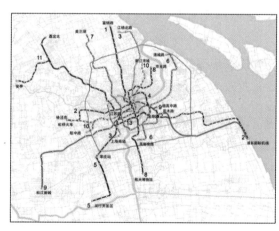

图 8-7 上海的轨道交通网络

出行方式划分和网络分配阶段：通过方式划分，在客运交通走廊上进一步识别公交走廊，并对走廊两侧用地集聚特征进行分析，规划公交走廊的功能、等级，确定公交走廊上的主导客运方式。《城市综合交通体系规划标准》中将城市公共交通走廊按照高峰小时单向客流量或客流强度分为高、大、中与普通客流走廊四个层级，各层级城市公共交通走廊客流特及宜选择的运载方式如表6-7所示。

然后，结合网络交通量分配结果，量化网络设施规模与量级，例如，确定道路等级、功能、车道规模、布局；确定公共交通网络层级、功能、运营组织要求、网络布局等，形成多个系统交通规划比选方案和协调方案。

最后，根据出行空间分布、方式划分和网络分配，针对客流走廊及相邻片区、不同城市区域提出差异化交通政策和管控措施。引导交通出行向公共交通转化，提高交通资源的有效利用和公平利用。

为了使规划方案具有操作性和可行性，在方案形成过程中，应采取多种方式征求相关部门和公众意见。

为了确保规划方案的顺利实施，应制订分期、分阶段建设计划或年度建设计划，同时提出发展政策建议以及用地、投资、管理等方面的保障机制。

五、规划方案测试与评价

1. 交通规划方案测试

采用交通需求分析模型对城市交通规划比选方案进行测试，测试的主要内容包括：
(1) 城市机动车发展规模。
(2) 交通方式构成与交通政策影响。
(3) 城市道路网络总体容量和各级道路服务水平。
(4) 城市道路关键走廊与断面容量和服务水平。
(5) 交通换乘枢纽及重要交通集散点的容量和服务水平。
(6) 公共交通服务水平。
(7) 城市重要地点的交通可达性。
(8) 停车需求规模及停车设施供需关系。

2. 交通规划方案评价

交通规划方案评价应采用定量与定性相结合的方法，评价内容需包括经济、社会、环境、交通运行效果等方面。评价过程中，交通规划方案评价指标确定、指标重要性分类、成本与效益确定方法极为关键。一般交通规划方案评价应包括以下主要要素：
(1) 交通运行预期效果及与规划目标的吻合程度。
(2) 对城市规划布局的引导和支撑作用。
(3) 对城市用地资源的占用程度。
(4) 对城市生态和环境的影响程度。
(5) 对城市历史文化、文物古迹和各类保护区的影响。
(6) 地质灾害影响程度。
(7) 规划的工程规模与投资。

习题

8-1 如果要做公共交通专项规划,需要准备什么类型的资料和分析工具?

8-2 某城市由于地形的限制,呈狭长布局,南北向长度约40km,东西向约5km,常住人口200万人,人口及岗位分布较为均匀。城市道路总里程为900km,路网总容量为215万pcu·km/h。人均日出行次数为2.5次,各种交通出行方式比例等参数如表8-5所示。假设高峰小时禁止货车通行,过境交通全部走外围绕城高速。试分析该城市可能的机动车交通状况。如果小汽车出行比例增加到30%,同时公交出行比例下降到20%,机动车交通状况又会如何?

各种交通方式出行比例 表8-5

交通方式	小汽车	公交车	自行车/助动车	步行
出行比例(%)	20	30	25	25

8-3 某城市被河流分隔,东边是老城区,西边是新的发展区域。图8-8中A、B、C、D为南北向的干道,1、2为东西向的干道,3为东西向的快速路。虚线为规划道路。交通情况:高峰小时1、2、3路的流量分别为2000pcu/h、1500pcu/h和800pcu/h,B、C、D的流量分别为2500pcu/h、1500pcu/h和1000pcu/h。道路1和B的交叉口非常拥堵,车均延误在5min左右,其余路口的交叉口服务水平在C级左右。针对1-B交叉口的拥堵,有人提出修建立交的建议。请对此建议进行评价,并提出你的建议。

8-4 已知某开发区的基本情况:开发区面积为2km^2,规划建设300万m^{2}的办公楼,预计约有15万个岗位。开发区内其他类型的建筑非常少。开发区对外的交通联系主要有一条地铁线A和两条主要道路B(双向六条机动车道)和C(双向四条机动车道)。开发区建成后,预计75%的工作人员在早高峰小时内进入开发区,其中30%的人员乘坐地铁,10%骑自行车,30%乘坐公交车,其余30%乘坐小汽车来开发区上班。每辆公交车按照乘坐40人、小汽车每车平均按照乘坐3人计算。分析该开发区(图8-9)对外道路交通系统是否与开发区的发展规划相适应?有何问题,如何进行改进?

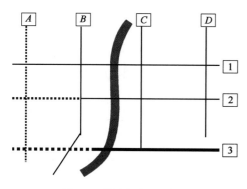

图8-8 某城市路网示意图

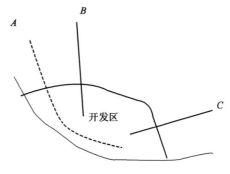

图8-9 某开发区对外交通系统示意图

第九章 交通需求管理

第一节 基本概念与理论基础

一、交通需求管理基本概念

很多情况下,人们发现在大量扩建道路后,交通拥挤非但没有缓解,反而越来越严重,并增加了对环境的影响。由此人们开始意识到有限的交通资源不能满足无限的交通需求,于是交通需求管理(Transportation Demand Management,简称 TDM)的理念与方法开始出现。这是交通管理理念上的一次重要变革:从由扩建道路资源来满足交通需求的增长转变为对交通需求加以控制、降低其需求量,以适应已有道路交通设施能够容纳的程度,即改"按需增供"为"按供控需",达到交通建设可持续发展的目的。1992 年年初,美国出版了《交通需求管理手册》,宣传交通需求管理对缓解交通拥挤、改善环境质量、提高道路资源有效利用的重要性。

交通需求管理是在交通资源和环境容量限制下,通过使用经济、社会、政策、法规等综合手段,借助先进的交通监测、计算机、通信等技术手段,针对交通的发生源进行管理、控制或诱导,从而削减交通需求(特别是个体机动化出行需求)的规模,调整出行的时空分布,达到缓解交通拥堵、减少能源消耗、降低交通环境污染、提升交通系统运行安全和效率的目标,促进交通供给与需求的平衡。

2012年中国城镇化率突破50%,中国城镇人口首次超过农村人口,越来越多的农村居民涌入城市。受到城市空间范围和资源条件的制约,未来的城市发展模式必将采用集约、低碳和可持续的发展理念。这就决定了交通需求管理必须成为城市交通可持续发展的战略措施,立足于适应公众就业和生活需求的基本要求,坚持以公共交通优先发展、绿色出行、客货集约运输和减少污染排放为基本发展目标。

二、交通需求管理理论基础

交通需求管理以公共产品理论、市场失灵理论与政府管制理论为基础,依托多源数据,采用交通出行行为分析理论和网络均衡理论评估交通需求管理效果。

1. 公共产品基本概念

社会产品分为公共产品、私人产品两大类。公共产品(Public Good)是相对私人产品而言,能为绝大多数人共同消费或享用的产品或服务,具有消费或使用上的非竞争性、受益上的非排他性、效用的不可分割性,一般由政府或社会团体提供。

公共产品可分为纯公共产品和准公共产品两类。一般说来,纯公共产品是为整个社会共同消费的产品。准公共产品是兼具公共产品和私人产品属性的产品。按照准公共产品所具有的两种产品属性的不同组合状况,可将其分为以下三类:

(1)具有非竞争性的同时也具有排他性

这类准公共产品在具有公共产品消费中的非竞争属性的同时,也具有私人产品受益中的排他属性。

(2)具有非排他性的同时也具有竞争性

这类准公共产品在具有公共产品消费中的非排他属性的同时,也具有受益中的私人产品的竞争属性。

(3)在一定条件下具有非竞争性和非排他性

在一定条件下具有受益中的非竞争性和消费中的非排他性的准公共产品,是指只要不超过一定的限度,该产品的消费是非竞争的和非排他的,但若超过一定的限度,则具有竞争性和排他性特征。比如,不收费的桥梁,只要不产生拥挤,则具有非竞争和非排他的属性,但如果产生了拥挤,就具有了竞争性,为了解决拥挤问题,政府就采用收费的办法,于是也就具有了排他性。

若用公共经济学的基本理论去衡量,几乎所有的城市交通基础设施和服务都难以划入纯公共产品之列,而应归入准公共产品范畴。

2. 社会边际成本与私人边际成本

私人边际成本(Individual Marginal Cost)是指为消费一件物品,消费者自己所必须承担的边际成本。在实际应用中,没有外部性时,消费者付出的私人边际成本就是社会边际成本(Social Marginal Cost)。

外部性反映的是经济个体之间或人与人之间在市场外的一种相互影响,这种影响必须是某种福利影响。外部性存在的基本条件是:经济个体的私人边际成本不等于社会边际成本,个人收益不等于社会收益。具体而言,存在外部性的条件下,消费者A多消费一件物品会导致外部不经济效应,使另一消费者B的消费环境恶化,为了抵消这种恶化的影响,消费者B必须追加一定的成本支出,这就是所谓的外部边际成本。是人边际成本与外部边际成本的总和就是 A 多消费一件物品的社会边际成本。社会边际成本是指系统每增加 1 个单位用户时,总可变费用的增加部分就是社会边际费用。

以道路设施为例,道路设施是可以自由得到的资源,每个道路使用者不会意识到自己在进入路网时影响了其他的道路使用者。这里的交通的外部性包含两个方面:一方面,道路使用者强加给不使用道路出行者的费用,包括空气污染、噪声、震动等;另一方面,道路使用者强加给另外的道路使用者的费用,如速度降低产生的各方面的费用等。

实际生活中小汽车驾驶者必须承受的费用包括燃油费、车辆折旧费以及他完成这次出行需要的时间费用。但是,驾驶员通常不直接支付交通的外部性费用,直接导致低估这次出行的社会成本或全部成本。当任何人都可以使用道路设施时,道路设施就会被一直利用到私人边际成本等于需求的点,如图 9-1 的交点 F,对应交通量 Q_2,成本 C_2;而边际社会成本曲线(MSC)与需求曲线(D)交于 A 点,对应交通量 Q_1,成本 C_1。

但是 Q_2 远超过了社会边际成本与需求的相交点 Q_1(在图 9-2 中,Q_1 处于稳定流区 AB,假设为一定服务水平下道路通行能力),通常认为当道路交通量大于 Q_1 后,再增加 1 单位的道路交通量,不仅增加出行车辆自身的出行时间,还会对道路上通行的其他车辆造成干扰,增加其他通行车辆的出行成本(称为负外部成本),如出行时间变长、拥挤带来的额外油耗等。随着道路交通流量趋近于 Q_2,进入图 9-2 的非稳定流区 CD,车速不断下降,交通拥挤加剧,整个过程导致道路设施的低效使用或无效配置,产生了较大社会损失,即图 9-1 中 ABF 阴影面积。

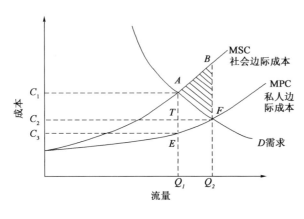

图 9-1　交通外部性产生社会损失原理　　　　图 9-2　车速—流量关系图

交通的负外部成本存在是产生社会损失的主要因素。为了减少社会损失和降低负外部成本,对交通系统运行产生了交通管制的要求,例如对于产生社会负外部效应的出行主体进行税收、发放通行许可证、收取拥挤费等,且收取费用的大小等于社会边际成本和个人边际成本之差,抵消交通的负外部成本。在图 9-1 中,对 Q_2 的出行者征收拥挤费,使其意识到其社会边际成本已达到 A[即应额外支付($C_1 - C_3$)的费用],从而使交通量从 Q_2 回到最佳平衡 Q_1。图 9-1 的本质是还原个人出行的社会成本,从而引导人们理性选择出行,缓解城市交通拥挤。

3. 市场失灵与政府配置资源方式

市场失灵(Market Failures)理论认为,公共产品、垄断、外部性和信息不完全或不对称的存在使得市场难以解决资源配置的效率问题,市场作为配置资源的一种手段,不能实现资源配置效率的最大化,这时市场就失灵了。当市场失灵时,为了实现资源配置效率的最大化,就必须借助于政府的干预。现代市场失灵理论认为市场不能解决的社会公平和经济稳定问题也需要政府出面化解,从而使得政府的调控边界突破了传统的市场失灵的领域而大大扩张。

城市交通服务作为一种准公共产品,主要由政府提供。为防止"市场失灵",政府需要通过经济管理手段或行政手段引导资源的合理配置;"公平"与"效率"是准公共产品供给机制选择务必坚持的两大标准,政府需考虑公共产品的不同属性和特征,顶层设计准公共产品的多元供给制度,实现城市客运交通的社会公平、环境保护和经济效益目标。

4. 出行行为分析理论基本概念

交通需求管理各项措施能够改变出行环境条件,影响出行需求的价格和时间弹性、出行机会成本(Opportunity Cost),对出行者行为产生影响甚至改变出行行为。出行行为分析理论是用于定量分析出行者在个体属性和出行环境相互作用下的出行需求和出行选择行为(如不同出行目的的出行频率、出行目的地、出行时间、出行方式、出行路径等)。

5. 交通网络均衡基本概念

早期交通网络均衡研究主要集中于交通分配的研究,随着交通资源供给约束日趋凸显,产生了采取交通需求管理措施来调控交通需求时空分布,达到系统总体最优状态——即网络总出行成本(或平均出行成本)最小的需求。

第七章给出了网络用户均衡和系统最优分配的基础理论,由于出行者趋于利己的路径选择行为,在不加干预的情况下,系统将趋向于用户均衡状态,而非系统最优状态。拥挤收费这类交通需求管理政策可以视为一种干预,即通过相应地增加道路使用者的使用成本,改变他们的出行方式、时间、路径等选择,促使整体交通系统由自发形成的用户均衡状态转向政策干预下的系统最优状态。

第二节 交通需求管理分析技术

一、交通需求管理效果评价工作框架

在引入交通需求管理措施时,应该对实施效果进行预测(实施前)和评价(实施后)。实施前评价是对单一交通需求管理措施或组合交通需求管理措施的有效性进行评价,帮助筛选或确定可行的交通需求管理措施。实施后评价是指交通需求管理(TDM)措施实施后,对TDM的立项决策、方案设计和实施管理全过程各阶段工作及其变化的成因进行全面的跟踪调查、分析和评价,不断提高TDM的决策、设计、管理水平,为制定相关政策等提供科学依据。

美国环境保护组织(EPA)研发的COMMUTER模型可以评估TDM改变通勤交通行为对汽车尾气排放的影响。模型可以考虑可达性、公交运行时间、步行时间、停车价格、公交补贴等多种因素。韩国首尔一个区域采用四阶段模型进行交通需求管理政策实证分析的框架,如图9-3所示。提出了五项TDM评价指标:平均出行距离、平均出行时间、空间平均速度、平均饱和度和平均货币成本。

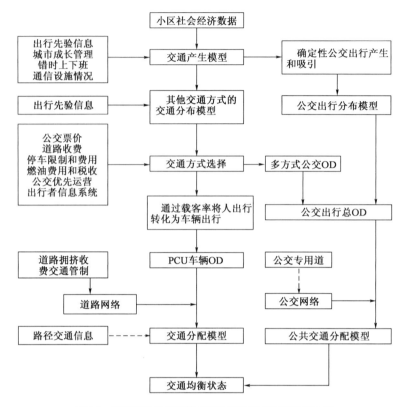

图 9-3 首尔四阶段模型体系下的交通需求管理政策分析

二、出行行为数据采集技术

1. 出行行为数据采集常用方法

分析出行者的交通行为偏好及其影响因素是制定交通需求管理措施的前提。对交通行为进行定量分析的主要数据采集方法有:了解人们已经发生过的交通行为事实的调查法(Revealed Preference Survey,简称 RP 调查)、基于陈述性偏好的态度和意愿调查法(Stated Preference Survey,简称 SP 调查)、团体座谈法(Focus Group)、案例访问法及观察法。这些数据采集方法同样可以用于提升和改善传统调查的设计和解释。

以下着重介绍态度和意愿调查方法,其他方法不再赘述。

2. 态度和意愿调查设计方法

(1) SP 调查的含义与特点

态度(Attitude)主要属于心理学的范畴,它是指个体对特定的对象(如人、观念或事件等)所持有的一种比较稳定的心理倾向,这种心理倾向主要包括个体的主观评价和行为倾向性,态度也是一种心理的准备状态,人们对某一件事的态度往往反映其价值观、情感倾向和行为倾向。如一个人对公共交通持积极的赞成态度,反映在价值观方面他具有环保的态度,在情感倾向方面他可能更喜欢公交出行方式,在行为倾向方面他可能会更多地选择公共交通。意愿是指个人对人或事物的期望性看法,也是一种愿望和心愿,属于个人的主观思维。意愿具有行为的目标与方向性,意愿也具有一定的动机特点。问卷调查是态度测量的一种常用的方法,它是通过问题设计作为量表来了解被调查者的态度与意愿。

对人的交通行为调查主要有两种,一种是了解人们已经发生过的交通行为事实的 RP 调查,另一种是了解人们可能会倾向性选择交通行为态度与意愿的 SP 调查。20 世纪 70 年代起,SP 调查开始出现在交通行为分析中。交通领域中的 SP 调查主要是指通过问卷调查方式,收集信息,了解人们对交通行为与相关政策的倾向性态度与意愿的过程。

SP 调查特点主要体现在三个方面:

① 主观性与个体差异性。态度与意愿是一种主观感受,在同样的条件下,个体有较大的差异性。如一辆公交车的速度,有人觉得太慢了,有人觉得合适。

② 不可替代性。SP 调查不同于行为调查具有客观性,它是以主观感受为核心评价,同样的行为,个体感受不同,个体的表述具有唯一性。

③ 对问卷设计的技术要求较高。SP 调查表设计需要有较多的前期研究,才能相对真实地了解被调查者的意愿。如某区域人们对某一新交通方式的选择意愿与评价,问题设计应该建立在对该地区现有交通方式的了解以及人们对新的交通方式认识理解的基础上,否则,难以达到良好的调查效果。

(2) SP 调查设计的原则

在进行态度和意愿调查设计时,应遵循以下原则:

① 被调查者自愿参与。

② 调查不能对被调查者构成任何伤害。

③ 匿名和保密。

④ 客观性原则,不能对被调查者进行任何诱导和指向。

⑤ 尊重数据反映的结果,不论其结果是支持假设还是违反最初假设。

(3) SP 调查问卷设计的基本思路

① 要明确调查目的。调查目的是指该调查需要达到的目标,如了解现状与问题,了解问题产生的原因与影响因素等。例如要做某城市公共交通的使用情况与满意度调查,其主要目的是了解该城市市民对不同的公共交通方式使用现状与满意度评价,调查的结果应该能描述该城市公交使用现状的具体指标水平与满意度水平。

② 要确定调查的对象与范围。确定调查的对象是确定对什么类型的人做调查,它决定了问卷问题针对的目标;确定调查的范围主要是指在一定的空间和时间范围内对调查对象的限定。调查的对象与范围越明确,问卷设计的针对性越强。例如要做某一城市家用新燃料汽车使用意愿调查,可能调查对象需要包括该城市已经拥有家庭汽车和近期(一年内)打算购买家庭汽车的人,以这部分人作为调查总体,最终调查对象的人数确定通常通过抽样调查方式获得,并以抽样的人群数量代表总体。

③ 要确定调查的内容。调查内容是一份调查问卷的核心。对于 SP 调查问卷的内容而言,应该要明确需要了解哪些调查对象的背景资料和行为资料有助于准确地描述和分析研究调查对象的态度与意愿。通常调查内容至少应该包括三方面的资料收集:

a. 调查对象的背景资料,主要是指调查对象的性别、年龄、学历、职业和收入等情况,有些调查还需要了解更多的背景资料如是否拥有家庭轿车、家庭人口数等。

b. 调查对象的行为资料,如经常使用的交通工具、通常的出行时间等。人的态度与意愿与人的行为和经验有密切的关系,乘过高铁的人对高铁的使用意愿评价与未乘过高铁的人的评价信息价值不同,应该分类比较。一般而言,一定的交通行为是 SP 调查的基础。

c. 调查对象的态度与意愿资料。这部分问题是 SP 调查问卷的核心,需要聚焦调查目标,突出重点,通过合理的问题设计与答案设计,收集到必要的信息,满足调查需求。态度与意愿调查的内容并不是越多越好,因此,在问卷设计前应该多做些前期研究,以便在问卷中能设计出少而精的问题,满足调查研究的需求。

④要确定调查资料的分析统计方法。不同的分析统计方法对问卷的数量与数据结构有不同的要求,需要在问卷设计前确定调查资料的分析统计方法。如果要用"非集计模型"的多元 Logit 模型分析,需要有明确的倾向性选择问题设计;如果要对态度与意愿产生的原因进行分析,就应该适当地增加解释性问题与开放性的问题,并采用调查后再进行资料编码的方式,以提高问卷调查的资料的深度。

(4) SP 调查问卷设计方法与步骤

SP 调查问卷的设计主要分为五个步骤:

第一步:前期研究。需要在明确调查目标和对象特点的基础上,了解在相关问题中以往的调查研究常用的态度与意愿测量指标与方式,如交通选择方式评价中常用的时间、价格和舒适度等;不同调查需要的背景资料,以及与调查目标相关的态度与意愿主要受到哪些因素的影响,需要调查的态度与意愿怎样测量,被调查者的文化水平与知识结构对相关问题的理解水平等。通过前期研究形成基本的调查核心内容与问题。

第二步:建立问题大纲。建立问题大纲是指按照被调查者接受调查的过程,初步梳理一个需要调查的问题大纲,如某一份问卷需要了解五个被调查者背景资料问题、四个交通行为事实问题、三个交通选择意愿态度与意愿问题以及一个交通态度意愿选择的开放性问题等。

第三步:细化问题设计、答案变量与指标设计。细化问题设计与答案设计是保障问卷调查具有信度和效度的重要环节。信度(Reliability)指的是调查问卷测量数据的可靠性程度,即在类似条件下重复测量能否给出一致的和稳定的测量结果。效度(Validity)指的是问卷作为测量工具在反映所测量概念的真实含义方面的正确程度。每一个细化的问题都需要反复推敲,确保准确地表达,每一个问题答案的设计都应该是清晰的变量与明确的指标。如问题"你最近乘了几次公交?",其中的"最近"就属于不不明确的表达,可改为明确的上周;问题答案设计中几次也应该是可穷尽的和互斥的,包括所有类型,从最少到最多,通常用 0 次到某次以上分为若干类型来表达,具体的分类按照实际情况结合常用方式进行。

第四步:问题结构调整与答案设计的表达形式调整。通常一份问卷能容纳的内容是有限的,为了得到被调查对象的积极配合,无论是自填问卷还是问填问卷,问卷调查的时间最好控制在 20min 左右,因为调查的时间越长,调查质量越容易受到各种因素的影响。一些现场调查的问卷趋向于选择更短的问卷设计,便于调查实施。通常调查的问题结构安排是先易后难,先行为问题后态度问题,先封闭性回答的问题后开放性回答的问题等。问题的答案设计的表达形式也以便于被调查者填写或回答为原则。

第五步:问卷试调查与修改完善。在问卷设计完成之后,正式调查开始之前,应该进行试调查。试调查可用于检测调查设计的所有阶段和内容,如图 9-4 所示。利用试调查对调查的各个方面的工作进行评估和测试,可以有效保障数据的质量和准确性。试调查主要关注的问题包括:

①调查对象是否能理解问题的内容,若不能或不明确,应该修改问题表达方式与内容。

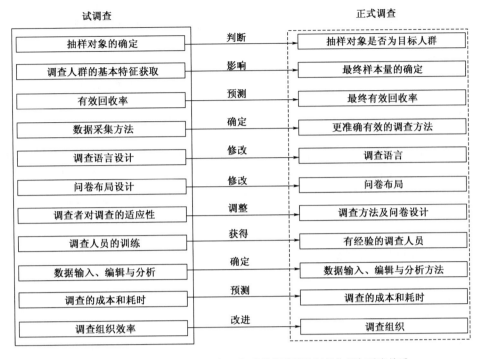

图9-4 试调查对正式调查设计、组织及数据质量控制的作用与对应关系

②调查对象对问题的回答是否在答案设计中基本涵盖或调查分类是否符合实际情况,若有问题应该修改答案设计。

③调查耗时是否符合计划的时间,尤其是针对不同文化程度与不同年龄的被调查者,通常问卷调查耗时更关注较低文化程度与较高年龄的被调查者完成问卷调查的时间。

④其他相关问题修改完善,如调查目的说明与填写方式说明、调查背景资料调整、需要增加问题等。

(5)调查质量控制

调查的质量控制主要表现为两个方面:一是数据的质;二是数据的量。数据的质主要由调查的方法和抽样的质量决定,调查的方法通过调查结构的设计和质量控制决定。而抽样的质量则包含了抽样的方法、架构和抽样的步骤等几个方面的因素。数据的量主要体现在每一个样本提供的信息量和样本数两个方面,每一个样本提供的信息量由问题的数量和问题的深度决定,而样本数由样本大小和有效样本回收率决定。

当调查采取随机抽样方法且总体数量较大时,可采取以下公式计算所需样本数量:

$$n = \left(\frac{z_{\alpha/2}s}{\Delta}\right)^2 \tag{9-1}$$

式中:n——所需最小样本量;

$z_{\alpha/2}$——对应于频率为 $\alpha/2$ 时,标准正态分布的临界值;工程中置信度$(1-\alpha)$常取95%,对应的临界值为1.96;

Δ——样本估计值的最大允许绝对误差;

s——总体中待估计变量的标准差。

式(9-1)中的 Δ 值由调查者根据调查精度要求确定,而 s 值需要借助历史数据或试调查数据估计得到。需要指出，以上的样本量计算公式仅适用于评估样本对于总体中某个变量的平均值估计的精度，而对于统计模型系数的估计精度而言，可借助试调查的数据来估算样本量，见下文"非集计模型的应用实例"。

在调查数据质量控制方面，试调查是极为重要的一环。虽然进行试调查并不能完全消除调查误差，但相比于没有开展试调查的调查项目，其调查带来的问题和误差要少得多。

三、出行行为分析理论

出行行为数据的分析技术分为集计模型和非集计模型两类。第六章的"四阶段"预测法，采用的是"集计模型"的处理方法：先将出行个体的出行量集计到交通分析小区，而后生成基于小区的 OD 出行矩阵，再将这些出行量转换成车辆数或公交乘客数，分配到交通网络上。"集计模型"以中长期交通需求预测为主，对政策等因素变化不敏感。"四阶段"模型存在无法容纳比较丰富的人群差异性，无法合理地反映同一出行者出行之间的时空关联性和出行方式的一致性等问题，因此较难考虑诸如道路拥挤收费、停车收费、公交补贴等近期交通需求管理措施的影响。

针对这些问题，"非集计模型"被引入并得到了广泛的应用。"非集计模型"直接将单个决策者作为研究对象，基于随机效用最大化原理，描述每个决策者的选择行为。在交通领域，"非集计模型"可应用于交通需求量的预测、政策评价、交通服务效益评价等。"非集计模型"的理论基础是基于随机效用最大化原理的离散选择模型，而最常用的离散选择模型是多元 Logit 模型。在微观经济学中，个体选择行为追求的目标常被假定为效用最大化，即在个人可支配资源的约束下，使个人需求和愿望得到最大限度的满足。随机效用的概念源于计量经济学针对随机经济变量的特点。多元 Logit 模型建立及参数估计参见第七章第三节。

1. 多元 Logit 模型的边际效应和弹性分析

模型中的系数反映了相应解释变量对于选择概率的影响，然而离散选择模型的系数解释不像线性回归模型的系数解释那么直观。因为在离散选择模型中，解释变量虽然线性地影响效用值，但对于选择概率的影响却是非线性的。因此，需要推导解释变量对于选择概率的边际效应，分为直接效应（Direct Effect）和交叉效应（Cross Effect）。

（1）直接效应

直接效应可以理解为选择者 n 选择选项 i 的概率随该选项的解释变量 z_{ni} 的变化率，可表示为：

$$\frac{\partial P_{ni}}{\partial z_{ni}} = \frac{\partial (e^{V_{ni}}/\sum_j e^{V_{nj}})}{\partial z_{ni}} = \frac{e^{V_{ni}}}{\sum_j e^{V_{nj}}} \frac{\partial V_{ni}}{\partial z_{ni}} - \frac{e^{V_{ni}}}{(\sum_j e^{V_{nj}})^2} e^{V_{ni}} \frac{\partial V_{ni}}{\partial z_{ni}}$$

$$= \frac{\partial V_{ni}}{\partial z_{ni}} (P_{ni} - P_{ni}^2) = \frac{\partial V_{ni}}{\partial z_{ni}} P_{ni} (1 - P_{ni})$$

如果 V_{ni} 采用解释变量线性组合的方式，且变量 z_{ni} 的系数为 β_z，那么：

$$\frac{\partial P_{ni}}{\partial z_{ni}} = \beta_z P_{ni}(1 - P_{ni}) \tag{9-2}$$

当选择选项 i 的概率 $P_{ni} = 0.5$ 时，$P_{ni} = 1 - P_{ni}$，此时直接效应最大；当 P_{ni} 接近于 0 或 1 时，

直接效应变小。

（2）交叉效应

交叉效应可以理解为选择者 n 选择选项 i 的概率随另一选项 j 的解释变量 z_{nj} 的变化率，可表示为：

$$\frac{\partial P_{ni}}{\partial z_{nj}} = \frac{\partial (e^{V_{ni}}/\sum_k e^{V_{nk}})}{\partial z_{nj}} = -\frac{e^{V_{ni}}}{(\sum_k e^{V_{nk}})^2} e^{V_{nj}} \frac{\partial V_{nj}}{\partial z_{nj}}$$

$$= -\frac{\partial V_{nj}}{\partial z_{nj}} P_{ni} P_{nj} = -\beta_z P_{ni} P_{nj} \tag{9-3}$$

若 z_{ni} 的系数 β_z 为正，z_{nj} 的增加将减少选择选项 j 以外的其他选项的概率。同时，交叉效应正比于选择选项 i 和 j 的概率值。

在需求分析中，弹性也常用于计量一个变量的改变将在多大程度上影响其他变量，用因变量的变化率与自变量的变化率之比来表示。所以，弹性是一个没有单位的数值。如果弹性值为 E，说明自变量中 1% 的改变会导致因变量中 $E\%$ 的改变。在选择模型中，因变量是选择概率，而自变量为某一解释变量，以下推导某解释变量对于选择概率的直接弹性（Direct Elasticity）和交叉弹性（Cross Elasticity）。

（1）直接弹性

选项 i 的选择概率 P_{ni} 相对于该选项的解释变量 z_{ni} 的直接弹性，可表示为：

$$E_{i,z_{ni}} = \frac{\partial P_{ni}/P_{ni}}{\partial z_{ni}/z_{ni}} = \frac{\partial P_{ni}}{\partial z_{ni}} \frac{z_{ni}}{P_{ni}} = \frac{\partial V_{ni}}{\partial z_{ni}} P_{ni}(1-P_{ni}) \frac{z_{ni}}{P_{ni}}$$

$$= \frac{\partial V_{ni}}{\partial z_{ni}} z_{ni}(1-P_{ni}) = \beta_z z_{ni}(1-P_{ni}) \tag{9-4}$$

（2）交叉弹性

选项 i 的选择概率 P_{ni} 相对于另一个选项 j 的解释变量 z_{nj} 的交叉弹性，可表示为：

$$E_{i,z_{nj}} = \frac{\partial P_{ni}/P_{ni}}{\partial z_{nj}/z_{nj}} = \frac{\partial P_{ni}}{\partial z_{nj}} \frac{z_{nj}}{P_{ni}} = -\frac{\partial V_{nj}}{\partial z_{nj}} z_{nj} P_{nj} = -\beta_z z_{nj} P_{nj} \tag{9-5}$$

因此，多元 Logit 模型给出的交叉弹性对于每一个选项来说是相等的，即选项 j 的解释变量的变化会对其他所有选项的选择概率带来等比例的变化。

【例 9-1】 结合【例 7-5】，计算地面公交等候时间对于小汽车、地铁和地面公交三种出行方式使用概率的边际效应和弹性。

解：将小汽车、地铁、地面公交等三种出行方式依次编号为 1、2、3，根据【例 7-5】的计算结果，$P_1 = P(\text{auto}) \approx 0.779$，$P_2 = P(\text{rail}) \approx 0.174$，$P_3 = P(\text{bus}) \approx 0.047$，计算交叉边际效应为：

$$\frac{\partial P_1}{\partial z_3} = -\beta_z P_1 P_3 = 0.15 \times 0.779 \times 0.047 = 0.0055$$

$$\frac{\partial P_2}{\partial z_3} = -\beta_z P_2 P_3 = 0.15 \times 0.174 \times 0.047 = 0.0012$$

计算直接边际效应为：

$$\frac{\partial P_3}{\partial z_3} = \beta_z P_3(1 - P_3) = -0.15 \times 0.047 \times (1 - 0.047) = -0.0067$$

计算交叉弹性为：

$$E_{1,z_3} = -\beta_z z_3 P_3 = 0.15 \times 10 \times 0.047 = 0.0705$$

$$E_{2,z_3} = -\beta_z z_3 P_3 = 0.15 \times 10 \times 0.047 = 0.0705$$

计算直接弹性为：

$$E_{3,z_3} = \beta_z z_3(1 - P_3) = -0.15 \times 10 \times (1 - 0.047) = -1.4295$$

根据边际效应计算结果，地面公交等候时间每增加1min，分别增加小汽车和地铁使用概率0.0055和0.0012，减少地面公交使用概率0.0067。如表9-1所示，边际效应总和为0。

边际效应和弹性计算结果汇总   表9-1

出行方式	小汽车	地铁	地面公交	总和
边际效应	0.0055	0.0012	-0.0067	0.0000
弹性	0.0705	0.0705	-1.4295	—

弹性分析结果显示，地面公交等候时间每增加1%，将导致地面公交使用概率减少1.4295%，同时使小汽车和地铁使用概率增加0.0705%。

2. 基于离散选择模型的市场预测

离散选择模型是在个体决策者层面上进行操作的，然而交通规划师和工程师往往对某些集计的总量感兴趣。譬如，需要评估停车收费政策将如何影响开车出行的市场份额，进而计算车流量的变化，但并不关心具体是哪些出行者的改变造成了这些变化。首先需要理解离散选择模型给出的选择概率值的意义。比如，在某个停车收费政策下，模型给出某个出行者选择开车方式的概率是p。如果这一类型的出行者总数为N，那么他们中每个人选择开车方式的概率都是p。当N足够大时，这个人群中选择开车方式的人的总数应该接近于$p \cdot N$。如果某个人群中的某个决策者n选择某个选项i的概率记作为$P_n(i)$，那么这个人群中选择选项i的总人数的期望值应该是$\sum_{n=1}^{N} P_n(i)$。在实际应用中，最常用的计算集计总量$T(i)$或市场份额$S(i)$的方法叫作样本枚举法，即通过某样本中每个决策者的每个选项的选择概率求和或平均来进行估计，即：

$$T(i) = \sum_{n=1}^{N} P_n(i) \tag{9-6}$$

或

$$S(i) = \frac{\sum_{n=1}^{N} P_n(i)}{N} \tag{9-7}$$

这个样本既可以是用于估计模型的样本，也可以是一个全新的样本。

3. 应用实例

以我国某城市完成的关于停车收费定价模型的研究为应用实例，展示非集计模型构建和应用的整个过程，包括问卷设计、试调查与样本量估算、正式调查与数据采集、模型估计、政策场景设计和模型预测等各个环节。

(1) 研究背景

某市处在城市化进程的高速发展时期，汽车保有量基数大且呈快速增长趋势，城市停车位的供需矛盾日益突出，尤其是高峰时段市中心区的停车位供需矛盾严重。在应对停车难的问题方面，市政府及相关部门已经做了大量工作，但是由于土地资源紧张，要在更多的土地上建停车位是不可行的，因此考虑采用经济手段来抑制停车位的需求，平衡供需关系。该研究的目的主要是针对市中心区停车位供需矛盾日渐突出的问题，探究通过经济手段缓解停车难的问题。

(2) 研究方法

以该市的某个商圈为例，基于非集计的 Logit 模型理论，通过调整停车收费，对市民到达该商圈的出行方式选择的影响进行分析，建立停车收费影响分析模型，希望通过调整停车收费，诱导市民出行方式由自驾转向公共交通，从而使该商圈停车难问题得到缓解。

(3) 模型参数与调查问卷设计

用于估计模型参数的数据来源于针对商圈附近到访者的问卷调查。问卷可分为 A、B、C 三个板块。A 板块为个人基本信息，收集受访者的性别、年龄、收入和私人小汽车等信息。B 板块为出行及停车特征，收集本次出行起点、目的、预计逗留时间、停车时长、费用等信息。C 板块为出行方式意愿调查，收集可能导致受访者放弃开车出行方式的停车费用、位置、难易程度等因素的变化以及将会选择的替代出行方式。

(4) 试调查与模型参数、样本量估计

现场实施试调查获得 200 份问卷。其中，选用私人小汽车出行方式的出行者有 74 个，公共交通方式的有 101 个，而其他出行方式的有 25 个。在实际选用公共交通出行方式的人中，有 61 人选择了可使用私人小汽车方式完成本次出行。由于主要研究私人小汽车和公共交通这两项出行方式，同时需要考虑真正有条件使用私人小汽车的出行者的出行方式选择行为。因此，需要选取 74 个私人小汽车使用者和 61 个可能使用私人小汽车的公共交通使用者，合并形成样本，用以估计二元方式选择模型的系数。

在效用方程中需要设置出行时间和费用等解释变量。同时，应用电子地图软件，根据调查问卷得到出行起点的位置，计算使用私人小汽车和公共交通等方式达到商圈需要的出行时间和距离。而后，可根据距离估计汽油费、公共交通费用等，根据在商圈的预计停留时间和停车费率，估计停车费用。初步模型估计结果中，关键变量停车费用的系数为 -0.293，标准差为 0.532，t 检验值为 0.551，未达到 1.96 的显著标准。根据 t 检验值与样本量平方根成正比的关系，推算得到样本量需要增加至约 2531 $[\approx(1.96 \div 0.551)^2 \times 200]$ 才能得到显著的估计结果。

(5) 正式调查与模型标定

在试调查结果的指导下，增加调查样本量，最终得到有效问卷 2536 份。其中，选用私人小汽车出行方式的出行者有 956 个，公共交通方式的有 1258 个，而其他出行方式的有 322 个。在实际选用公共交通出行方式的人中，有 745 人选择了可使用私人小汽车方式完成本次出行。模型估计结果显示所有解释变量的系数均通过显著性检验，得到的效用方程如下：

$$V_{公交} = 0.71 - 0.029 \times 公交车行程时间(\min) - 0.334 \times 公交车费用(元)$$

$V_{私人小汽车} = -0.038 \times$ 私人小汽车行程时间(min) $- 0.556 \times$ 汽油费(元) $- 0.253 \times$ 停车费(元)

由于 $V_{私人小汽车}$ 中包含停车费的解释变量,当停车费用发生变化时,样本中的每个出行者选择私人小汽车的概率都会发生变化,最终导致集计的市场份额发生变化。如前所述,若要应用非集计模型预测市场份额的变化,不能脱离一个能够代表被研究人群的样本。而这个研究中,用于模型估计的样本是在商圈附近随机抽取的到访者,应该可以很好地代表商圈附近的所有到访者。所以,可以在样本中应用 Logit 模型,计算私人小汽车市场份额的变化。

具体做法分两步:第一步,先将样本中观察到的每个出行者 n 的各个解释变量值代入效用方程,计算每个出行者选择私人小汽车的概率,即 $P_n(私人小汽车) = \frac{e^{V_{私人小汽车}}}{e^{V_{私人小汽车}} + e^{V_{公交}}}$。再计算初始的市场份额,$S(私人小汽车) = \frac{\sum_{n=1}^{N} P_n(私人小汽车)}{N}$,$N$ 为总人数(该案例中,为 2536)。

第二步,更新停车费率,更新每个出行者的停车费用,而后重新计算选择私人小汽车的概率 $P'_n(私人小汽车)$ 和新的市场份额 $S'(私人小汽车) = \frac{\sum_{n=1}^{N} P'_n(私人小汽车)}{N}$。最后,可以计算得出市场份额的变化 $\Delta S = S'(私人小汽车) - S(私人小汽车)$。

(6)政策场景测试与模型预测

当前平均停车收费率为 5 元/h,研究中测试了四种政策场景,即将停车费率分别增加到 8 元/h、10 元/h、12 元/h 和 20 元/h。针对四种政策场景,模型预测小汽车向公共交通转移的比例分别为 0.7%、2.2%、4.1% 和 6.5%。停车费用上调政策期望可以转移超过 2% 的小汽车市场份额,所以研究最终得出的收费管理建议是近期将商圈附近的停车费率上涨到 10 元/h,暂时缓解商圈附近的停车供需矛盾。

第三节 交通需求管理实施策略与典型措施机理

一、实施策略

TDM 实施策略的主要目的是尽量减少出行的产生,通过交通与土地协调开发模式、交通政策等对交通发生源进行调整。在出行分布阶段,TDM 的目的是在空间层面促进供需平衡,主要策略是对城市土地利用类型的分布加以控制,通过调整用地性质、开发强度、分布等减少或均衡交通需求。

在出行方式选择阶段,TDM 的目的是使个人机动化出行向集约化公共交通出行转换,主要策略是实施刺激或者抑制某些交通方式的政策,使出行方式发生转变,例如汽车合乘、限制私人小汽车进入市区、改善换乘设施,促使出行者向高容量的公交系统转移。

在交通分配阶段,TDM 实施策略目的是从空间与时间上均衡交通流,主要策略是采用先进的信息技术向出行者提供实时交通信息,或通过强制收费或限行措施,使出行者改变原来出行时段或路径,达到缓解拥堵的目的。

如表 9-2 所示为交通需求管理实施策略分解。

交通需求管理实施策略分解表 表 9-2

交通产生与分布阶段	主要实施策略		
	土地利用管理	交通出行替代	限制机动车拥有和使用
相应措施	TOD 开发(Transit-oriented Development); 混合用地布局优化; 站点综合开发; ……	网络办公、电话会议; 居家工作/电子通勤; 网购; ……	道路拥挤收费; 停车管理及收费; 车辆通行限制; 车辆牌照管理; ……
交通方式选择与网络分配阶段	主要实施策略		
	增加/鼓励其他交通方式		调整机动车时空分布
相应措施	公共交通优先; 小汽车合乘; 停车换乘; 共享小汽车; 共享单车; ……	鼓励步行和骑车; 高占有率车道(HOV); 公交专用道/路; 通勤财政补贴; 班车、校车; ……	错时上下班; 弹性上班制; 交通信息发布; 智能交通控制、诱导、调度; 区域或道路分车种分时段限行; ……

二、交通需求管理措施组合

1. 交通需求管理措施实施成败的关键环节

每一项 TDM 措施都有其自身特点,实施交通需求管理不仅需要详尽的设计和技术分析,而且需要进行有效的社会沟通和动员。从国内外实施经验来看,以下环节决定了交通需求管理措施组合实施的成败:

(1)公众支持是 TDM 实施的有效保障。TDM(TDM)政策的实施,往往会招致各方的争议,公众的接受度是实施过程中重要的考虑因素。公众对 TDM 措施的可接受性可以从五个方面评估:

①认知性,衡量公众对 TDM 措施的认知程度。

②态度,衡量公众支持 TDM 措施的程度。

③参与性,衡量公众参与 TDM 措施的程度,例如是否愿意选择合乘,是否愿意使用共享交通工具等。

④满意度,衡量公众是否满意 TDM 措施以及程度如何。

⑤适应性,为了适应新的 TDM 措施,公众改变以往交通行为的程度。

实际操作中可针对各项措施的可接受性,结合 SP/RP 调查数据,建模和听取公众、专家意见进行综合分析。

对雅典(Athens)、马德里(Madrid)、科摩(Como)、利兹(Leeds)、约克角(York)和格拉茨(Graz)6 个城市的 1459 个样本进行的 TDM 政策公众支持调查结果显示,拥挤收费是公众难以接受的措施,如图 9-5 所示。美国西雅图(Seattle)组织的 TDM 措施公众调查和讨论中发现,很多人都不能把 TDM 作为一个统一的标准来看待,特别是对于公交优先并限制小汽车使用方面的策略,公众认为自己的出行方式是被迫改变的。

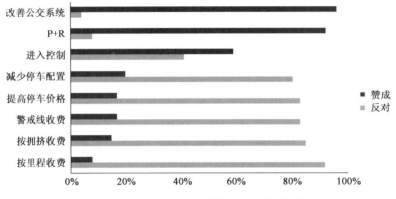

图 9-5 对 TDM 政策公众支持调查结果

(2)注重 TDM 实施的社会公平性,协调不同群体之间的利益。TDM 政策实施的本质是对不同出行者利益的再分配。在"效率优先,兼顾公平"的基本原则上,分析需求管理政策的公平性对于合理地进行政策设计非常重要,而这一工作的基础,是需要确切判断具体 TDM 政策所涉及的社会人群结构,以及对于不同类型人群所产生的影响程度。

(3)注意 TDM 实施的政策财政负担,引导公交市场化运作。公交补贴、公交票价降低、公交换乘优惠、加强公共交通网络建设(特别是轨道交通建设)、实施区域交通拥挤收费都需要巨额的财政支持,这将增加政府的财政负担。政府必须明确各种政策下如何使用有效的财政补贴政策,引入竞争机制,引导公交市场化运作。量化分析各种政策下的方式分担和客流需求,是为政府提供决策依据的最基本工作。

(4)强调 TDM 策略的组合实施。国内外实践经验表明,仅依靠单项 TDM 措施难以取得满意的效果,TDM 策略的组合实施,可以比单项 TDM 措施进行简单叠加取得更好的效果。

2. 交通需求管理方案形成与实施工作步骤

针对 TDM 方案多目标多约束的特点,主要采取以下步骤形成比选方案并进行筛选:

(1)考虑实施公平性、经济性、实施效益、可接受性等指标,进行综合分析,对适合的 TDM 措施进行远近期排序。

(2)考虑各项 TDM 措施实施力度,确定各种近远期可实施的初选方案组合。

(3)提出近远期可实施的 TDM 措施组合的 N 种比选方案。

(4)利用建模技术和模拟分析技术,分析不同组合方案下的运行情况。

(5)比较各种组合比选方案的运行指标、经济指标、能源环境指标、社会效益指标,确定满足约束条件的最优推荐方案。

三、机动车限行限购措施

机动车拥有调控政策可分为行政管制的增长总量控制和基于高额拥有成本的市场调节机制两类;使用调控可分为行政性的限行措施和基于价格机制的收费调控措施两类。新加坡是除我国之外唯一对机动车拥有增长实行总量行政管制的国家,同时实行基于交通网络动态运行状况的机动车区域通行费征收措施。基于价格手段(如燃油税、拥堵费或排放费、停车价格等)调控,是通过提高拥有成本和使用成本、抑制机动车拥有和使用的快速增长,根据居民购买需求、支付能力、意愿与使用成本之间的市场供求关系,调节机动车使用频率、区域和时间的分布。伦敦、罗马、斯德哥尔摩实行基于价格机制的拥堵费、排污费等调控措施,对城市特定区域进行交通需求管理和环境改善治理。

国内大城市在控制小汽车拥有和使用的过程中,一般对机动车采用限购、限行的"两限"政策,包括:牌照拍卖制、车牌控量摇号制、拍牌+摇号制、小汽车通行管制(包括区域限行和时段限行,如单双号限行、尾号限行、外地牌照局部区域或道路限行措施)。除了牌照拍卖以外,其余措施均属于行政手段。国内各城市小汽车拥有和使用控制的措施如表9-3所示。

国内各城市小汽车拥有和使用控制的措施　　　　表9-3

城市	拥有管制	使用管理
北京	摇号。车牌类型及数量控制	限号:本地车牌尾号限行、外牌车区域禁行等措施
上海	拍卖。本地牌照(除沪C牌*)出价规则调整、价格变化等	外地车辆高架高峰限行、沪C车辆限行区域、停车收费政策
广州	摇号+拍卖。分类车牌数量、价格水平等	外牌车辆限行等
杭州	摇号+拍卖	外牌车辆限行的区域与时段设计等。如西湖风景区的周末限号
深圳	摇号+拍卖	停车费用措施:停车分区、政策设计、费用水平、管理规制
贵阳	特定区域通行权的牌照限制	外牌车辆不能连续在市区使用

注:*上海悬挂沪C牌照的车辆行驶区域是有一定限制的,只能在外环以外区域行驶。
　　表中所列城市的小汽车拥有和使用控制措施均是截至2016年的实施情况。

上海实行小汽车牌照拍卖政策至今,小汽车拥有量增速明显减缓,图9-6给出了上海不实施小汽车牌照拍卖政策的自然增长曲线和实施该政策后的小汽车实际增长曲线。可以看出,如果没有实施小汽车牌照拍卖政策,2015年每百人小汽车拥有量将接近29.3辆,约是实际拍牌车辆数值10.6辆的2.8倍。因此1994年以来的牌照拍卖政策对于减缓上海小汽车机动化速度量具有非常重要的作用。但是,2015年上海拍卖获得牌照的小汽车拥有量已经达到250万辆;并且受牌照拍卖难度增加等因素影响,外牌车辆和沪C牌照车辆(不参加牌照拍卖,只能在外环以外地区行驶)增速加快,在道路网络供给增长量极其有限条件下,牌照拍卖政策对于缓解交通拥堵的边际效率加速递减。因此《上海市交通发展白皮书》(2013版)指出,在完善小汽车牌照额度拍卖政策的同时,适时出台小汽车牌照额度有期限使用以及加强小汽车使用调控等系列政策建议,同时持续提高公共交通服务水平,从根本上实现交通时—空资源的集约化利用。

值得注意的是,当城市人均车辆保有量已经达到一定水平,道路交通网络交通量接近或达到饱和状态,再实施限购政策时,其公平性、合法性均会受到质疑。因此,2016年7月交通运输部印发的《城市公共交通"十三五"发展纲要》中提出,要根据城市交通状况,适时研究推进城市交通拥堵收费政策;谨慎采取机动车限购、限行的"两限"政策,避免"两限"政策常态化,已经实行的城市,适时研究建立必需的配套政策或替代措施。

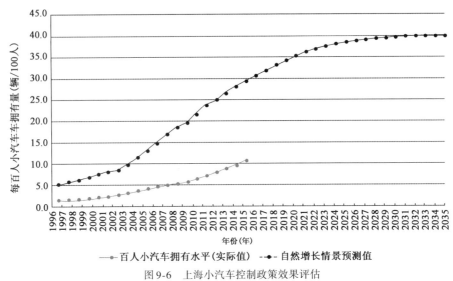

图 9-6 上海小汽车控制政策效果评估

四、拥挤收费机理与政策

1. 拥挤收费概念

城市道路拥挤收费（Congestion Pricing）是指在考虑出行者路径选择和时间选择行为的基础上，在交通拥挤时段对部分区域道路使用者收取一定的费用，使出行者不得不做出选择：第一，不出行或改选其他路线或时段出行；第二，改变出行方式选择（由私人小汽车变为公共交通）；第三，不改变出行选择但需支付额外费用。前两种出行选择都可以大大降低拥挤路段的交通量，而后一种出行选择所得来的资金可用于城市公共交通基础设施建设和公交服务水平的提高。需要说明的是，与一般道路收费（例如高速公路通行费）用于补偿成本支出不同，拥挤收费的主要目的是利用价格机制来调节城市道路交通出行需求、调整出行路径、调节交通量的时空分布。通过道路拥挤收费还可以有效促进交通方式向公交系统转移，抑制小汽车交通量的增加。

收费区域划定：拥挤收费既可以应用于单条道路上，如美国加州的 91 号高速公路；也可以作用于一个划定的区域，如伦敦和斯德哥尔摩。

收费对象：结合不同的项目有所区别。一般来说，拥挤收费主要作用于社会车辆和运营车辆；洛杉矶的港口采用拥挤收费的对象则是集装箱卡车，期望通过减少集装箱卡车的数量来减少进出港口的货运车辆。

收费形式：伦敦、斯德哥尔摩和挪威的城市基本都采用了电子收费的形式，这种形式初期投入高，但避免支付人工费用，同时车辆经过收费站无须停车，避免了由收费本身引起的交通问题。

作用效果：伦敦和斯德哥尔摩的拥挤收费收到了较明显的效果，实施初年交通量分别降低了 14% 和 21%。值得注意的是，收费区域交通量的变化不仅与拥挤收费政策有关，还跟中心城区的土地利用、公共交通的发展相关，因此不能仅通过交通量的变化来评价拥挤收费的效果。

2. 拥挤收费机理

交通拥挤收费的理论基础是经济学中的边际成本定价原理。该原理认为，为使整个道路系统得到最有效的利用，行驶在拥挤路段上的用户应支付一定的费用，才能抵消它所产生的外部不经济。收取费用的大小等于社会边际成本和私人边际成本之差，如图 9-1 所示。通过对拥挤路段上的用户征收这样的通行费来修正其对出行费用的错误感知,以保证用户在做出决策时考虑自己的出行强加给其他用户的外部不经济性。

当考虑拥挤效应时,两者无法同时实现,即从出行者角度出发的 UE 无法达到系统角度出发的 SO,系统角度的 SO 对出行者而言不具有最优性。那么是否可以通过交通管理和政策措施尽可能拉近 UE 与 SO 之间的距离?

Walter(1961)定量研究了道路拥挤的外部效果,提出短期拥挤边际成本定价方法,建立了交通拥挤收费模型。设每一单位交通量出行成本为 C,路段上的交通量为 x_a,二者之间的函数关系为:

$$C = f(x_a) \qquad (9\text{-}8)$$

因此,交通量为 x_a 时的总出行成本 TC 为:

$$TC = x_a C = x_a f(x_a) \qquad (9\text{-}9)$$

为求得交通量增加对总成本的影响,上式对 x_a 求微分,得到的边际社会成本 MSC:

$$\frac{d(TC)}{dx_a} = f(x_a) + x_a \frac{df(x_a)}{dx_a} \qquad (9\text{-}10)$$

采用上述基本模型,通过例题介绍如何采用边际收费实现用户均衡向系统均衡的转化。

【例 9-2】 如图 9-7 所示,一 OD 对由两条平行路段连接,OD 出行量为 8 个单位,两路段的路段行程时间函数分别为:$t_1 = 10 + 2x_1$ 和 $t_2 = 5 + x_2$。

当达到 UE 状态时,可求得两路段的流量分别为 $x_1 = 1$、$x_2 = 7$,两路段的平均行程时间相等,即 $t_1 = t_2 = 12$。此时的系统总行程时间为 $12 \times 8 = 96$。

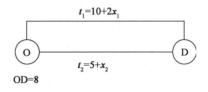

图 9-7 连接 OD 对的两条路段图

当达到 SO 状态时,可求得两路段的流量分别为 $x_1 = 1.83$、$x_2 = 6.17$,两路段的平均行程时间不相等,$t_1 = 13.66$,$t_2 = 11.17$(即不会自然达到 UE 状态)。此时的系统总行程时间为 $1.83 \times 13.66 + 6.17 \times 11.17 = 93.9$,小于 UE 状态下的系统总行程时间 96。

当进行边际收费时,收费额度为边际时间成本与平均时间成本的差值。

路段 1 的边际时间成本为:

$$\frac{d[t_1(x_1) \cdot x_1]}{dx_1} = \frac{d[(10 + 2x_1) \cdot x_1]}{dx_1} = 10 + 4x_1 = \underbrace{10 + 2x_1}_{\text{平均时间}} + \underbrace{2x_1}_{\text{收费}}$$

路段 2 的边际时间成本为:

$$\frac{d[t_2(x_2) \cdot x_2]}{dx_2} = \frac{d[(5 + 2x_2) \cdot x_2]}{dx_2} = 5 + 2x_2 = \underbrace{5 + x_2}_{\text{平均时间}} + \underbrace{x_2}_{\text{收费}}$$

此时,出行者在选择最优路径时,需要同时考虑平均时间和收费额度这两个因素,因此,边际时间成本也可视为考虑这两种因素的广义费用。基于广义费用的 UE 状态为:

$$10 + 4x_1 = 5 + 2x_2 = 5 + 2(8 - x_1)$$

即 $x_1 = 1.83$、$x_2 = 6.17$,对应的系统总行程时间最小,为 93.9;而用户在两路段上的广义费用相等,为 17.32(表 9-4)。因此,边际收费既实现了 SO,也实现了基于广义费用的 UE。

计 算 结 果　　　　　　　　　表9-4

路段	UE		SO			
	流量	平均时间	流量	平均时间	收费	边际成本
1	1	12	1.83	13.66	3.66	17.32
2	7	12	6.17	11.17	6.16	17.32

注：表中的收费是广义费用，相当于时间的增长，可由时间与费用的换算关系得到。

上述以理论模型为基础的最优拥挤定价已被广泛地应用到路网收费系统模型和评价当中，并由此产生路段收费和路径收费两种方式。在理论模型的基础上已推导出具有弹性需求和容量约束的交通网络收费模型、多路径混合交通网络收费模型和多类型用户交通网络收费模型等。

3. 国内城市实施拥挤收费政策面临的问题

拥挤收费是TDM措施中比较具有争议的一种，将该理论投入实践的城市仅有新加坡、伦敦、斯德哥尔摩等少数城市。近年来国内多个城市都开始关注拥挤收费政策，并研究拥挤收费在各个城市实施的可行性，但目前还没有城市将其付诸实践。

上海在编制《上海市交通发展白皮书》(2002年版)时就开展过拥堵收费的研究，是我国较早开展拥挤收费研究的城市。该轮研究的重点是拥挤收费的必要性和实施时机的论证。上海市于2004年又开展了第二轮拥挤收费政策研究，重点在于收费技术选取和收费区域设置，研究跟踪了各类收费技术，在当时情况下形成了 $21km^2$ 和 $44km^2$ 两个收费方案，并对项目效益、费用、政策和社会影响进行了初步分析和评价。2006年上海启动第三轮交通拥挤收费研究，考虑通过拥挤收费政策来替代已经实施的小客车额度拍卖政策，由小客车的拥有管理向小客车的使用管理过渡。研究形成了多套拥挤收费区域的方案，对收费费率、收费区域和收费技术等进行了较为全面的研究，并实地测试了采用牌照识别系统进行拥挤收费的可行性。但是，上海推行拥挤收费存在以下五个方面的困难：

(1) 拥挤收费的法律依据支撑不足。关于城市道路的收费政策，出现在《城市道路管理条例》第19条，其中明确了城市道路中利用贷款或者集资建设的大型桥梁、隧道等，可以在一定期限内向过往车辆收取通行费，用于偿还贷款或者集资款，不得挪作他用。也就是说对于非贷款道路征收通行费没有法律支撑。而对于根据道路交通拥堵状况，交通管理部门可以采取的措施，在《道路交通安全法》第39条规定"公安机关管理部门根据道路和交通流量的具体情况，可以对机动车、非机动车、行人采取疏导、限制通行、禁止通行等措施"，这其中不包括收费政策。从目前来看，我国实行拥挤收费还没有充足的法律支撑。

(2) 实施拥挤收费的民意基础和社会氛围较差。首先，对于拥挤收费与既有税费(如燃油税、小客车额度拍卖费)的关系，以及拥挤收费对于市民出行的公平性的影响，公众还难以接受。其次，我国仍处于小客车普及阶段，市民还没有形成节制使用小客车、促进节能减排的自主意识。

(3) 对于城市决策层，"限牌"较"拥挤收费"更容易实施。上海、北京、广州、杭州、天津、深圳等城市陆续出台了本地小客车额度管控和外地车辆限行政策，更多城市在研究仿效。本地小客车额度管控和外地车辆限行的政策可操作性强，需要研究和考虑的问题相对较少，且因为有多个特大城市已经实施，对于跟随实施的城市管理者所需要承担的政治风险和社会风险相对较小。拥挤收费若在国内实施，仍需要研究法律依据、收费对象、收费道路(区域)、收费费率、收费技术、收费区域内部车辆管理、外地车辆收费办法、收费区和非收费区的商业影响、执法手段等一系列的问题。需要城市决策者具有更大的政治勇气、更周密的考虑和更强的执行能力。

(4) 实施拥挤收费的技术基础还有待改善。拥挤收费政策可采用车牌识别和电子标签两种技术。车牌识别技术存在一定的识别误差率,需要人工核对,系统维护成本高。电子标签技术误差小,系统运行成本低,但需要所有的车辆安装电子标签,然后通过建设电子围栏实行拥挤收费即可,在技术上可操作性更强。但是,目前我国尚未全面实施电子车牌,若采用车牌识别系统进行收费,收费系统运行成本会较高。按照伦敦的比例,可能有一半的拥挤收费收入用于收费系统自身的运行。

(5) 公共交通等替代交通方式还有较大的完善空间。拥挤收费需要改变人们的出行方式和出行行为,不是杜绝出行。因此,在实施拥挤收费政策的同时,需要提供良好的公共交通等替代方式。当前公共交通仍处于快速发展期间,公共交通的可达性、可靠性、舒适性等均有较大改善空间,诸多城市尚未形成实施拥挤收费政策所需的发达公共交通系统。

五、停车管理与收费机理

停车管理是对路上停车及路外停车进行管理,这对减少局部区域的交通量、减少交通事故、保障道路行车秩序十分重要。

1. 路上停车管理

路上停车管理主要包括限制停车时间和限制停车地点管理。

(1) 限制停车时间管理。一般在停车周转率高的地方或有车辆等待停车的地方限制停车时间。限制停车时间的规定要视具体情况而定,在市中心区可限制在 1h 以内,邻近市中心地区,限时可放宽为 2h。

(2) 限制停车地点管理。凡停车会影响交通安全与通畅的地点,均应禁止路上停车。例如人行道、桥梁、隧道内不准车辆停放,在距交叉口、车辆进出口、消防栓、信号灯、停车标志、让路标志等一定距离内的路边不准车辆停放。

2. 路外停车管理

《中华人民共和国道路交通安全法》规定新建、改建、扩建的公共建筑、商业街区、居住区、大中型建筑等,应当配建、增建停车场;停车泊位不足的,应当及时改建或扩建。因此,各类建筑工程的停车配建标准的制定与管理非常重要。

3. 停车诱导管理系统

城市中停车泊位供应不足与停车泊位未充分使用并存现象,促使停车诱导管理系统(Parking Guidance Information System)广泛应用。停车诱导管理系统是通过交通信息显示板、无线通信设备等方式向驾驶员提供停车场的位置、使用状况、诱导线路、停车场周边交通管制和交通拥堵状况的服务系统。该系统对于提高停车设施使用率、减少由于寻找停车场而产生的道路交通量、减少因为停车造成的等待时间、提高整个交通系统的效率有重要的作用。

4. 停车收费管理

停车收费(Parking Pricing)是通过对停车设施的使用者征收费用,来改变出行者使用时段、出行者出行方式、出行目的地等。在交通拥挤的区域，根据对交通流量的监控，可以对不同片区、时段、路外停车场库、路内停车泊位实施不同的停车费率，从而调节停车需求在时间与空间上的分布，达到平衡停车供需的目的。

5. 停车收费机理

从边际成本定价原理出发，停车收费是在对一定区域内的停车设施的充分利用下，对有停车需求的交通出行者征收费用，造成个人边际成本的增大，使得交通出行者放弃原有的交通出行方式，以达到缓解区域交通压力与合理利用停车设施的目的。

如果某区域停车费用较低，使出行者的出行希望效用（承担能力）大于出行成本（边际个人成本），就会造成过多的小汽车交通涌入该区域，过多的交通出行造成了区域交通路网压力增加，整体运行效率降低，形成"负外部效应"。

停车收费上调机制的作用是上调该区域停车设施费率，从而将小汽车出行者所带来的"负外部效应"内部化，即补偿了该区域停车的社会成本和交通拥挤的外部成本，缓解区域的交通拥挤。

习题

9-1 从火车站到市中心可使用出租车、地铁和地面公交三种交通方式。如乘坐出租车，需要花费20元，需要15min；乘坐地铁需花费5元，需要30min；而乘坐地面公交车仅需花费2元，但需要45min。三种交通方式的效用方程如下：

$$V_{taxi} = 0.5 - 0.02 \times \text{Time}_{auto}(\text{min}) - 0.10 \times \text{Cost}_{taxi}(元)$$

$$V_{rail} = 0.3 - 0.03 \times \text{Time}_{rail}(\text{min}) - 0.10 \times \text{Cost}_{rail}(元)$$

$$V_{bus} = -0.04 \times \text{Time}_{bus}(\text{min}) - 0.10 \times \text{Cost}_{bus}(元)$$

式中：V——不同方式的效用函数；

Cost——支出的货币费用（元）；

Time——车内时间（min）；

taxi、rail、bus——出租车、地铁和地面公交三种交通方式。

（1）在这种情况下，分别计算使用出租车、地铁和地面公交的概率。

（2）计算出租车的费用对于出租车、地铁和地面公交三种出行方式使用概率的边际效应和弹性。

9-2 某市采用电子收费的路内停车泊位有2万个，采用如表9-5所示的收费标准；社会公共停车场的停车泊位有33万个。对在路内停车泊位停车的驾驶员开展停车费率上调的问卷调查，调查数据建模得到如图9-8所示的收费标准上调-开车者放弃开车的概率曲线。目前小汽车出行占全方式出行比例为20%，请分析在该市继续上调路内停车泊位收费标准对全市的小汽车驾驶员出行行为改变的可能性。

路内停车泊位收费标准　　　　　　　　　表9-5

时段		收费标准(元/0.5h)					
		一类区域			二类区域		
		首0.5h	首0.5h后~首3h	首3h后	首0.5h	首0.5h后~首3h	首3h后
工作日	白天(7:30—20:00)	3	6	10	1.8	3.6	6
非工作日	白天(10:00—20:00)	1.2	2.4	4	0.9	1.5	2.5
晚上(其余时段)		免费					

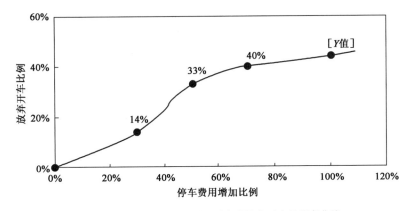

图9-8　收费标准上调-开车者放弃开车的概率曲线

9-3　某市的中心区域,经观测得知进出该区域的高峰小时汽车流量为25000辆,双向基本平衡,交通十分拥挤;该区域共有各类停车泊位1200个,已近饱和(平均每车的停放时间为60min)。为缓解交通紧张状况,提出了三个解决方案:

(1)对该区域实行交通需求控制,如单双号通行制度。

(2)减少停车泊位或提高停车收费标准,以减少交通吸引。

(3)在该区域外围修建较高标准的环路。

论述上述三个方案的可能产生的作用和代价,并给出你的建议方案和理由。

第十章 道路交通安全

第一节 道路交通安全概论

一、研究道路交通安全的意义

历史上有记载的第一次汽车交通事故致死的事件发生于1899年;以后的80年里,全世界死于车祸的约有2000万人,比第一次世界大战死亡人数(1700万人)还多,也超过了第二次世界大战死亡人数(3760万人)的一半。

依据世界卫生组织(World Health Organization,简称WHO)《2015年全球道路安全现状报告》,目前每年大约有125万人死于道路交通事故,道路交通事故位列全球第八大致死原因,是全球15~29岁人群的首要致死原因。若不采取措施,至2030年,道路交通事故将成为全球第五大致死原因。因此,道路交通安全已成为当今社会普遍关注的重大研究方向。

根据世界卫生组织统计的2013年世界各国道路交通事故死亡人数(平均每10万辆机动车),目前我国道路交通安全水平与发达国家相比有较大差距;北欧(芬兰、瑞典等国)交通安全水平较高,10万车死亡人数在5以下;我国10万车死亡人数为25.16,在发展中国家处居中水平,与欧美发达国家差距较大(表10-1)。

道路交通事故 10 万车死亡人数对比　　　　　　　　　表 10-1

国家	死亡人数/机动车保有量(10 万)	国家	死亡人数/机动车保有量(10 万)
芬兰	4.40	加拿大	9.29
瑞典	4.73	比利时	10.35
英国	4.97	美国	12.34
挪威	5.09	新加坡	16.32
西班牙	5.15	韩国	22.00
荷兰	5.93	中国	25.16
日本	6.21	巴西	50.32
德国	6.37	俄罗斯	53.39
意大利	6.60	伊朗	66.98
澳大利亚	6.94	印度	86.26
法国	7.64	南非	139.27

安全是交通系统构建与发展的首要核心目标；考虑到交通规划对塑造交通系统的深刻影响，安全应该在规划阶段就得到足够的重视和充分的考虑，例如为交通系统制定安全发展的目标、进行交通规划的安全评估等；在交通设施设计、运行控制阶段，则需要充分考虑交通设施设计的安全要素，对车辆、行人、非机动车等交通参与者进行组织、调控均以减少交通冲突、保障通行秩序、确保运行安全为目的。因此，道路交通安全涉及交通规划、设施设计、交通控制、交通管理、交通行为、安全教育等多方面。

二、道路交通事故的定义

1. 道路交通事故

《中华人民共和国道路交通安全法》第 119 条第 5 项规定，道路交通事故是指车辆在道路上的行驶途中因过错或者意外造成的人身伤亡或者财产损失的事件。美国《道路交通事故分类手册》(Manual on Classification of Motor Vehicle Traffic Accidents，简称 MCMVTA)中将道路交通事故定义为车辆在道路上造成人身伤亡或财产损失的事件，且强调一方必须是道路上的车辆，不是由枪支或爆炸装置引起的，不是由自然灾害引起。

2. 道路交通事故的死亡及受伤标准

(1) 道路交通事故的死亡时间

国际上针对道路交通事故的人员死亡时间，即事故发生后的存活期推荐的时间为 30d；道路交通事故的受害死亡人员含当场死亡的或受伤 30d 内抢救无效死亡的人员。但部分国家也采用更短的期限，比如我国对道路交通事故死亡时间的规定是 7d，意大利同规定为 7d，法国为 6d，希腊、奥地利为 3d，日本、西班牙为 1d。

(2) 道路交通事故的受伤严重程度分类

道路交通事故除造成人员死亡外，对人体造成的伤害按严重程度划分为重伤和轻伤。

事故造成人体的重伤主要指下列情况：

①使人肢体残疾或者毁人容貌的。

②使人丧失听觉、视觉或者其他器官功能的。

③其他对人体健康有重大伤害的。

事故造成人体的轻伤是指表皮挫裂、皮下溢血和轻度脑震荡等情况。

我国对因道路交通事故造成的人体重伤、轻伤程度判定具体确定需按最高人民法院、最高人民检察院、公安部、国家安全部、司法部联合发布的《人体损伤程度鉴定标准》(司发通〔2013〕146号)执行。

三、交通事故的一般规律

道路交通事故在时间、地点、交通方式与车种、人员等各领域的分布是随机的,但通过长时间、全范围的事故数据统计分析可以发现一定的规律,这对于防止与减少事故的发生、采取防护与管理措施具有十分重要的意义。

1. 时间分布

一年中,运输量大的繁忙季节事故数上升,而在运输淡季则事故数下降。一周中事故数也稍有变化,在国外是周六、周日事故数量增多,因假日休息外出游玩者多,交通量大;我国周六、周日事故数下降,绝大多数交通事故发生在白天,但死亡事故多发生于18~21时。

2. 地点分布

我国城市中的交通事故在总量分布中逐年增加,公路交通事故在总量分布中逐年下降。国外交通事故50%以上发生在交叉口。国内约18%的死亡事故发生于交叉口、匝道口,其余绝大部分死亡事故发生于道路路段。

3. 人员分布

事故死亡人数主要包括机动车驾驶员、非机动车骑行者、行人等。从2015年全国交通事故肇事所致死亡人数分布比重看,机动车驾驶员占较高比例,约为91%;非机动车骑车者与行人占较低比例,分别各占7%和2%。世界卫生组织《道路安全全球现状报告2013》指出,全球道路交通死亡者有22%是行人,5%是骑车者,23%是摩托车驾乘者,其余为机动车驾驶员。

各驾龄段驾驶员肇事分布规律为:6~10年驾龄段的驾驶员肇事数量占比较大,其次是11~15年驾龄的驾驶员和1年以下驾龄的新驾驶员。万人事故率最高的肇事驾驶员群体为21~25岁的年轻驾驶员群体以及超过60岁以上的老年驾驶员群体。交通事故死伤人数中男性明显高于女性。

四、道路交通事故的影响因素

道路交通事故是小概率事件,具有随机性。所谓小概率事件,即道路交通事故仅占交通运输系统所有事件的一小部分;随机性则意味着道路交通事故的发生是一系列事件所导致,影响因素众多。

简单归纳道路交通事故的影响因素,可划分为"人、车、道路"三大方面;基于美国事故数据分析"人、车、道路"三大类因素对事故的贡献度研究表明,在人为因素、道路因素以及车辆因素中,单独由道路、车辆因素和人为因素导致的事故各为3%、3%和57%;由道路和人为因素共同导致的事故占27%,由车辆和人为因素共同导致的事故占6%,由道路和车辆共同导致的事故仅占1%;其余3%的事故由三大类因素共同导致。因此,经统计,约93%的事故涉及人为因素,34%的事故涉及道路因素,13%的事故涉及车辆因素,如图10-1所示。

1. 人为因素

驾驶员、自行车骑行者及行人的年龄、性别、个性及心理生理状态直接影响到交通安全。驾驶员的年龄、驾驶技能、注意力、疲劳、驾驶经验以及驾驶时的清醒度等会对周边车辆的行驶速度、可接受间隙、交叉口信号灯变化时机等判断错误；而车内和道路的干扰、驾驶员注意力不集中以及自身疲劳等也会导致操作失误。感知迟钝、判断不准、操作失误在事故中占绝大多数，以日本为例，感知迟缓一般占60%左右。以2015年全国道路交通事故

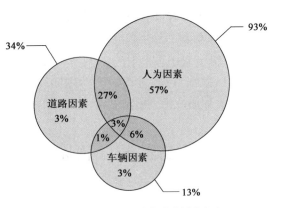

图 10-1 道路交通事故影响因素占比

数据统计为例，机动车超速行驶、酒后驾驶、疲劳驾驶等占死亡事故的10%。非机动车为责任主体的交通事故中，违法占道行驶、违法上道路行驶、逆行行驶和不按规定让行等违法行为占比较大，四项总和超过60%；行人为责任主体的交通事故中，以行人违反交通信号为主，占比超过35%。

2. 道路环境因素

道路环境因素包括道路的几何线形、交叉口、路面、交通量与交通组成、车速等。

(1) 几何线形

道路平曲线及竖曲线的曲率大、视距短或纵坡陡，则交通事故率高，小半径平曲线接较陡的纵坡易发生事故。长直线、暗弯及瓶颈等是发生事故的潜在因素。

横断面设计中，设置中间分隔带或设机动车与非机动车间的分隔带、非机动车与行人间的分隔设施可减少事故，但分隔带的开口数与事故数呈正相关。

限制道路沿线的出入口也能降低交通事故。

(2) 交叉口

交叉口的交通事故与进入交叉口的交通量、信号控制形式、交通冲突点的多寡以及交叉口的布置等因素密切相关。日本研究表明，距交叉口距离由近及远，交通事故率呈下降趋势；路口内的事故率明显高于进口道。减少交叉口冲突点可以减少事故，如人非冲突、人车冲突、车车冲突、非机动车与车辆冲突等。

(3) 路面

路面光滑、凹凸不平、损坏及泥泞积水都易造成交通事故，其中又以光滑的路面对交通安全威胁最大。英国数据表明，对于潮湿、滑溜情况，粗造化后事故减少量为原来的1/9～1/3。

(4) 交通量与交通组成

通常交通事故随着交通量的增大而增大。交通流中载货货车混合率与交通事故率有一定关系。

(5) 车速

一般道路与高速道路相比，一般道路交通事故绝对数多。这是因为高速道路线形标准高，有严格的控制与管理，没有平面交叉。一般道路的交通事故与车速成正比。通常限制速度可以减少事故，但也有人认为车速与事故关系较小，而与速度差（离散度）成正比，即车速太快与

太慢均不利于安全,而接近交通流平均车速最为安全。

3. 车辆因素

在车辆因素中,车辆设计、制造及维护状态等均可能是道路交通事故的致因。例如,车辆制动不灵、抛锚、行驶过程中突然爆胎、底壳突然漏机油均是导致道路交通事故的重要原因。同时,由于车辆性能、新旧、维修的好坏,加速、减速的大小也是导致交通事故的影响因素。

第二节 道路交通事故数据采集与分析

一、道路交通事故调查与数据采集的意义

道路交通事故调查与数据采集可以为一个城市、地区或道路交通系统提供统计数据,为设置交通设施、道路改善、安全教育、车辆检验等方面提供依据,具体用途有:

(1)鉴别多发事故地点,确定防范的重点。
(2)对改善措施或改变控制管理的地方做前后对比,评估交通安全改善效果。
(3)评价道路的各种几何设计,推荐符合安全要求的设计。
(4)为交叉口规划、设计、管理方法的改进提供依据。
(5)为总结各类安全防护措施、标志、标线、信号配时的效果及其改进提出依据。
(6)为改进交通法规提供论据。
(7)鉴定改善道路工程设施的需要程度。
(8)根据驾驶员、自行车骑行者及行人某些引起事故的行为调查,进行交通安全的宣传教育。

二、道路交通事故数据采集

事故数据采集一般包括事故地点、事故处理流程、事故现场照片及事故基础信息采集四个部分,往往采用事故数据表格记录的方式。

1. 事故地点采集表

事故地点采集表旨在用于记录事故发生地点,以便用于后期事故统计分析、事故多发道路排查;不同地区事故地点记录有所差异,其记录方式可划分为四大类别:

(1)无明确要求类。如英国伦敦、法国巴黎等城市的事故记录表格,其对事故地点记录无明确要求。
(2)经纬度坐标法。美国俄亥俄州等地通过 GPS 采集经纬度坐标,以记录事故发生现场位置信息。
(3)线性参照系法。美国大部分州、新西兰和我国上海市的事故记录表格采用线性参照系法,通过参照点的选取以明确事故发生位置信息。
(4)综合法。部分城市为详细记录事故发生位置,在记录时采用上述两种记录方式结合的办法;以美国马里兰州为例,其事故地点记录采用的是线性参照系和经纬度综合法。

2. 事故基础信息采集表

事故基础信息采集项目主要包含事故基本信息、人员信息、车辆信息、事故补充及手绘事

故现场草图五大板块。其中,事故基本信息、人员信息和车辆信息是道路交通事故数据库的主要部分;事故补充信息包括道路关联信息、当事人关联信息和机动车关联信息;事故现场草图则是对事故发生地点及事故主体运动状态的描绘图。以下基于公安部交通管理局2006年发布的"道路交通事故信息采集项目表",对事故基本信息、人员信息、车辆信息采集进行简要介绍。

(1) 事故基本信息。主要包含事故的人员死伤情况、事故形态、现场形态、事故初查原因等信息。该类信息的记录要求在表10-2中进行了汇总。

道路交通事故基本信息采集项目和要求　　　　　表10-2

项　目		要　求
人员死伤情况	当场死亡人数	按照事故现场因交通事故当场死亡的人员数录入
	抢救无效死亡人数	按照因交通事故受伤,在7d内经医院抢救无效死亡的人员数录入
	受伤人数	按照因交通事故受伤的人员数录入
	下落不明人数	按照车辆坠河、坠崖等交通事故导致的下落不明的人员数录入,但不包括因故离开事故现场的人员数
事故形态		按照事故外部表现形态录入,涉及两方以上的车辆,以损失大的为准,损失相近的以先接触的两方为准;车辆自身事故中遇有几种情况的,以损失最严重的一种形态录入
危险品事故后果		按照运载危险物品的机动车发生交通事故后危险物品的情况录入
事故初查原因		按照经现场勘查初步判断的事故发生原因录入

(2) 人员信息。记录姓名、身份证号、人员类型、交通方式、事故责任、伤害程度等信息。表格记录要求如表10-3所示,其中伤害程度按照具有资质的专门机构或医疗机构具有执业资格的医生出具的诊断证明载明的结果录入。

道路交通事故人员信息采集项目和要求　　　　　表10-3

项　目	要　求
身份证明号码/驾驶证号	机动车驾驶员持有驾驶证的,按照机动车驾驶证载明的驾驶证号录入,机动车驾驶员无证驾驶的、非机动车驾驶员、行人、乘车人按照身份证明载明的号码录入。无身份证明的录入"无"
户籍地行政区划	按照当事人身份证明载明的户籍地所属的县级行政区划代码录入。当事人是军人、武警的按照实际驻地的县级行政区划代码录入
当事人属性	当事人为自然人的录入"个人",当事人为单位的录入"单位"
户口性质	按照当事人的户口类别录入
人员类型	按照当事人的类型录入
交通方式	按照事故发生时当事人出行的方式和所使用的交通工具录入
驾驶证种类	按照当事人持有驾驶证的种类录入。当事人无驾驶许可的应录入"无驾驶证"
过错行为	按照当事人在事故发生前瞬间存在的过错行为录入
事故责任	按照当事人在事故中的责任录入
伤害程度	按照由具有资质的专门机构或医疗机构具有执业资格的医生出具的诊断证明载明的结果录入
伤害部位	按照当事人实际受伤部位录入
致死原因	按照法医尸体检验报告载明的死亡原因录入

(3)车辆信息。记录车辆类型、车辆牌照、制造商、保险公司、碰撞位置等信息。表格记录要求如表 10-4 所示。

道路交通事故车辆信息采集项目和要求 表 10-4

项 目	要 求
号牌种类	按照发生交通事故的机动车号牌的分类录入
号牌号码	按照发生交通事故的机动车所悬挂的号牌号码录入
实载量	按照发生交通事故的机动车实际载客或载货量录入。载客人数,单位为人;载货量,单位为 kg
车辆合法状态	按照发生交通事故的机动车是否具有合法的上道路行驶的资格录入
车辆安全状况	按照发生交通事故的机动车的安全技术状况录入
行驶状态	按照事故发生前瞬间车辆的行驶状态录入
车辆使用性质	按照机动车行驶证载明的车辆使用性质录入
公路客运区间里程	按照从事公路客运车辆其客运班线起止点之间的距离录入,单位为 km
公路客运经营方式	按照从事公路客运车辆的经营方式录入
运输危险品种类	按照车辆运输的危险物品种类录入

三、道路交通安全评价指标

1. 道路交通事故暴露量

在开展道路交通安全评价时,仅基于事故数或伤亡人数无法准确判断驾驶员或设施的安全性,仍需参考驾驶员、设施暴露(Exposure)在事故风险中的量值。驾驶员、道路设施的在途风险(Population at Risk)量化数值称为暴露量,亦称为分母数据(Denominator Data)。例如:驾驶员 A 去年驾驶里程约 10000km,发生事故 2 起;驾驶员 B 去年驾驶里程约 2000km,发生事故 1 起。以事故次数为评价指标时,驾驶员 A 要比驾驶员 B 危险。若考虑两个驾驶员发生事故的可能性或在途风险量(即暴露量),驾驶员 A 平均 1000km 发生 0.2 起事故,驾驶员 B 平均 1000km 发生 0.5 起事故,驾驶员 B 则比驾驶员 A 危险。因此,在计算事故率时,事故数为分子,暴露量为分母;如交通安全评价指标"百万车公里事故率"中的百万车公里即暴露量。

暴露量的特征有:

(1)暴露量不能阐述其与事故的相关关系,但可改变事故数据的显性意义。

通过对比白天事故起数与夜间事故起数,分析得出道路交通事故更易发生在白天。但将驾驶里程作为暴露量时,分析结果可能会发生变化,夜间道路交通事故发生的可能性是白天道路交通事故发生可能性的一倍。

(2)不存在通用的暴露量,暴露量的选用与需要解决的问题相关。

对比分析男性驾驶员与女性驾驶员的事故发生可能性,若基于事故伤亡人数,男性驾驶员要多于女性驾驶员,但人口这个暴露量并未考虑出行里程的差异性,因此,还可采用单位里程的事故伤亡人数作为评价指标进一步分析。

(3)道路交通安全评价指标采用不同暴露量时其展示的目的和意义均不同。

选取上述同样例子,采用单位出行里程作为暴露量不能解决驾驶环境差异性的问题;相较于女性驾驶员,男性驾驶员更可能暴露在危险驾驶环境下(如饮酒驾驶、夜间驾驶、恶劣天气条件下等),这些额外的因素均需要针对所分析问题,在选择暴露量时加以考虑。

2. 常用道路交通安全评价指标

道路交通事故评价指标众多,不同评价指标的适用性各有差异。我国道路交通事故统计年报中主要采用四项数据统计,即事故起数、死亡人数、受伤人数、直接财产损失(元),对全国、各地区的交通安全态势进行类比、同比分析。这四项指标计算方法简单直观,但无法深入分析事故发生的主要因素差异。为开展深入的交通安全分析、事故多发道路判别,管理部门常使用平均事故率、事故率、等价财产损失事故率三个评价指标(表10-5)。

道路交通安全评价指标优缺点汇总表 表10-5

评价指标	优点	缺点
平均事故频率	计算简单	(1)无法考虑不同地点交通流量的差异性; (2)往往判别出的事故多发地点为大流量地点,并不能代表其交通安全改善可能性
事故率	计算简单	不能用于比较交通流量差异性大的地点,且容易把低流量、低事故总数的地点作为事故多发地点
等价财产损失事故频率	可有效考虑事故严重程度	(1)无法考虑不同地点交通流量的差异性; (2)判别出的事故多发地点偏向于伤亡事故多发设施

(1)平均事故频率

在判别事故多发道路时,常使用某种事故类型、事故严重程度的平均事故频率作为评价指标,以发现事故多发地点。平均事故频率被定义为在一年内在一个特定的地点发生的事故数;其计算公式如下:

$$平均事故频率 = \frac{事故数量}{年数} \tag{10-1}$$

(2)事故率

为考虑交通流量等暴露量,往往采用事故率(Accident Rate)作为评价指标。路段设施和交叉口事故率的计算方式不同,路段事故率以百万车公里数作为暴露量,而交叉口事故率则以进口道百万车流量作为暴露量;其计算公式如下所示:

① 路段事故率

$$路段事故率(年均事故数/百万车 \cdot km) = \frac{10^6 A}{365 TVL} \tag{10-2}$$

式中:A——事故总数(起);

T——时间(年);

V——日均交通量(标准车车流量/d);

L——路段长度(km)。

② 交叉口事故率

$$交叉口事故率(年均事故起数/进口道百万车) = \frac{10^6 A}{365 TV} \tag{10-3}$$

式中:V——日均交通量或所有进口道流量总和。

(3) 等价财产损失事故频率(Equivalent Property Damage only Crash Frequency)

等价财产损失事故频率将事故严重程度作为事故频率权重因子，以计算出考虑严重程度的综合事故频率指标。权重因子通常基于事故损失进行对比得出；事故损失可划分为直接损失和间接损失，直接损失包括救援服务、出警费用、财产损失、保险费用等，间接损失则包括由于死亡、受伤等带来的社会价值损失。其计算公式如下：

$$等价财产损失事故频率 = W_1 \times 死亡事故数 + W_2 \times 受伤事故数 + W_3 \times 物损事故数 \tag{10-4}$$

式中：W_1、W_2、W_3——不同严重程度事故的权重因子。

3. 基于交通冲突的安全评价

对潜在事故高发情况进行评价，也可采用交通冲突观测的方式开展交叉口道路交通安全状况评价。交通冲突，指两个或两个以上道路使用者在空间和时间上相互接近，若任何一方不及时改变其行驶轨迹即会发生碰撞。交通冲突技术(Traffic Conflict Technique，简称TCT)指实地观测者通过观察剧烈制动和其他避险行为以发现交叉口冲突事件的技术。交叉口安全性排序研究中采用交通冲突技术；交通冲突率较高的设施被认为其安全水平较低(尤其当该设施的冲突由不同道路使用者的沟通误区或沟通缺失导致)。

四、交通事故预测

交通事故预测是通过对交通事故的过去和现在状态的系统分析，并考虑其相关因素的变化，而对交通事故未来状态进行估计和推测。交通事故预测的目的是为了掌握交通事故的未来状况，以便及时采取相应的对策，有效控制各影响因素，达到减少交通事故的目的。目前，也常通过事故预测进行安全评价。

事故预测的作用主要有：
(1) 预测交通事故的变化特点，为制订针对性预防措施和交通立法提供依据。
(2) 预测交通事故的近期状态特征，为制订合理的交通安全管理目标值提供依据。
(3) 预测交通事故的发展趋势，为制订预防交通事故对策和交通安全宣传教育提供依据。
(4) 预测控制条件下的交通事故状况，对交通安全措施的可行性和实施效果进行合理评价。

交通事故预测的常用方法包括判断法、时间序列分析法、回归分析法、灰色预测法等，下文简要介绍回归分析法，其他方法可查阅相关教材。

1. 平均事故频率回归分析法

道路交通安全研究中常利用回归分析模型进行可靠的平均事故频率期望值估计，该类模型称之为安全性能函数(Safety Performance Functions，简称SPF)。安全性能函数的构建采用统计的多元回归技术，建立日均交通流量、道路长度、几何特征等与道路设施平均事故频率的定量函数关系。美国乡村双车道公路路段的安全性能函数如下：

$$N = AADT \times L \times 365 \times 10^{-6} \times e^{-0.312} \tag{10-5}$$

式中：N——乡村两车道路段基于安全性能函数估计的平均事故频率(事故数/年)；

AADT——所在道路的年日均交通流量(辆/d)；

L——道路长度(km)。

2. 事故频率分布

安全性能函数的回归参数早期是通过假设事故频率服从泊松分布来确定的。泊松概率分布函数为：

$$P(X_i = x) = \frac{\mu_i^{(x)} \cdot e^{(-\mu_i)}}{x!} \tag{10-6}$$

式中：$P(X_i = x)$——该设施在时段 i 发生 x 起事故的可能性；

μ_i——某道路设施在时段 i 的期望事故数。

泊松分布具有均值和方差相同的假定，但事故频率数据方差经常大于均值，因此目前主要采用负二项回归模型开展事故数据建模分析。

五、事故多发点(段)判别方法

1. 事故多发点(段)定义

事故多发点(段)是指在较长的一段时间内，发生事故数目或者严重程度与具有相同特征对象相比明显偏高的位置(点、路段或区域)。在有限资源约束的情况下，正确地判别事故多发点(段)、合理分配资源，可以显著提高安全管理效率，改善交通安全状况。

2. 常用事故多发点(段)判别方法

(1) 直接排序法

直接排序法通过对所有事故点(段)的交通安全评价指标进行计算、审查，并将结果从高到低排序，以发现事故多发点(段)。

(2) 临界值判别法

临界值判别法是基于事故数样本服从正态或近似正态分布的假设，用 3σ 原则计算交通安全评价指标的临界值。3σ 准则又称为拉依达准则，设总体 $X \sim N(\mu, \sigma^2)$，则 $P(|X-\mu| > 3\sigma) = 0.003$，即如果 $(X_1, \cdots, X_n)$ 是取自总体 X 的一个样本，那么，对任意一个 $i=1, \cdots, n, X_i$ 落在区 $[\mu-3\sigma, \mu+3\sigma]$ 之外的概率为 0.3%，则把这部分 x_i 视作异常值，即事故多发点(段)。因此，临界值判别法的临界值为：

$$临界值 = \mu + 3\sigma \tag{10-7}$$

即事故数大于 $\mu + 3\sigma$ 的点(段)为事故多发点(段)。在实际问题中，μ 和 σ^2 往往未知，需用样本的统计均值、方差来代替。

(3) 基于超期望平均事故频率判别法

根据特定碰撞类型或事故严重程度的超期望事故频率，按降序对事故点(段)排序；其中超期望事故频率需基于安全性能函数进行计算。

$$\text{Excess}(N) = \overline{N_{\text{observed},i}} - \overline{N_{\text{predicted},i}} \tag{10-8}$$

式中：$\overline{N_{\text{observed},i}}$——道路设施 i 观测的平均事故频率；

$\overline{N_{\text{predicted},i}}$——基于安全性能函数预测的道路设施 i 平均事故频率。

3. 事故多发点(段)排查案例

以某市 7 个交叉口为例进行事故多发点判别为例，采用基于超期望平均事故频率判别法演示计算过程。

4.分析数据汇总

如表10-6所示是某市7个交叉口近三年的日均交通流量及观测事故频率数据。

事故多发交叉口排查观测数据　　　　　表10-6

交叉口	年	AADT(辆/d)		观测事故频率(起)
		主要进口道路	次要进口道路	
1	1	12000	1200	9
	2	12200	1200	11
	3	12900	1300	15
2	1	18000	800	9
	2	18900	800	8
	3	19100	800	6
3	1	21000	1000	11
	2	21400	1000	9
	3	22500	1100	14
4	1	15000	1500	7
	2	15800	1600	6
	3	15900	1600	4
5	1	26000	500	6
	2	26500	300	3
	3	27800	200	8
6	1	14400	3200	4
	2	15100	3400	4
	3	15300	3400	5
7	1	15400	2500	5
	2	15700	2500	2
	3	16500	2600	4

5.事故多发交叉口排查

(1)观测平均事故频率

针对每一交叉口近三年事故频率,计算平均每年的事故发生频率。如交叉口1:

$$平均事故频率 = \frac{9+11+15}{3} = 11.7(起/年)$$

(2)预测平均事故频率

基于交叉口安全性能函数,如式(10-9)所示,计算各交叉口近三年的预测事故频率,并计算其平均值。

$$N = \exp\{-8.9 + 0.82 \times \ln[\text{AADT}(\text{主要道路})] + 0.25 \times \ln[\text{AADT}(\text{次要道路})]\} \quad (10\text{-}9)$$

按式(10-1)、式(10-9),交叉口1预测平均事故频率计算如下:

$$N = \frac{\sum_1^3 \exp\{-8.9 + 0.82 \times \ln[\text{AADT}(主要道路)] + 0.25 \times \ln[\text{AADT}(次要道路)]\}}{3}$$

$$= \frac{1.78 + 1.80 + 1.92}{3} = 1.8(起/年)$$

(3) 超期望平均事故频率

按式(10-8)计算各交叉口的超期望平均事故频率,并基于该指标对7个交叉口的安全改善重要度进行排序。

如表10-7所示,交叉口1近三年观测到的平均事故频率为11.7;基于安全性能函数计算得到同类型设施在交叉口1的交通流量条件下预期年均发生1.8起事故。因此,若对交叉口1进行安全改善,使其交通安全态势与同类型设施持平,预期可减少事故9.9起/年。在表10-7所分析的7个交叉口中,交叉口1的超期望平均事故频率(潜在安全改善效果)最大,因此,在事故多发交叉口排序中列为第一。

事故多发交叉口排查案例　　　　　　表10-7

交叉口	观测的平均事故频率（起）	预测的平均事故频率（起）	超期望平均事故频率（起）	事故多发交叉口排序
1	11.7	1.8	9.9	1
2	7.7	2.3	5.4	3
3	11.3	2.8	8.6	2
4	5.7	2.4	3.3	4
5	5.7	2.5	3.2	5
6	4.3	2.7	1.6	6
7	3.7	2.7	1.0	7

第三节　道路交通安全改善对策与措施

道路交通安全改善主要通过"4E"科学策略实施,即工程(Engineering)、教育(Education)、执法(Enforcement)和急救(Emergency)。工程是指通过工程设计改造的方式进行事故预防及改善,教育主要指以学校和社会为主的驾驶技能与交通安全意识培训,执法是由交通管理部门依据相关法律法规对交通行为进行监督和管理,急救则包括救护运输服务以及紧急医疗救治等。下文重点介绍工程和教育方面主要的道路交通安全改善对策。

一、科学的交通规划

随着科技的不断发展,新的城市结构形式、交通系统不断涌现。科学的交通规划及各种运输方式的良好配合是交通安全的治本方法。

以位于巴黎西郊的拉德芳斯新区为例,交通系统规划采用了高架交通、地面交通和地下交通三位一体的设计思想,新区地面上的商业和住宅建筑以一个巨大的广场相连,而地下则是道路、火车、停车场和地铁站的交通网络。通过分层交通系统实施人、车分离,人流与车流互不干扰,大大降低了交通事故发生概率。

近年来国内大型枢纽、居住区交通系统规划设计也多采用了人车分离、分层交通系统的理念,以降低各种交通流的冲突、提高交通安全性。

通过交通需求管理、城市更新规划与交通规划协同等手段,提高公共交通服务水平,鼓励公共交通出行,减少汽车交通量,也可有效降低交通事故发生概率。

二、改善道路设计

(1)道路线形的几何设计要素,如平面曲线半径、平面线形要素的连接和组合、平纵线形要素的组合、纵坡长度、纵向竖曲线半径、平面与竖向视距等,均应保证行车安全。

(2)改善路况,清除障碍物,确保弯道或交叉口的视距,对瓶颈蜂腰地段要设法拓宽。交叉口范围内的树木要注意剪修,以不妨碍驾驶员和行人视线为原则。

(3)桥梁宽度、桥头接线、人行道缘石高度均应保证行车安全,符合有关设计规范。

(4)提高路面的粗糙度及排水能力,改善路面防滑性能。于适当路段设置各种柔性或刚性护栏与安全带,以缓冲与保护车辆及乘客。

(5)夜间易出事故的路段,应增设照明设备。

三、加强交通管理与控制

(1)分隔措施:设置中央分隔带,区分上行、下行、快慢车、车辆与行人等。分隔带可做成一定宽度的带状构造物,若道路宽度不足时宜用隔栏分离。

(2)设置交通岛、导流岛、安全岛、分车岛,做好渠化工作,以控制车辆行驶速度,防止冲突,并保护行人安全。

(3)设置人行横道及行人过街信号,建立人行天桥或地道。

(4)视道路与交通情况安装信号灯、电子警察或其他控制、管理设施;提高信号控制交叉口级别或调整信号控制配时、相位。

(5)道路标志、标线按规定设置,并经常维修、保洁、养护,保持标志、符号、文字、图案的清晰,使其能够正确发挥作用。

(6)设置诱导性标志或各种视线诱导物,使道路去向明显,以便驾驶员能够预知前方路况,采取正确而适当的操作。

(7)组织单向交通,减少交叉口的冲突点,在路段上可避免会车冲突。

(8)设立专用道,实行机动车、非机动车和行人相分离,既降低事故率,又提高交通效率。

(9)在不同时间和空间实行交通限制,如禁止转弯、禁止停车、禁止通行、禁止进入及禁止超车等。

(10)加强无信号控制交叉口的管理,设立"停车"或"减速让行"标志,限制交叉口的进入车速。

四、提高汽车的安全性能

(1)提高汽车的安全性,分"积极措施"和"消极措施"两类。"积极措施"是以预防为主,改善汽车的制动、转向、照明及轮胎的性能;"消极措施"则着眼于发生事故时,能保护乘员的安全或境地事故所造成的损失程度。如加固车辆的侧筋和顶部,采用不易破碎的车玻璃,改进车门结构,配备安全带等。

(2)加强车辆的检验、保养和维修措施。

五、提升道路交通安全科技支撑能力

(1)加强营运车辆危险驾驶行为辨识及干预、重特大事故防控理论和技术研究;推进跨部门、跨地区的营运车辆管理数据资源共享共用。

(2)加强驾驶行为机理与干预、车辆主被动安全技术、道路因素对交通安全风险影响、交通事故综合致因分析等方面的理论与技术研究。

(3)加强道路安全研究信息互通、资源共享。

六、加强交通安全教育宣传

(1)提高驾驶员素质、水平与职业道德。大量的交通事故统计表明,有50%以上的事故同驾驶员的行为有关,因此提高驾驶员的素质,职业道德对保证交通安全有重要作用。

①驾驶员应有良好的身体素质和视觉、听觉、反应动作的准确性,在生理、心理和精神方面,都有科学的检查和严格的标准,对于先天性缺陷如色盲、色弱或反应迟钝者不能取得驾驶资格。

②改革驾驶培训考试制度,改进驾驶员教育培训模式。

③讲交通道德、职业道德,人人遵规守纪,严格执行交通法规。坚决杜绝酒驾和疲劳驾驶等行为。

(2)健全交通安全宣传教育体系,广泛开展交通安全宣传教育。

(3)交通安全教育课进校园,大学、中小学各级院校全覆盖。

(4)建立道路交通参与者交通安全信用体系。

习题

10-1 请举例介绍道路交通事故的主要影响因素。

10-2 某交叉口近三年年均交通事故为6起,假设该交叉口事故发生频率服从泊松分布,请问此交叉口明年发生5起事故的概率是多少?

10-3 请根据表10-8所提供的10条道路交通事故与交通流量信息,基于给定的安全性能函数计算预测事故频率,并按超期望平均事故频率判别法开展事故多发道路判别。

$$N = \exp[-11.63 + 1.33 \times \ln(年日均交通量) + \ln(长度)]$$

10条道路交通事故与交通流量信息   表10-8

编号	平均事故频率(起/年)	年日均交通量(pcu/d)	长度(km)
1	85	57281	4.035
2	141	118145	3.050
3	133	89709	3.605

续上表

编　号	平均事故频率(起/年)	年日均交通量(pcu/d)	长度(km)
4	122	53684	6.650
5	120	53713	8.350
6	125	59562	7.270
7	116	53500	4.105
8	122	56675	7.250
9	112	51451	2.890
10	114	69573	4.010

第十一章
交通组织与设计

道路网络的交通组织（Traffic Organization）与设计的主要目的是：科学合理地分路、分时、分车种、分流向使用道路，达到交通流均衡分布、有序行驶，确保交通安全，提高道路网通行效率的目标。

第一节　路网交通组织

一、交通组织与交通设计关系

《城市综合交通体系规划标准》大幅提高了城市路网密度的规划指标，使得在网络层面实现人车分流、机非分流、公交车与社会车辆分流具备了条件。因此，在区域层面首先进行道路交通功能定位，然后结合公共交通系统及其他系统的发展定位，开展路网交通组织，并提出中微观层面交通设计所需要实现的功能。交通组织与交通设计的关系如图11-1所示。

二、交通组织原则

（1）以人为本的优先原则：以方便大多数出行者为准则，交通设施规划设计遵循人＞非机动车>公共汽(电)车>小汽车的交通优先的秩序,结合道路条件,在明确主要服务对象的条件下,予某一类型的交通流以更高的通行权。

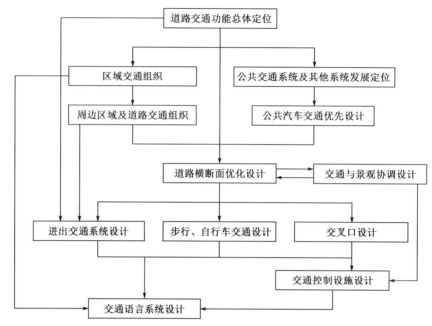

图 11-1　交通组织与交通设计关系图

(2)分离原则:在空间和时间上将具有不同行驶特性或冲突的交通流进行分离,避免发生交通冲突。

(3)连续原则:保证交通流在通行过程中的连续性和可通达性,减少其在空间和时间上产生中断的次数。

(4)负荷均衡原则:使路网中各时段各部分交通负荷度趋于一致,以最大限度利用道路通行资源。

(5)总量控制原则:通过限制流入路网的交通总流量以保证其饱和度(Saturation Degree)不超过某一上限。

(6)以静制动原则:在交通密集地区,停车泊位(Parking Lot)量的配置,应以该地区内道路系统能容纳正常通行的交通量为限。

(7)制订交通组织方案的后续措施及效果分析的原则:实行单向交通(One-way Traffic)、通行禁限等措施前,应考虑措施实施后的替代路线,综合考虑实施后的影响范围及其效益。

(8)路权(Right of Way)分配原则:应有一套完善的路权分配方案和分配方案的公示方法。

(9)通行能力匹配原则:保证道路上下游相同流向交通通行能力匹配,避免出现"瓶颈(Bottleneck)"。

(10)置右原则:按照车道分布,从左至右依次降低交通流速度。

(11)渐变原则:组织方案应按调整作用力度大小循序渐进。

三、交通组织常用方法

1. 交通分离组织

交通分离组织的目的是实现道路的交通功能合理化,提高交通安全与通行效率。在网络层面上,首先进行各种交通流分路行驶的交通分离组织,如在不能双向行驶两种车辆的两条较狭窄的平行道路上,结合用地和需求,采取一条非机动车专用路、一条机动车专用路的组织方法;或者采取一条公交专用路、一条机动车专用路的组织方法。在道路层面上,组织各类交通方式各行其道,如我国惯用的人行道、非机动车道、公交车道、社会车辆车道的分离组织。

2. 单向交通组织

单向交通组织,在一定的条件下,对于提高道路网运行效率、充分利用现有道路资源、挖掘道路的交通潜力等具有明显的优点,是缓解城市交通问题较为经济、有效的方法之一。但单向交通组织会导致公交乘客寻找站点困难,增加乘客到站去或回程的步行距离,降低出行者的方便舒适性也增加机动车驾驶员寻找目的地的难度。单向交通组织基本形式有:固定式、定时式、可逆式、车种型单向交通、混合型单向交通等。

(1) 实施条件

实施单向交通前,先要选择开辟单行线后分流车辆的最佳绕行路线,使出行者乐于接受并积极遵守新的单向管理措施。实施单向交通应具备以下条件:

① 两条平行道路,它们之间的距离在 350~400m 以内,车行道狭窄又不能拓宽,且交通量很大而造成严重交通阻塞时,可实施固定式单向交通。

② 具有明显潮汐交通特性的街道,其宽度不足三车道的可实行可逆性单向交通。

③ 复杂的多路交叉口,禁止的流向另有出路的,可将相应的进口道改为单向交通。

(2) 相关考虑因素

设置单向交通网络需要细致地做好前期论证与评估工作:充分论证交通流绕行距离和绕行量的增加值、对附近居民的影响(如噪声公害等)以及可能引起的交通违章概率、单向交通网络中的行车方向是否最大限度地减少了交叉口的冲突点;道路上有较多的公交线路或非机动车时,不宜实施单行线组织方案,或谨慎论证方案的可行性;并应充分考虑到不当方案可能导致的恶果。

确立单行线方案后,精细的交通管理与控制方案设计(包括交叉口渠化设计与信号配时优化、附属交通设施设计、交通语言系统设计等)可以减少由于车辆对单行系统不熟悉而导致的"非必要"绕行等问题。

3. 变向交通组织

变向交通是指在不同的时间内变换某些车道上的行车方向或行车种类的交通组织方式。变向交通组织又称"潮汐交通组织",其基本形式包括方向性变向和功能性变向。

(1) 方向性变向交通组织的实施条件

① 道路上机动车道数应以双向三车道以上为宜。

② 双向机动车道总数最好为奇数。

③ 交通量方向不均匀系数大于 2/3。

④ 重交通方向在使用变向车道后,通行能力应得到满足;轻交通方向在去掉变向车道后剩余的通行能力应能满足其交通量的需求。

⑤ 在城市道路上应在信号控制交叉口进口道上相应地增加一条变向车道。

(2) 功能性变向交通组织的实施条件

① 非机动车借用机动车道一般仅适用于一块板或二块板道路,剩余机动车道的通行能力

应能满足机动车交通量的需求。

②机动车借用非机动车道后,剩余车道应能保证非机动车通行的安全。

③行人借用车行道适用于中心商业区,除定时步行街外,要对机动车流进行分流疏导和控制。

（3）变向、变道交通组织的管制设施

①在变向车道起点前方应采用门式变向车道标志。

②对于机动车和非机动车道相互借用的变道管制设施,可采用门式变换车道标志和交通信号灯进行动态控制,并使用可移动锥形交通路标进行分隔。

③对于行人借用车行道的变道管制设施,可采用轻质材料可移动护栏等加以分隔,并通过网络、报纸、电视、广播等媒体加以宣传公告。

④在高速公路或快速路的变向车道上,除采用门式变向车道标志外,还可用液压栏式可移动缘石来指导变向车道。

⑤在变换车道上应辅以警力,通过警车巡逻,处罚违章者,以确保交通安全。

4. 限制措施

限制措施主要包括交叉口转向限制和车辆分类限制。

转向限制的主要目的在于减少交叉口交通流的流向,用以改善路网中某些节点的拥堵状况,疏导小片区路网的交通。

交叉口转向限制管理,需要规划被禁方向车流的绕行路线,同时在保障缓解本交叉口交通压力的同时,替代绕行路线,又不至于对路网交通负荷均衡产生较大的影响。

车辆分类限制的目的是降低交叉口交通流的构成种类。常用于减少交通流的混合程度,保障车流运行特性的一致性。分类限制管理的主要策略包括：车辆限时通行、限制货车通行、限制客车通行、限制非机动车通行、限制车牌单双号或尾号通行,以及限制各类道路路段上的行驶车速、限制(禁止)道路路段的路边停车等。

5. 道路交通组织优化方案包括内容

一个完整的城市道路交通组织方案的优化,应包括现状问题分析与评价、组织目标确定、路网道路功能定位、道路网交通组织初步方案设计、被禁限交通流的绕行方案设计、方案评估与调整、方案实施说明等组成部分。在交通组织方案优化之前,需要明确沿线单位的性质及优先级别、交叉口间距、周边路网结构等制约因素。交通组织方案包括：道路主线公交优先组织、相交道路的交通组织(如单向、变向、禁限等)、道路沿线交叉口流向(左转、右转)限制组织、沿线单位进出口交通组织方案(如右进右出、封闭、不限制等)的优选等。然后根据交通组织优化方案确定城市道路的优化设计内容。

第二节　交　通　设　计

在我国,交通设计概念虽然形成于20世纪80年代,然而其真正意义的普及还是自2000年开始,伴随着城市交通拥堵严重程度的加剧,国家公安部、住房和城乡建设部在全国范围内实施"畅通工程",交通设计的概念及其作用开始被广大的交通规划、建设与管理部门接受并应用。

一、交通设计概念与理论基础

"交通设计"是基于城市与交通规划的理念和成果,运用交通工程学的基本理论,以交通安全、通畅、便利、效率以及与环境协调为目标,以交通系统的"资源"(包括通行时间与空间资源、环境资源及投资条件等)为约束条件,对现有和未来建设的交通系统及其设施加以优化设计,寻求改善交通的最佳方案,精细化确定各交通方式的通行权、通行时间与空间及其管理方案、相关设施的布局方案等;上承交通规划,下接交通设施工程设计与交通运行管理,指导交通设施的土木工程设计。

交通设计理论基础包括:探讨交通出行者与交通系统关系的交通行为理论、交通流理论、通行能力分析、交通冲突分析、交通管理与控制系统理论等。

交通设计的基础是处于上位的交通规划和各类相关规范、标准。因此,如何将规划转化为可实施的工程方案,也是交通设计的研究与应用内容之一。

二、交通设计内容

交通设计内容取决于设计的对象、目的和目标。

1. 交通系统分析与构筑

(1) 交通系统相关关系分析

定性、定量地分析交通系统的基本构成、各构成要素间的基本关系,系统基本功能与分析目标以及目标和系统构成要素间的关系,为交通系统的优化构筑、设计和管理提供依据。

(2) 交通设计需求分析

确定交通设计需求,以改善交通事故、阻塞、污染、抗灾、不方便和不可靠(不准时、可达性差),提高资源的有效利用率,适应不同出行需求、不同服务水平交通的需要,为制订处理交通问题提供依据。

(3) 交通系统资源和约束条件分析

交通改善应建立在土地资源、通行权资源、交通系统的空间与时间资源和投资等基本资源约束条件的基础上。

(4) 交通问题基本对策分析

交通设计的主要任务是面向问题,基于系统资源和约束条件设计交通改善方案。因此,有必要在交通问题的调查与诊断分析的基础上,对交通以人为本、公交优先、交通设施无瓶颈化、交通流有序化与饱和度均衡化等方面的改善方案进行可行性和适应性分析。

2. 交通通行空间设计

人和交通工具的通行需有必要的空间。交通通行空间的设计是交通设计的基本内容,应基于交通需求、通行权分配和通行能力分析,结合交通设施的类型和条件,最佳地确定交通空间或分配空间资源。

3. 交通时空协调设计

当交通流存在交叉时,其通行权、通行能力和交通冲突还取决于通行时间,因此,在平面交通空间内,如何最佳地分配通行时间、使之与交通空间分配相协调,是交通设计的另一项重要工作。实际中的通行时间分配是通过交通组织管理或交通信号(或其他)控制方式加以实现的。

4. 交通行驶环境设计

交通行驶环境设计是确保交通与环境质量的综合性工作。交通环境是交通出行者对通行空间的感受,其构成取决于交通通行时空与视距、视觉连续性和交通流冲突状况等。因此,行驶环境影响着交通的安全性、通畅性、平顺性和舒适性;另一方面,还包括缓解车辆废气、碳排放、噪声和振动对环境污染等相关方案的设计。

5. 交通安全设计

保证交通安全,减少出行者暴露于危险的空间、发生事故的概率,降低事故的伤害与损失等,是交通设计的极其重要的内容,主要包括:交通分隔方案设计、减少与缓和交通冲突的设计、防护和限速设计等。

6. 交通语言设计

"交通语言",是交通管理者使用法定的标识和符号及其传递的信息,指导交通系统中出行者交通活动的交通管理设施,这些设施必须明确、无歧义、全面且准确地表达交通管理的意图和服务信息。交通语言设计包括机动车、慢行交通系统及公共交通设施的交通语言设计等。

7. 交通设计评价分析

设计方案的优劣,或其效益与投入对比大小的评定,需要通过评价加以判断。常用的评价手段和方法有:前后调查对比分析法、评价模型计算法以及仿真分析法等。

三、交通设计流程

交通设计的流程一般包含四个步骤:基础资料调查与分析、概念设计、详细设计、评估与分析。新建设施和改建设施在基础资料调查与分析阶段内容不同,新建设施重点调查规划上的功能定位与设计目标、用地条件等,改建设施在相关规划条件的基础上重点调查设施的现状、使用中存在的问题和改善的可能性等。新建设施的交通需求量为预测值,可能无法准确地反映其使用后的实际情况,其交通设计是基于可预见性的设计,应保证设施在建成后即使发生问题也可以通过较为方便、易行的措施对其作进一步的改善。

第三节 城市道路横断面设计原则、组成要素与形式

城市道路横断面设计是道路交通设计的重要内容,也是保障道路功能的基础,直接影响到道路通行效率和交通安全。

一、横断面设计原则

(1)须保障人行和各种车辆交通的安全、通畅。
(2)须满足各种车辆和行人通行能力的需求。
(3)遵循公共交通优先和以人为本的原则。
(4)遵循减小用地的基本原则;在一定的道路红线(Road Property Line)范围内,以充分发

挥城市交通用地效益为目标,合理地分配机动车、非机动车、行人等各组成部分的空间。

（5）横断面形式(Cross-section Design for Roads)和各组成部分尺寸及比例应按道路等级、设计速度、设计年限的机动车、非机动车交通量和人流量、交通特性、交通组织、交通设施、地上杆线、地下管线、绿化、地形等因素统一安排。

二、横断面组成要素

组成要素包括:机动车道(Motorway)、非机动车道(Bicycle Lane)、人行道(Sidewalk)、分隔带、绿化带、公共设施带、临时停车带以及存车带等部分。

1. 机动车道宽度

由机动车道数和一条车道宽度决定。新建城市道路,机动车道数由规划年设计小时交通量、设计通行能力、道路红线决定;改建道路,可由规划年交通量、现状交通运行状况、道路红线、改建工程量等决定。原则上主干路车道数不大于单向三车道(含公交专用车道),次干路不大于双向四车道,支路不大于双向三车道。一条车道宽度根据道路类型、设计车速及通行车辆类型确定。国内外城市道路一条机动车道宽度推荐值如表11-1所示。随着机动车辆性能的提高,车道宽度有下降趋势。

国内外城市道路一条机动车道宽度推荐值(单位:m)　　　　表11-1

道路等级(设计车速)	国　外		国　内	
	一般值(美国、英国、加拿大、澳大利亚等)	较窄值(日本)	我国《城市道路工程设计规范》(CJJ 37—2012)	我国实际应用值
主干道(60km/h)	3.30~3.60	3.25~3.50	3.25~3.50	3.25~3.50
次干道(40km/h)	3.00~3.60	3.00~3.25	3.25~3.50	3.00~3.25
支路(≤30km/h)	3.00~3.30	2.75	3.25~3.50	2.75~3.00

注:1. 通行公交车、大型货车或与小汽车混行的道路取大值,小汽车专用道取小值。
　　2. 机动车道路面总宽应包括车行道宽度及两侧路缘带宽度。

2. 非机动车道宽度

（1）非机动车道宽度必须保证非机动车的通行安全、连续,并避免与行人、机动车之间的相互干扰。

（2）自行车为非机动车道的代表车型,一条自行车道的最小宽度应为1.0m。

（3）自行车道宽度应根据自行车设计交通量与每条自行车通行能力计算自行车车道条数。

（4）自行车道路面宽度应为几条自行车车道宽度及两侧各0.25m路缘带宽度之和。

（5）考虑到电动自行车和自行车共用车道的需要,非机动车道最小宽度不得小于2.5m。

3. 人行道宽度

（1）人行道宽度的设计,必须考虑到行人通行的安全、畅通和舒适,最小宽度不得小于2.0m。

（2）实际设计时,应根据道路功能、类别确定:商业街上应兼顾部分观赏、浏览商店橱窗停步、慢行行人和快步通过行人的需要。在干路边,有大型商店、公共文化中心、影剧院等娱乐场所,火车站、码头、轨道交通站、长途汽车站等建筑物附近的路段上,人行道宽度宜取5.0～6.0m,预测人流特别拥挤的地段,宽度应视实际人流需求确定。

(3) 考虑到行动不便者和老幼出行者的通行需求,应做好无障碍设计,在交叉口或道路步行空间有变化处做好盲道设计。

4. 分隔带宽度

包括中央分隔带和机非分隔带。

(1) 中央分隔带:在设计车速大于等于50km/h或双向四车道以上的干路上,宜设高于路面的实体中央分隔带,最小宽度可取0.5m;困难时或特殊情况下可采用小于0.5m的分隔物;在没有或不能做实体分隔带的干路上,可在路面上漆划双黄线分隔带,两线总宽0.5m;在双向两车道的道路上和公交专用道与其他车道间,可用宽为0.15m的单黄线分隔。借以降低车辆间的横向干扰或冲突,提高运行车速;用于行人过街路中驻足区时,宽度应大于2.0m,展宽后的余留宽度应不小于行人过街驻足需要的最小宽度1.5m。

(2) 机非分隔带:单向机动车道为两条及以上时,宜设置实体或单黄线机非分隔带;用于分隔机动车与非机动车,宽度宜取1.0m。实体带上可设置交通标志、路灯、绿化等设施。为不遮蔽驾驶员视线和灯光,绿化设施应使用高度1.0m左右的灌木。

5. 绿化带

设在车道侧人行道上的绿化带通常会种植乔木,有为行人和非机动车遮阳、挡雨的作用,如需要保证行道树的高存活率,单行行道树的树穴宽度一般为1.5～2.0m。

6. 公共设施带宽度

设施带用来设置公共电话亭、灯杆(慢行交通辅助灯)、消防栓、装饰人行道的"街具"和各类标志标牌等公共设施。这些设施一般都分散插置在绿化带乔木的间隙间,不占用人行道的宽度。设施的边、角不得突出于其两侧的人行道和车道中,妨碍行人和车辆的正常通行;插置的位置也不得影响绿化带乔木的生长。

7. 临时停车带

在大型商店、火车站等有临时停车需求的地段,车行道边可酌情设置只准上下客、车辆必须立即驶离或出租车上下客的临时停车带。

8. 路边存车带

支路上有存车需求的地段,可设置路边存车带,宽度宜采用2.0～2.5m。

三、横断面形式

本节介绍常见的机动车干道、公交优先、慢行优先三种街道的横断面形式。

1. 机动车干道横断面形式

以机动车交通功能为主的快速路、Ⅰ级主干路,主要保障机动车的通行功能,一般行人与自行车交通量相对较少。横断面示例如图11-2所示。设计各组成部分的宽度时须符合规范标准。

Ⅱ级主干路机动车道可改为双向四车道至六车道,人行道应视路段建筑物类型、人流实际需求加宽;Ⅰ级主干路个别类似路段同样须按实加宽。

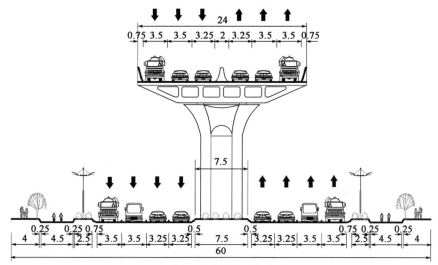

a) 高架快速路横断面形式示例

b) Ⅰ级主干路横断面形式示例

图 11-2　机动车交通干道横断面形式示例(尺寸单位:m)

2. 公交专用道横断面形式

公交专用道(Bus Lane)的横断面主要保障公交优先通行,兼顾社会车辆通行,沿线行人与自行车交通量一般较多。由于公交车辆一般较宽约为 2.55m,正常行驶限速为 50～60km/h,因此其一条车道宽度需要适当增加,合理的设计宽度取值如表 11-2 所示。路中及路侧公交专用道横断面示例分别如图 11-3、图 11-4 所示。公交专用车道与其他车道通常采用栏杆或单黄线隔离,主要目的是禁止其他车辆驶入公交专用车道,保证公交车辆通行不受干扰。

公交专用道合理宽度推荐值(单位:m)　　　　　　　　表 11-2

设置位置	路段	出口道	进口道
路侧	3.45～3.75	3.40～3.75	3.25～3.65
路中	3.30～3.50	3.25～3.50	3.20～3.40

来源:浙江省地方行业标准《城市道路机动车道宽度设计规范》(DB 33/1057—2008)。

3. 街道横断面形式

街道主要应承载非机动车和行人出行以及休憩等多种功能。应采用降速槛等设计措施及限速(例如限速20km/h)的管制手段,迫降机动车通行速度,以保障街区交通安全与环境宁静。同时应考虑步行与活动空间、附属设施、沿街建筑界面、交通设施之间的关系,从宁静、舒适、安全、便捷、同建成环境相融合等角度进行横断面设计。街道横断面设计及横断面改善示例如图11-5和图11-6所示。一般机动车道宽度取2.75~3.0m,机动车道、非机动车道间可采用单黄线隔离。人行道设计应尽量宽敞;绿化布置尽显艺术感,行道树相邻乔木间可穿插布置

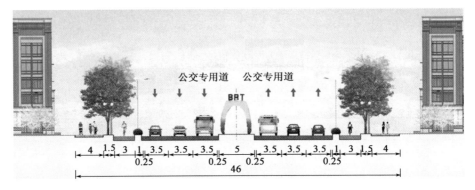

图 11-3　路中型快速公交专用车道横断面示例(尺寸单位:m)

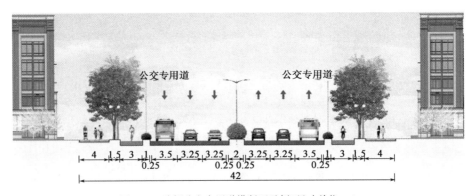

图 11-4　路侧公交专用道横断面示例(尺寸单位:m)

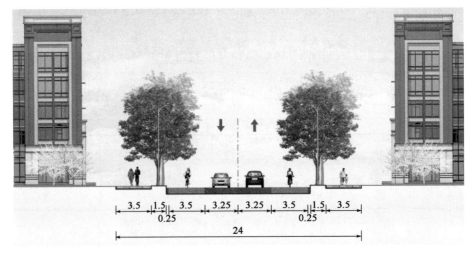

图 11-5　街道横断面设计示例(尺寸单位:m)

绿篱、各种形状的花坛、石雕、树桩等街头装饰"家具",使之高低、大小错落有致;门前屋侧可布置一条绿篱或杂以小花坛带;中间留出人行道的宽度,应能使两个大人手牵一个孩子以及两辆手推车可对向宽松通过的需要,可取大于3.0m。

图11-6 街道横断面实际改善示例

第四节 平面交叉口设计

平面交叉口是道路通行能力的瓶颈,制约整条道路乃至路网的服务水平。平面交叉口设计的主要目的是:在通行安全和有序的前提下,充分利用其空间资源。对于干路交叉口,通过路段和交叉口进口道、出口道间通行能力的有效匹配,以期在有限的交叉口范围内,达到交叉口通行效率的最大化。对于公交专用道交叉口,在空间资源允许条件下,可设置公交停靠站。对于街道交叉口,尽量提高慢行交通的舒适性和街道活力,在满足机动车通行的条件下,可不进行机动车进口道展宽。

一、交叉口设计范围

为了明确设计对象,需要确定交叉口的设计范围。参考我国国家标准《城市道路交叉口规划规范》(GB 50647—2011),规定的交叉口范围如图11-7所示,包括构成该平面交叉口各条道路的相交部分及其进口道、出口道和向外延伸10~20m的路段(包括进出口道展宽段和渐变段以及行人、非机动车过街设施、公交车站)所共同围成的空间。

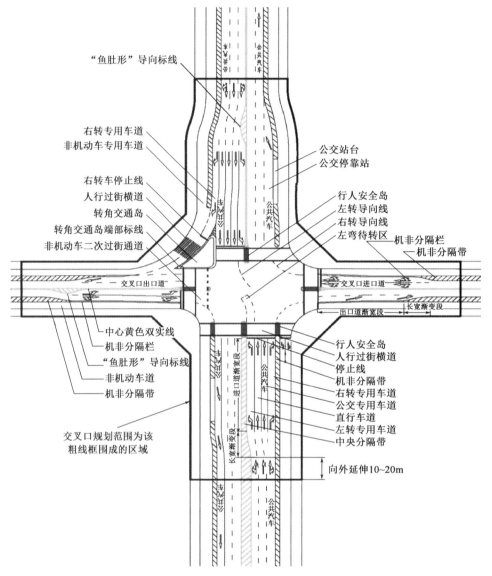

图 11-7 交叉口交通设计范围及各部分构成

二、交叉口设计内容

交叉口的设计内容,涵盖交叉口设计范围内的所有对象,可分为交叉口布局设计,进、出口道渠化设计,交叉口内部渠化设计三个方面,详细设计方法可参考杨晓光、白玉等编著的《交通设计》一书。

1. 交叉口布局设计

交叉口布局设计,即为交叉口内各个交通对象分配合理的通行空间,如慢行交通组织方式、右转渠化岛设计等。

2. 进、出口道渠化设计

进、出口道渠化设计,包括进出口道展宽设计、交叉口渐变段设计、进口道车道数设计、停车线设计、进口道车道功能设计等。

3. 交叉口内部渠化设计

交叉口内部渠化设计,包括导流线、渠化岛、左转弯待转区、右转交通流渠化设计以及交叉口内部综合渠化设计等。

三、典型交叉口设计

1. 干路交叉口设计

对于干路交叉口,在满足通行安全和有序前提下,需尽量提高机动车通行能力。应增加机动车道数,进行进、出口道展宽设计。机动车道宽度超过16m时,应在人行横道中央规划设置行人过街安全岛,如图11-8和图11-9所示。

图11-8 干路交叉口设计示例图(一)

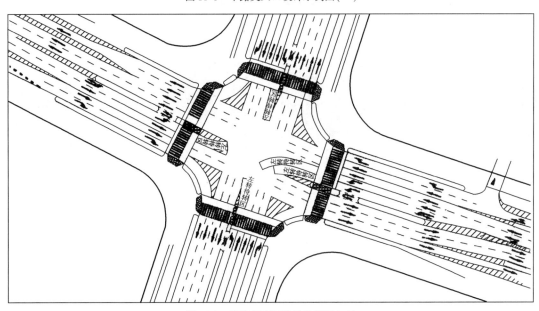

图11-9 干路交叉口设计示例图(二)

2. 街道交叉口设计

街道交叉口以保障慢行交通安全和舒适性为主,机动车能够在交叉口平稳有序疏解即可,进、出口道原则上不进行展宽。为降低机动车运行车速,提高慢行交通过街安全性,应设计小缘石转角半径。既有《城市道路交叉口规划规范》(GB 50647—2011)和《城市道路交叉口设计规程》(CJJ 152—2010)中规定,交叉口路缘石半径最小为10m,但研究发现,8m缘石半径可以满足公交车转弯要求,5m缘石半径可以满足小客车转弯要求。街道交叉口设计示例如图11-10和图11-11所示。

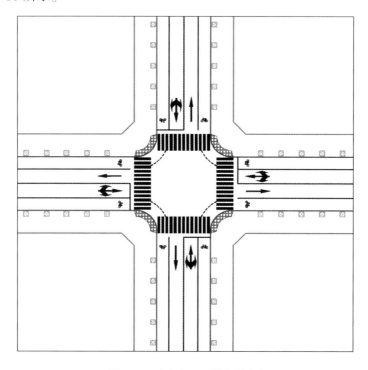

图 11-10 支路交叉口设计示例图

a) 改造前

b) 改造后

图 11-11 小半径交叉口设计示例图

3. 交叉口与路中式公交专用车道停靠站一体化设计

路中式公交专用车道的停靠站通常结合交叉口进行一体化设计,充分利用中央分隔带设计车站,公交候车廊与人行横道线紧密结合,方便公交乘客过街及搭乘公路。图 11-12 是公交专用道出口道设站示例,公交车辆右侧开门。图 11-13 是公交专用道进口道设站示例,车辆左侧开门。

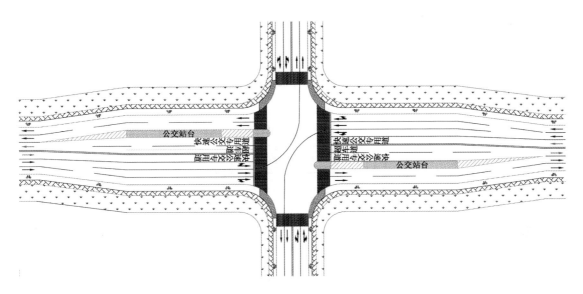

图 11-12　路中式公交停靠站与交叉口出口道一体化设计示例图

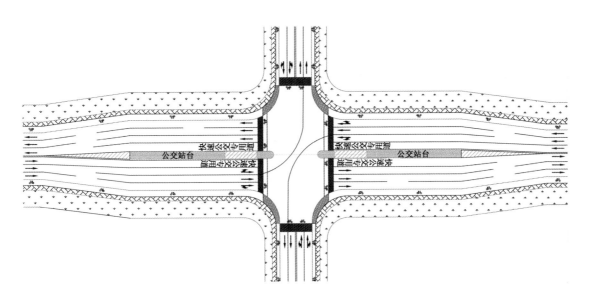

图 11-13　路中式公交停靠站与交叉口进口道一体化设计示例图

习题

11-1 选择一所上下学有家长接送的小学,请分析上下学期间道路交通可能存在什么问题?提出合适的交通组织目标以及分方式交通组织思路。

11-2 已知一条以服务生活功能为主的道路,北段约 1km,道路红线 21m,双向二车道,有一定自行车流量,横断面如图 11-14 所示;道路南段约 1.1km,道路红线 24m,双向四车道,非机动车道和人行道均较窄,横断面如图 11-15 所示。请结合北段横断面形式,分析南段的横断面布置可能会带来什么问题。假设北段的横断面形式不变,道路南段有一些小汽车停车需求,请针对以下两种情况分别设计南段路段的横断面,说明设计意图和方法、画出横断面设计图。

(1)情况一,不能进行土木工程改造。

(2)情况二,可以在道路红线范围内进行土木工程改造,但需要尽量缩小改造工程量。

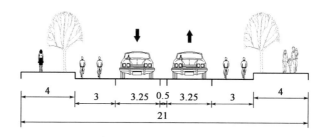

图 11-14 道路北段横断面(尺寸单位:m)

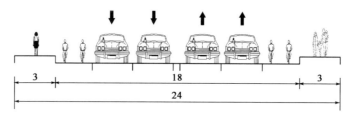

图 11-15 道路南段横断面(尺寸单位:m)

11-3 请说明为什么要进行交叉口展宽。

第十二章
交通控制与管理

交通控制与管理的主要手段有:交通法规;交通信号控制;交通标志;交通标示。交通控制与管理的目的是充分发挥已有道路交通设施的机能,使交通安全、流畅、有序地通行,并减轻噪声、废气等交通公害。交通控制与管理主要基于交通冲突分析、交通流理论以及通行能力与服务水平、延误等交通特征指标。

第一节　交通信号控制概述

交通信号控制是运用现代化的通信设施、信号灯、信号控制机(Signal Controler)、检测器[也称传感器(Detector)]、监控设备和计算机对运行中的车辆、行人、自行车等进行准确的组织、调控,使其能够安全、畅通、高效地运行。

一、交通冲突概念

交通流在通过平面交叉口时,会在交叉区域与其他方向的交通流在流线上产生"冲突",因此需在时间上分时共享该区域,来保证交通流的安全。无信控交叉口采用让行规则、信号控制交叉口采用法定信号灯及让行规则对交通流进行分时通行控制和管理。理解交叉口的交通运行须从分析其交通冲突入手。

任意两股交通流在交叉口的运行轨迹间存在交点时,认为这两股交通流之间存在交通冲突,交点称为冲突点。对某一股交通流而言,与其产生冲突的交通流通常有若干股,因此会形成一对多的冲突点组,一个典型交叉口的冲突点组如图12-1所示,实际交叉口的冲突点可能会更复杂。

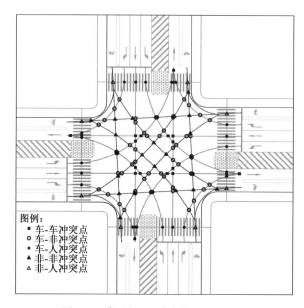

图12-1 典型交叉口冲突点(组)示意图

根据交通流间的冲突严重程度的不同,应将交叉口交通冲突分为第一类冲突(不可调和冲突)和第二类冲突(可调和冲突)。可将除行人与行人以外的任何直行与直行交通流的冲突定义为第一类冲突。除此之外的冲突在一定条件下可以确定为第二类冲突。在以下条件下,第二类冲突可以转化为第一类冲突:

(1)左转机动车与对向直行车:当左转方向上有两条及以上车道或对向直行有三条及以上车道时;或对向直行车流量较大(以致每周期可以通过的左转车辆数小于四辆;或由于左转车辆抢道引起交通混乱;或左转车流量较大,多数周期时间产生二次排队现象)时。

(2)右转机动车与平行方向行人和非机动车:当机动车和行人或非机动车流量较大以致引起严重冲突、造成交通秩序混乱时。

(3)左转非机动车与直行和/或右转机动车:当机动车和左转非机动车流量较大造成严重冲突时。

此外,同一个交叉口的某些冲突车流可能在一天之中的不同时段(例如,高峰、平峰和夜间)或在相同时段的不同绿灯时间阶段(绿灯的初期、中期或末期)具有不同的冲突性质。

第一类冲突必须通过信号控制手段分配冲突交通流的通行时间。具有第一类冲突的交通流不得出现在同一个信号相位中,其在前后相连的相位间出现必须满足绿灯间隔时间的要求。第二类冲突则可以通过让行规则来管理通行。

若某交叉口采取信号控制消除所有涉及左转和直行车流的第一类冲突,则如图12-1所示交叉口只剩下右转机动车与平行放行的行人和非机动车之间的冲突,冲突点如图12-2所示。

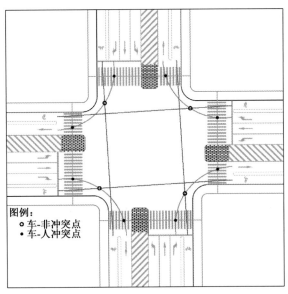

图 12-2　信号控制交叉口冲突示意图

二、交通信号控制类型

1. 按控制范围分类

（1）单个交叉口的交通控制

每个交叉口的交通控制信号只按照该交叉口的交通情况独立运行,不与其邻近交叉口的控制信号有任何联系,称为单个交叉口交通控制,简称"点控制"。这是交叉口交通信号控制最基本的单元。

（2）干道交叉口信号联动控制

把干道上若干连续交叉口的交通信号通过一定的方式联结起来,同时对各交叉口设计一种相互协调的控制方案,各交叉口的信号灯按此协调方案联合运行,使车辆通过这些交叉口时,减少重复遇上红灯,称为干道信号联动控制,也叫"线控制",俗称"绿波控制"。

（3）区域交通信号控制系统

以某个区域中的若干信号控制交叉口作为协调控制的对象,称为区域交通信号控制系统,俗称"面控制"。控制区域内各受控交通信号一般与交通控制中心联网进行集中控制。对范围较小的区域,可以整区集中控制;范围较大的区域,可以分区分级控制。按控制策略可分为定时式脱机操作控制系统和适应式联机操作控制系统。

2. 按控制方法分类

（1）定时控制

交叉口交通信号控制机均按事先设定的配时方案运行,也称"定周期控制"。一天只用一个配时方案的称为单段式定时控制;一天按不同时段的交通量采用几个配时方案的称为多时段定时控制。

（2）感应控制

感应控制是在交叉口进口道部分或全部车道上设置车辆检测器,信号灯控制参数或方案由智能化信号控制机计算,可随检测器检测到的车流信息而实时改变控制方案的一种控制方式。

(3)自适应控制

通过建立交通系统的数学模型和目标函数,根据连续测量交通流特征,如车流量、饱和度、停车次数、延误时间、排队长度等,了解和掌握系统状态,进行动态的寻优求解,合理改变系统的控制结构或参数,从而实现目标最优或次最优的一种控制方式。

3. 按控制交通流特性分类

(1)间断流交通控制

针对除高速公路及快速路以外的道路交通设施上行驶的交通流进行的信号控制手段,是常见的信号控制类型,最典型的就是平面交叉口的信号控制。

(2)连续流交通控制

连续流交通控制主要指对在高速公路或城市快速路上行驶的车流进行控制的方法。高速公路/快速道路的控制系统主要分为三个部分:

①主线控制系统。

②入口匝道控制系统。

③出口匝道控制系统。

其中使用最广泛的是入口匝道控制系统,包括单点匝道控制、多匝道协调控制、匝道与主线速度协同控制等;其次是主线控制,包括主线速度控制、车道控制等;出口匝道控制常用的控制方式为出口匝道关闭。

4. 按控制对象分类

由于机动车交通流、非机动车交通流、行人流的动力学、运动学特性不同,在交叉口根据冲突特征及绿间隔时间需求,可考虑分别进行信号控制。

国内不少城市已经出现针对公交车辆的公交优先控制。交叉口处采取公交优先控制的目的在于降低公交车在交叉口的延误,尽可能使公交车辆不停车通过交叉口,缩短公交车的行程时间;均衡公交车的车头时距,减少公交车辆运行与时刻表偏离,从而提高公交运行的准点率。包括被动优先控制、主动优先控制及实时优先控制等。

三、交通信号和信号灯

1. 交通信号

在道路上用来传送具有法定意义指挥交通流通行或停止的光、声、手势等,都是交通信号(Traffic Signal)。在道路交通信号控制中,常用的交通信号主要有灯光信号和手势信号。灯光信号通过交通信号灯的灯色来指挥交通;手势信号则由交通管理人员通过法定的手臂动作姿势或指挥棒的指向来指挥交通。

2. 信号灯含义

1968年,联合国《道路交通和道路标志、信号协定》中对信号灯含义的规定摘要如下:

(1)非闪灯

①绿灯:表示车辆可以通行,在平面交叉口,面对绿灯的车辆可以直行、左转或右转,左右转弯车辆必须让合法通行的其他车辆和人行横道线内的行人先行。但是如果在该绿灯所允许

通行的方向上,交通非常拥挤,以致进入路口的车辆,在灯色改变之后,还是通不过,这时,即使亮绿灯,车辆也不得通行。

②红灯:表示不许车辆通行,面对红灯的车辆不能超过停止线。

③黄灯:表示即将亮红灯,车辆应该停止。除非黄灯刚亮时,已经接近停止线、无法安全制动的车辆,可以开出停止线。

(2)闪灯

①闪红灯:警告车辆不准通行。

②闪黄灯或两个黄灯交替闪亮:表示车辆可以通行,但必须特别小心。

(3)箭头灯

①绿色箭头灯:表示车辆只允许沿箭头所指的方向通行。

②红色或黄色箭头灯:表示仅对箭头所指的方向起红灯或黄灯的作用。

(4)专用于自行车的信号灯

应在信号灯上加有自行车的图案。

《中华人民共和国道路交通安全法实施条例》中对信号灯含义的规定基本上与国际规定一致。我国不少地方采取了倒计时信号,如红灯倒计时、绿灯倒计时等,倒计时信号可为驾驶员提供剩余等待时间或通行时间信息,但机动车绿灯倒计时会导致车速离散、驾驶行为离散、超速等问题,机动车红灯倒计时易诱发车辆高速进入交叉口引起安全隐患,以及倒计时信号会限制感应信号控制的灵活性,由此影响信号控制的效益。

四、信号灯设置原理与依据

1. 设置交通信号控制的利弊

合理设计信号控制的交叉口,通行能力会超过停车或减速让行标志管理的交叉口。设有让行标志的交叉口的交通量接近其通行能力时,就会大大增加车辆的停车与延误,特别是次要道路上的车辆停车、延误更加严重。这时,把设有让行标志的交叉口改为信号控制的交叉口,可明显改善次要道路上的车辆停车与延误。如果交通量没有达到需要设置信号灯的条件,不合理地将让行交叉口改为信号控制交叉口,则结果可能恰得其反。

(1)增加延误,因为改为信号控制交叉口之后,要为少量次要道路的车辆放绿灯,主要道路必然增加红灯时间,使车辆产生大量停车与延误,导致能耗增加;而次要道路因车少,会出现亮着绿灯却无车通行的情况。

(2)诱发闯红灯行为,主要道路驾驶员遇红灯而停车,但在相当长时间内并未看到次要道路上有车通行,往往会诱发闯红灯。

通常,信号控制交叉口的交通事故多发在交通量较低的交叉口上或是交通量较低的时段内。因此,制定合理的交通信号灯的设置依据十分重要。在技术上,可以有据可依,避免乱设信号灯现象,避免不必要的损失和交通事故;在经济上,可避免无谓的投资浪费。

2. 设置交通控制信号需考虑的要素

让行标志交叉口改为信号控制交叉口时,主要考察两个因素:让行标志交叉口的通行能力和延误。

(1)让行标志交叉口的通行能力分析方法

根据让行标志交叉口的通车规则,次要道路上的车辆必须等主要道路车流间出现足够的可穿越间隙(Acceptable Gap)时,才能通过。间隙是指要穿越另一方向行车路线连续车流的车辆,其到达时间与被穿越车流中下一辆车到达时间之间的间隔。

因此,让行标志交叉口的通行能力等于主要道路上的交通量加上次要道路上车辆穿越主要道路车流空当的车辆数。次要道路可以通行的最大交通量可以通过计算主要道路车流中可供次要道路车辆穿越的间隙数来求出。这一理论分析有相当的深度,计算也有一定的困难;且实际上理论分析还要考虑主要道路上各向车流及次要道路对向车流对穿越车辆的影响,是一个十分复杂的问题,难以算得正确的结果。因此,国内从未用此计算来作为判断是否该采用信号控制的依据,基本上是按《道路交通信号灯设置与安装规范》(GB 14886—2016)确定。

(2) 让行标志交叉口的延误

次要道路交通量增长到一定程度,接近次要道路通行能力时,车辆延误大增,将标志控制交叉口改为信号控制交叉口的判断条件为:对比改用信号控制前后,主次道路车辆总延误的大小。如图12-3所示为英国学者给出的某T形交叉口的三组流量—延误关系曲线,图中A(视线不良情况)、B(视线良好情况)为停车让行标志交叉口的流量—延误关系曲线;C为信号控制交叉口的流量—延误关系曲线。比较曲线A、C可以看出,当进入交叉口的交通总流量超过1200辆时,信号控制交叉口的延误比停车标志交叉口小得多,此时,采用信号控制更为合理。

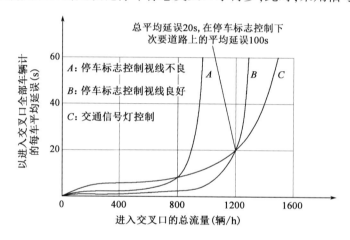

图12-3 T形交叉口上让行标志控制和信号控制时的理论延误曲线
注:主、次道路交通量之比为4:1。

交通量与延误是考察交叉口采用什么控制方式的主要可定量分析的依据,实际工作中还需根据当地的具体条件与特殊因素进行综合分析,才能按《道路交通信号灯设置与安装规范》(GB 14886—2016)的规定做出正确的决策。

3. 信号灯设置依据

我国《道路交通信号灯设置与安装规范》(GB 14886—2016)中指出,需根据交叉口和路段的流量条件及安全条件综合判断交叉口是否需要设置信号控制。

一般而言,在主干路和主、次干路相交、次干路和次干路相交的交叉口应设信号控制。此外,还应根据下列因素判断交叉口是否需要设置信号控制:

(1)由于交叉口视距不足或优先级不明确,导致交通安全难有保障的干路与支路、支路与支路相交的交叉口。

(2) 经常出现交叉口排队车辆阻塞上游交叉口。

(3) 机动车与过街行人、非机动车事故多发点,以及需要考虑特别保护的过街人群(如老年人、儿童、残疾人、病人等),但无法采取其他保护措施的交叉口和过街地点。

(4) 交通管理部门与紧急救援服务及其他安保工作特殊需要的交叉口。

第二节　信号控制的基本参数与配时设计流程

一、信号控制的基本参数

1. 信号相位

在信号控制交叉口,一股或多股交通流同时获得稳定通行权所对应的逻辑信号灯组的显示状态,称为一个信号相位(Signal Phase)。这里的逻辑信号灯组是相对于物理信号灯组的一个概念。物理信号灯组即由红、黄、绿三色灯,或红、绿二色灯组成的一组用于控制某一股或几股交通流的实体信号灯头组合。逻辑信号灯组是指信号机输出的用于驱动物理信号灯组的一组独立的红、黄、绿信号组,它是控制一股或多股交通流的信号控制基本控制单元,在信号配时图中由一条红、绿、黄图例表示。交叉口中可以布设两个或两个以上显示完全相同信号的信号灯组,它们是不同的物理信号灯组,但属于同一个逻辑信号灯组。

所有这些信号相位及其顺序统称为相位(相位方案),一般有 2 相位和多相位(3 相位以上)。信号控制机按设定的相位方案,轮流开放不同的信号显示,轮流对各向车辆和行人给予通行权。

相位方案常用相位图来表示,如图 12-4 所示的是称为基本相位方案的 2 相位方案。图中第一相位:东西向道路放绿灯,给东西向车辆以通行权,南北向道路放红灯,南北向车辆不准通行;第二相位改东西向道路放红灯,南北向绿灯,给南北向车辆以通行权。

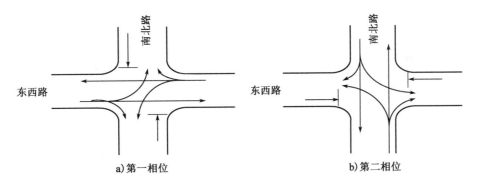

图 12-4　两相位信号的相位图

在信控交叉口的配时设计中,由于左转流量对交叉口运行的影响非常大,所以相位方案常依据左转流量的要求来确定。根据相位的设置是允许还是不允许左转车流与其他车流发生冲突,可以将相位分成允许冲突相位和保护转弯相位两类。例如在图 12-5 中,交叉口采取三相位方案,其中东西方向采取保护左转相位,南北方向采取左转允许相位。

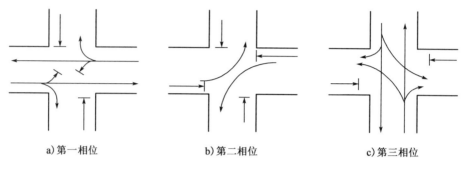

图 12-5 三相位方案

信号配时方案一般用信号配时图表达。如图 12-6 所示是图 12-4 中交叉口最基本的两相位信号的配时图。

2. 绿灯间隔时间

绿灯间隔时间(Inter-green Interval)是指在信号控制交叉口中,相互冲突的两股交通流从失去通行权的上一股交通流绿灯结束时刻到得到通行权的下一股交通流绿灯开始之间的时间间隔,以保证上一相位黄灯末期进入交叉口的车辆不与下一相位绿灯启亮时进入交叉口的车辆相撞。现有绿灯间隔时间确定方法主要对应两种极限情况:前一相位清空车辆刚过冲突点即允许下一相位车辆到达冲突点的最高效率极限情况;前一相位清空车辆已完全离开交叉口而下一相位进入车辆尚未驶出停止线的最大安全极限情况。在众多方法中,德国方法计算最为严谨,计算示意如图 12-7 所示,公式如下。

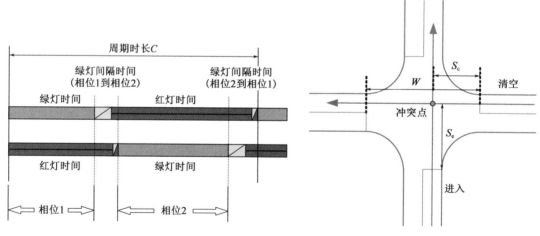

图 12-6 两相位信号配时图 　　　图 12-7 绿间隔时间计算示意图

$$I = t_u + \frac{S_c + L}{v_c} - \frac{S_e}{v_e} \tag{12-1}$$

式中:t_u——通过时间(s),一般为黄灯时间;

S_c——清空车辆从停止线到冲突点的距离(m);

S_e——进入车辆停止线到冲突点的距离(m);

L——车辆长度(m);

v_c——清空速度(m/s);

v_e——进入速度(m/s),根据相关研究,机动车清空及进入速度可取 10m/s,非机动车取 5m/s。

黄灯时间是为了避免"进退两难区"(Dilemma Zone),即信号交叉口既不能停车也不能通过的情况而设置的一种过渡信号,是绿灯间隔时间的主要组成部分,应当合理科学计算黄灯时间。有单独的非机动车信号控制时,黄灯时间可取 2~3s。

【例 12-1】 限速 60km/h 道路上机动车流黄灯时间的计算方法。

解:(1)黄灯启亮时,若驾驶员采取制动决策,对应的停车距离 s_H 由反应距离 s_{Re} 和制动距离 s_B 两部分组成(图 12-8)。

$$s_H = s_{Re} + s_B$$

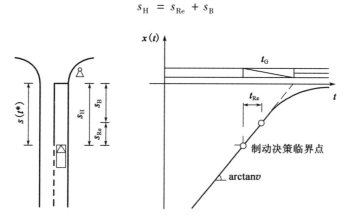

图 12-8 停车距离 s_H、反应距离 s_{Re} 和制动距离 s_B 示意图

根据第二章车辆动力学特性,反应距离和制动距离的计算为:

$$s_{Re} = v \cdot t_{Re}$$

$$s_B = \frac{v^2}{2b_v}$$

式中,v 为车辆行驶速度(m/s);b_v 为车辆制动减速度(m/s^2),为简化计算,这里直接取为 3.5m/s^2,t_{Re} 为驾驶人感知-反应时间,一般可取为 1s,则停车距离:

$$s_H = 60/3.6 \times 1.0 + (60/3.6)^2/(2 \times 3.5) = 56.35(\text{m})$$

(2)黄灯启亮时,若车辆速度较高,并且已非常接近停止线,在不超速的前提下,驾驶员应该采取通过决策,使车辆在红灯启亮前通过停止线。即在黄灯时间内,车辆将保持原行驶速度驶过一段距离 s_F:

$$s_F = v \cdot t_G$$

在限速 60km/h 的道路上,$s_F = 16.67 \times t_G$。

为保证不出现"进退两难区"(图 12-9),需满足 $s_H \leq s_F$,即:

$$16.67 \times t_G \geq 56.35\text{m}, t_G \geq 3.38\text{s}$$

因此,黄灯时间取整为 4s。

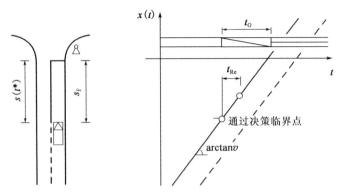

图 12-9 两难区计算示意图

【例 12-2】 信控交叉口直行车辆清空,清空速度取 10m/s,清空距离为 20m,下一相位进入车流为左转车流,左转车辆进入速度取 11.1m/s,进入距离为 18m,假设车长为 6m,计算该情况下的绿灯间隔时间。

解:绿间隔时间计算公式为:

$$I = t_u + \frac{s_c + L}{v_c} - \frac{s_e}{v_e}$$

通过时间 t_u 取 3s。

清空时间计算:直行车辆清空速度取 10m/s,则清空时间为 $(20+6) \div 10 = 2.6(s)$。

进入时间计算:左转车辆进入速度取 11.1m/s,则进入时间为 $18 \div 11.1 = 1.6(s)$。

因此,绿灯间隔时间为 $3 + 2.6 - 1.6 = 4.0(s)$。

3. 周期时长

周期时长是对应于某一进口道的信号灯各种灯色轮流显示一次所需的时间,即各种灯色显示时间之总和;或是某主要相位的绿灯启亮开始到下次该绿灯再次启亮之间的一段时间,见图 12-6,一般用 C 表示,单位为秒(s)。

周期时长是决定点控制定时信号交通效益的关键控制参数,周期时长的确定应考虑延误、行人过街时间、饱和度上限、短车道、排队长度和通行能力等因素。

应设定合理的周期时长范围。最小周期应不小于 40s,最大周期应不超过 150s,以 5s 为最小单位时间。周期时间过长,会导致排队过长,延误增加;周期时间过短,则导致相位切换频繁,损失时间占比增加,通行能力难以满足实际要求。

实际中,信号周期时长也可以按保证各方向机动车流、自行车流不至于出现二次排队所需的各相位最小绿灯时间的和及各相位绿灯间隔时间和,加一个设计余量进行计算。

二、单点交叉口信号配时设计流程与关键参数计算

1. 设计流程

交通流量是进行交通信号控制方案设计的基础条件,交通流量时变特征是划分信号配时时段的依据,一般来说,城市道路交叉口的信号配时时段应至少包括早高峰、晚高峰、平峰和低峰等四个时段。

进口道渠化方案设计必须同信号控制方案同步进行并反复调整,使渠化方案与信号控制

相位方案充分协调,最大限度地提高信号控制交叉口的交通安全与通行效率。交叉口信号配时设计的基本流程如图 12-10 所示。

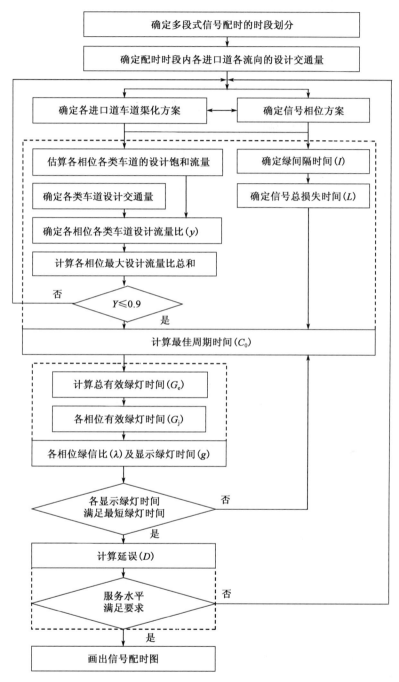

图 12-10 交叉口信号配时设计的基本流程

2. 数据采集要求

信号配时设计中需要采集的基础数据是配时时段内对应的机动车(需换算成当量小汽车)、非机动车、行人的小时交通量。

3.关键参数计算

(1)设计交通量

机动车设计交通量应根据各配时时段中的最高15min流量换算的小时交通量,按公式(12-2)计算:

$$q_{d_{mn}} = 4q_{15_{mn}} \tag{12-2}$$

式中:$q_{d_{mn}}$——配时时段中,进口道m、流向n的设计交通量(pcu/h);

$q_{15_{mn}}$——配时时段中,进口道m、流向n的高峰小时中最高15min的流量(pcu/h)。

若无最高15min流量的实测数据,可按公式(12-3)估算设计交通量:

$$q_{d_{mn}} = \frac{Q_{mn}}{\text{PHF}_{mn}} \tag{12-3}$$

式中:Q_{mn}——配时时段中,进口道m、流向n的高峰小时交通量(pcu/h);

PHF_{mn}——配时时段中,进口道m、流向n的高峰小时系数,主要进口道可取0.75,次要进口道可取0.8。

行人交通流可分两个方向调查断面流量,非机动车交通流应调查各流向流量,需特别关注左转非机动车流量。

(2)设计饱和流量(或设计饱和流率)

饱和流量定义见第二章。饱和流量随交叉口几何因素、渠化方式及各流向交通冲突等情况而异,比较复杂。因此,应尽量采用实测数据;实在无法取得实测数据时,例如新建交叉口设计时,饱和流量采用基本饱和流量乘以各影响因素校正系数的方法估算。具体估算方法可查阅《城市道路交叉口规划规范》(GB 50647—2011)。在实际计算中,一般先选用理想的饱和流量,然后考虑实际的道路和交通条件,对理想饱和流量进行修正。

(3)流量比

逻辑信号灯组流量比为逻辑信号灯组的设计交通量与设计饱和流量之比,按公式(12-4)计算:

$$y = \frac{q_d}{S_d} \tag{12-4}$$

式中:y——逻辑信号灯组流量比;

q_d——逻辑信号灯组设计交通量(pcu/h);

S_d——逻辑信号灯组设计饱和流量(pcu/h)。

周期总流量比取各相位中逻辑信号灯组流量比最大值之和,即关键逻辑信号灯组流量比之和。

(4)绿灯间隔时间

绿灯间隔时间计算详见公式(12-1)。

(5)信号总损失时间

信号总损失时间包括启动损失时间和清空损失时间,而在交叉口配时设计的计算中,可将其简化为绿灯间隔时间之和,与相位数相关,可按公式(12-5)计算:

$$L = \sum_k I \tag{12-5}$$

式中:I——绿灯间隔时间(s);

k——相位数。

（6）周期时长

英国 Webster 以延误最小作为周期时长（Cycle Length）的优化指标，得出 Webster 最佳周期时长公式：

$$C_0 = \frac{1.5L + 5}{1 - Y} \tag{12-6}$$

（7）绿灯时间及绿信比

可根据等饱和度的原则来分配各相位的绿灯时间。每周期的总绿灯时间计算公式如下：

$$G = C - L \tag{12-7}$$

式中：G——总绿灯时间(s)；
C——周期时长(s)；
L——总损失时间(s)。

各相位的绿灯时间按公式（12-8）计算：

$$G_j = G \frac{y_j}{Y} \tag{12-8}$$

式中：G_j——相位 j 的绿灯时间(s)；
y_j——该相位的关键逻辑信号灯组流量比；
Y——周期总流量比。

各相位的绿信比（Split）按公式（12-9）计算：

$$\lambda_j = \frac{G_j}{C} \tag{12-9}$$

式中：λ_j——相位 j 的绿信比。

三、信号控制中对行人、非机动车的考虑

交叉口信号控制除考虑机动车外，还必须同时考虑行人和非机动车的通行需求，并充分保证其过街的安全和便捷。规范的做法是：根据道路的等级和功能，以及不同交通方式路权的高低采取区别化的方法对行人和非机动车进行信号控制；通过信号控制减少或消除行人、非机动车与转弯车辆的冲突，但同时不应导致行人红灯时间过长；计算交叉口绿灯间隔时间时，应同时计算非机动车、行人所需的绿灯间隔时间；特别是右转车交通量较大时，会导致与行人、非机动车冲突频繁，事故多发。因此，在这种情况下，宜采用合适的右转车控制策略，消除或减少行人、非机动车与右转车的冲突。

1. 信号控制中对行人的考虑

在行人信号配时参数的设计中，最关键的是行人清空时间，即对应我国常用行人绿闪信号的时间。行人清空时间应保证行人可以完成清空，即绿灯最后一秒进入横道线的行人可安全通过人行横道全程；有安全岛的情况下，需保证行人完全通过路侧至安全岛的距离。计算行人清空时间公式如下：

$$t_c = \frac{L_0}{v_p} \tag{12-10}$$

式中：t_c——行人清空时间(s)；

L_0——人行横道长度或人行道与安全岛之间的距离(m);

v_p——行人清空步速(m/s),一般取 1.0m/s。

行人最大红灯时间不应超过 90s;安全岛上行人最大红灯不应超过 45s,极限情况下不得超过 60s,否则极易导致行人闯红灯。

路中有过街安全岛式的人行横道应设计协调的行人信号控制,避免行人在安全岛上等待时间过长,积累行人过多或由于安全岛面积不足导致行人溢出安全岛。路段行人过街信号控制宜与上下游交叉口协调设计,或在行人过街需求波动较大的路段设置感应式行人过街控制。在商业街或休闲街道交叉口,各方向过街行人众多,可采用行人专用相位。在对角线方向过街行人流量较大的交叉口,可以沿对角线方向设置人行横道和行人专用相位。

2. 信号控制中对非机动车的考虑

在两相位交叉口,当红灯期间左转非机动车平均到达流量较大(>15 辆/周期),宜设置左转非机动车专用信号和专用相位;或采用其他非机动车过街组织方式;四相位交叉口,当相位切换期间非机动车所需的绿灯间隔时间显著超出平行方向机动车时,应设置非机动车专用信号,并采取非机动车信号早断,以保障非机动车的安全。

左转非机动车是交叉口最难处理的车流之一。在无非机动车专用信号的交叉口,非机动车根据机动车信号通行,信号配时中绿灯间隔时间的设置应满足非机动车安全清空的需求,特别是左转非机动车的需求。在无机动车左转专用相位或者禁止机动车左转的信控交叉口,当左转非机动车流量不大,左转非机动车待行区面积可满足非机动车停车需要时,可采用左转非机动车"二次过街"的交通组织方式,左转非机动车按照直行机动车信号通行,进入待行区内等待,并且必须采用适当的信号和标志进行辅助管理。

四、感应信号控制

感应式信号(Traffic Actuated Signal)控制是根据检测到的车流特征实时调节信号控制参数,以使绿灯信号与车流匹配,减少绿灯时间的浪费,提高信号控制效率的一种信号控制方式。在低饱和度运行的条件下,具有良好的调节功能,在各方向车流均饱和的情况下,感应信号控制有失去其调节功能的可能性。

感应信号的基本工作原理如图 12-11 所示。当一相位启亮绿灯时,信号控制器内预设有一个"初期绿灯时间"(g_i),到初期绿灯结束时,如在一个预置的时间间隔内(这个时间间隔称之为"单位绿灯延长时间 g_0")无后续车辆到达,则即可更换相位。这个初期绿灯时间(g_i)加上单位绿灯延长时间(g_0)就是最短绿灯时间(g_{min});如检测器测到有后续车辆到达,则每测得一辆车,绿灯就延长一个预置的单位绿灯延长时间,即只要在这个预置的时间间隔内,车辆中断,即换相;连续有车,则绿灯连续延长。绿灯一直延长到一个预置的"极限延长时间"(g_{max})时,即使检测到后面仍有来车,也中断这个相位的通车权。实际绿灯时间(g)大于最短绿灯时间(g_{min})而小于绿灯极限延长时间(g_{max})。

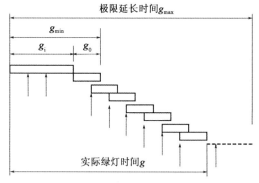

图 12-11 感应信号工作原理图

感应信号控制的实现离不开检测器的设置,

并且需要根据控制目的设计控制流程。比如,在消防队、救护车等紧急车辆的出入口,可以在出入口所在道路(次路)上设置检测器,实现出入口次路优先。平时,主路上总是绿灯,对次路预置最短绿灯时间。当次路上检测器测到有车时,立即改变相位,次路为绿灯,后继无车时,相位即返回主路;否则,到达最短绿灯时,强制改换相位。控制流程如图 12-12 所示。

单点感应信号控制适用于以下情况:

(1)不在干线协调控制系统中,交通量变化大而且不规则、难以用定时信号控制处理的交叉口。

(2)有一个或多个流向的交通量时有时无或多变的复杂交叉口。

(3)有特殊车辆通过且需要优先通行的交叉口。

在行人流量较少的路段或交叉口人行横道处,宜通过行人请求进行感应控制。在有快速公交和有轨电车通过,且设置公交优先控制的交叉口,应设置感应式信号控制。

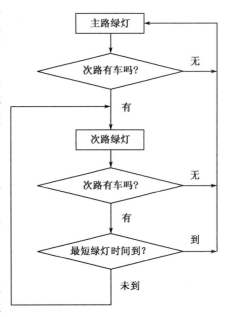

图 12-12 次路优先感应控制流程图

五、信号控制优化评价

1. 运行效果宏观评价

以饱和度为指标对交叉口机动车的运行状况进行宏观评价。饱和度是交叉口的到达交通量与通行能力的比值(V/C)。

(1)通行能力的计算

①步骤一:计算资料的准备。

a. 交叉口的平面布局。确定交叉口的形式,各进口道的宽度、机动车道的条数和车道类型等。

b. 交通流量。根据实测资料和规划要求,确定高峰小时流量,车流转弯比例,如车辆流向分布、车道分布、信号灯配时参数等。

②步骤二:计算方法和参数的确定。

a. 根据实际情况选择适当的计算方法。

b. 确定选用的计算方法涉及的各项参数。

③步骤三:通行能力的计算。

a. 计算一条进口车道的设计通行能力:该车道饱和流量及其所属信号相位绿信比的乘积,单位以小车当量计。

b. 计算各个进口道的设计通行能力:一条进口道的通行能力是此进口道上各条进口车道通行能力之和。

c. 验算该进口道的设计通行能力。

d. 计算整个交叉口的设计通行能力,即各个进口道的设计通行能力之和。可以按照下式计算:

$$CAP = \sum_i C_i = \sum_i S_i \lambda_i = \sum_i S_i \left(\frac{g}{c}\right)_i \tag{12-11}$$

式中：C_i——第 i 条进口车道的通行能力（pcu/h）；

S_i——第 i 条进口车道的饱和流量（pcu/h）；

λ_i——第 i 条进口车道所属信号相位的绿信比，$\lambda_i = g_i/c$ 或写为 $\lambda_i = (g/c)_i$；

g_i——第 i 条进口车道所属信号相位的绿灯时间（s）；

c——周期时长（s）。

（2）饱和度计算

饱和度是到达交通流率与通行能力之比（V/C），通常用 x 表示，采用下式计算：

$$x_i = \left(\frac{V}{C}\right)_i = \frac{V_i}{S_i \cdot \left(\frac{g}{c}\right)_i} \tag{12-12}$$

$$x_i = \frac{V_i c}{S_i g_i} = \frac{\dfrac{V_i}{S_i}}{\left(\dfrac{g}{c}\right)_i} \tag{12-13}$$

式中：x_i——进口道 i 的 V/C 值，其数值的范围从 0.00（流率等于零）到 1.00（流率等于通行能力）；

V_i——进口道 i 的实际流率（pcu/h）；

S_i——进口道 i 的饱和流率（pcu/绿灯 h）；

V_i/S_i——进口道 i 的实际流率 V 与其饱和流率之比。

需要注意，进口道 i 可能包括左转、直行等车道组，车道组是指交叉口各进口受同一逻辑信号灯组控制的所有车道。

信号配时应保证各车道组饱和度均衡，若不同车道组饱和度相差较大，则应通过调整车道功能和信号配时均衡各车道组饱和度。交叉口饱和度评价应取各车道组饱和度的最大值。新建或改建交叉口饱和度应不超过 0.9，改善交叉口饱和度应不超过 1.0。

2. 运行效果微观评价

以延误为指标对交叉口进行微观评价。可采用实测方法获取延误，当实测有困难时，可采用理论计算或仿真分析的方法获取延误。饱和度大于或等于 0.9 的情况下，理论计算延误存在较大误差，不宜采用；当采用仿真分析获取延误时，应对微观交通仿真模型进行充分的标定和验证，以保证模型分析计算的精度。

（1）交叉口机动车延误计算

交叉口机动车延误计算中，应对交叉口各进口道分别估算各车道的每车平均延误；进口道每车平均延误是进口道中各车道延误的加权平均值；整个交叉口的每车平均延误是各进口道延误的加权平均值。美国《通行能力手册》（HCM2016）中给出的计算方法如下：

$$d = d_1(\text{PF}) + d_2 \tag{12-14}$$

$$d_1 = \frac{0.5C\left(1 - \dfrac{g}{c}\right)^2}{1 - \left[\min(1, X) \cdot \dfrac{g}{c}\right]} \tag{12-15}$$

$$\mathrm{PF} = \frac{(1-P)f_{\mathrm{PA}}}{1-\frac{g}{c}} \qquad (12\text{-}16)$$

$$d_2 = 900T\left[(X-1) + \sqrt{(X-1)^2 + \frac{8kIX}{CT}}\right] \qquad (12\text{-}17)$$

式中：d——每辆车的控制延误(s/pcu)；

d_1——均匀控制延误，为假设车辆均匀到达时的延误；

PF——均匀延误信号联动校正系数，表示信号联动控制的影响；

d_2——增量延误，是由于车辆随机到达和过饱和排队引起的延误，其计算与分析时段和信号控制有关，并假设分析开始时，车辆组内没有排队车辆；

P——绿灯时间内到达车辆比；

g/c——有效绿信比；

f_{PA}——对绿灯期间，车辆成车队到达的校正系数；

T——分析时段，是分析持续时间长度(h)；

k——增量延误参数，和控制设定有关；

I——交叉口上游筛选的或测量的校正参数；

C——车道组通行能力(pcu/h)；

X——车道组V/C比，即饱和度；

c——信号周期长(s)，是定时控制信号的周期长度，或者是感应控制的平均信号周期长度；

g——车道组的有效绿灯时间(s)，是定时信号控制的绿灯时间，或者感应控制的平均有效绿灯时间。

由于上一个分析时段结束后，仍然有车辆排队，使得在分析时段(T)开始时就有排队车辆。由于这部分排队车辆要在其后到达的车辆之前离开，所以引起了分析时段(T)内到达车辆额外延误。在每个分析时段末，仍有排队车辆，则其延误移到下个分析时段分析；如果某个分析时段末没有排队车辆，则d_2值为0。

按该进口道中各车道延误的加权平均数估算各进口道的平均延误：

$$d_{\mathrm{A}} = \frac{\sum_i d_i q_i}{\sum_i q_i} \qquad (12\text{-}18)$$

式中：d_{A}——进口道A的平均信控延误(s/pcu)；

d_i——进口道A中第i车道的平均信控延误(s/pcu)；

q_i——进口道A中第i车道的小时交通量换算为其中高峰15min的交通流量(pcu/h)。

整个交叉口的平均信控延误，按该交叉口中各进口道延误的加权数估算：

$$d_{\mathrm{I}} = \frac{\sum_A d_{\mathrm{A}} q_{\mathrm{A}}}{\sum q_{\mathrm{A}}} \qquad (12\text{-}19)$$

式中：d_{I}——交叉口每车的平均信控延误(s/pcu)；

q_{A}——进口道A的高峰15min交通流量(pcu/h)。

(2) 交叉口行人平均延误

交叉口行人延误可按下式计算：

$$d_{\mathrm{p}} = \frac{(C - g_{\mathrm{p}})^2}{2C} \tag{12-20}$$

式中：d_{p}——行人平均延误(s/人)；

　　　C——周期时长(s)；

　　　g_{p}——行人相位的绿灯时间(s)。

(3)信号控制交叉口的服务水平

采用高峰15min内的车均(人均)延误评价信控交叉口的服务水平。机动车、行人的服务水平分级标准如表12-1、表12-2所示。

信控交叉口机动车服务水平分级标准　　　　　　　　　　表12-1

平均延误(s/veh)	饱和度≤1.0	驾驶员与乘车人感受
≤10	A	交通通畅,满意
10～20	B	略需等待,基本满意
20～35	C	虽有一定阻断,但可接受
35～55	D	感觉到明显的交通拥挤,表现出一定的烦躁情绪,但尚能忍受
55～80	E	交通已阻塞,厌烦情绪加剧,勉强能忍受
＞80	F	交通严重阻塞,等待通过的时间过长,已超过忍受的极限

注：《安徽省城市道路交叉口信号控制设计规范》(DB 34/T 2423—2015)和美国《通行能力手册》(HCM2016)中服务水平分级标准是一致的。

信控交叉口行人服务水平分级标准　　　　　　　　　　表12-2

人均延误(s)	服务水平	人均延误(s)	服务水平
＜15	A	＜45	D
＜20	B	＜60	E
＜30	C	≥60	F

注：本表出自《安徽省城市道路交叉口信号控制设计规范》(DB 34/T 2423—2015)。

第三节　干线控制

一、干线协调控制的定义

在城市干道上，各交叉口分别设置单点信号控制时，车辆会随机性遇到红灯，造成行车不畅，也会因此加重环境污染，特别是在交叉口间距较小时。为使车辆在干道上能够畅通，减少频繁停车，可以把一条干道上若干相邻的交通信号加以协调，以实现干线交叉口交通信号的联动控制(简称线控制，也称绿波控制)。根据协调控制的方向可分为单向绿波控制和双向绿波控制。单向绿波总可以实现，而实现双向绿波需要一定的条件，一般可以通过调整相序来满足绿波的要求。

二、干线协调控制的关键参数

1. 周期时长

在信号控制系统中,为使各交叉口的交通信号能取得协调,各个交通信号的周期时长必须是统一或者成倍数关系。为此,必须先按单点定时信号的配时方法,根据系统中各交叉口的布局及交通流向、流量,计算出各个交叉口交通信号所需的周期时长,然后从中选出最大的周期时长作为这个系统的周期时长,把周期时长最大的这个交叉口确定为关键交叉口。对有些交通量较小的交叉口,实际周期时长接近于系统周期时长的一半,可把这些交叉口的信号周期时长定为系统周期时长的半数,这样的交叉口叫作双周期交叉口。

2. 绿信比

在信号控制系统中,各个信号的绿信比是根据各个交叉口各向交通量的流量比来确定的,因此,控制系统中,各个交叉口信号的绿信比不一定相同。

3. 时差

时差也称"相位差"(Offset),有绝对时差和相对时差之分。

(1)绝对时差

绝对时差是指各个信号的绿灯或红灯的起点或中点相对于某一个标准信号绿灯或红灯的起点或中点的时间之差。

(2)相对时差

相对时差是指相邻两信号的绿灯或红灯的起点或中点之间的时间之差。相对时差等于两个信号绝对时差之差。

以红灯中点为标准的时差与以绿灯中点为标准的时差是相等的,一般多用于线控制的通过带方法中确定信号时差;以红灯起点或绿灯起点为标准的时差,一般多用于面控制系统中确定信号时差。各信号的绿信比相等时,各不同标准点的时差都相等。一般多用绿灯起点或中点作为时差的标点,称为绿时差。为使车辆通过协调信号控制系统时能连续通过尽可能多的绿灯,必须使相邻信号间的绿时差同车辆在其间的行程时间相适应,所以时差是信号控制系统实现协调控制的关键参数。

4. 时间-距离图

线控制系统配时方案通常可用时间-距离图来描述,如图 12-13 所示。图中以时间(即信号配时)为纵坐标,干道上交叉口间距离为横坐标。

图 12-13 中所绘一对平行斜线所标定的时间范围称为通过带,其宽度就是通过带宽(或绿波带宽),简称带宽。它确定干道上交通流所能利用的通车时间,以秒(s)或周期时长的百分数计。平行斜线的斜率就是车辆沿干道可连续通行的车速,可称为通过带速度,简称带速。

三、干线协调控制的适用条件

对于线控信号系统的设计应该考虑以下主要因素:

1. 车流的到达特性

在交叉口,车辆形成车队,脉冲式地达到,采用线控系统可以得到良好的效果。如果车辆

的到达是均匀的,线控效果就不理想。产生车辆均匀到达的因素是:

(1)交叉口之间的距离太远,即使是成队的车流,也因其间距远而引起车辆离散,不成车队。

(2)在两个信控交叉口之间,有大量的交通从次要街道或路段中间的出入口(例如商业中心停车场、库等)转入干线。

(3)在有信号的交叉口处,有大量的转弯车辆从相交街道转入干线。

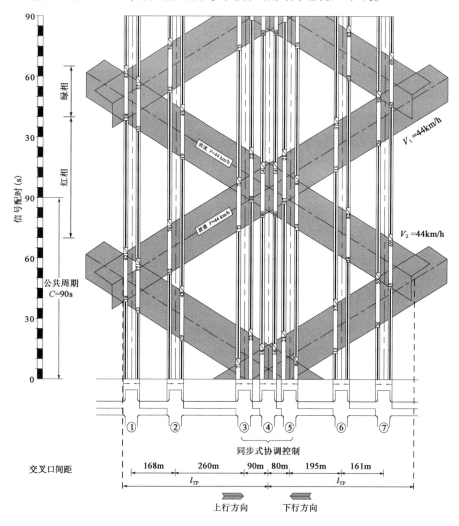

图 12-13 双向绿波的时间-距离图

2. 信控交叉口之间的距离

在干道上,信控交叉口之间的距离越远,线控效果越差,一般不宜超过800m。

3. 道路运行条件

单向交通运行有利于线控系统的实施效果,因而对单向交通运行的干道应优先考虑采用线控系统。

4. 信号的相位和相序

由于信号配时方案和信号相位密切相关,可以通过选用合适的相位和相序满足绿波设计的要求。

5. 交通随时间的波动

车辆到达特性和交通量的大小,在每天的各个时段内有很大的变化。高峰期交通量大,容易形成车队,用线控系统会有较好的效果;即使在非高峰期,结合车辆到达特性线控系统也会有一定的效果。

第四节 交 通 管 理

一、交通法规

交通法规是道路交通使用者在通行中必须遵守的法律、法令、规则和条例的统称。交通法律或法令由国家制定并颁布执行;交通规则、条例属于政令,由主管机关根据国家的交通法律、法令制定并颁布执行。制定交通法规的目的是为了保证行人与车辆在道路上能安全运行,交通法规的基本内容包括对"人、车、路、环境"的管理。

二、道路交通标志

道路交通标志(Traffic Signs)是用文字或符号对交通进行导向、警告、规制或指示的一种道路交通管理设施,一般设在路侧或者道路上方(跨路式)。交通标志给道路交通参与者以确切的道路交通情报,使道路交通达到安全、畅通、低公害和节约能源的目的。

交通标志是随着交通的发展而发展起来的。随着机动车交通的迅速发展,各国交通往来越来越多,有必要制定国际性的交通标志。1949年联合国交通运输委员会首先提议交通标志的国际化;1968年联合国召开道路交通会议,通过了"关于道路交通标志和交通信号的条约",使交通标志逐步走向国际化。交通标志是交通法规中的一部分,因此,交通标志的国际统一是交通法规国际统一的一部分。

1. 交通标志的分类

我国的交通标志分为主标志和辅助标志两大类。主标志包括警告标志、禁令标志、指示标志、指路标志、旅游区标志、作业区标志、告示标志7种。交通标志以颜色、形状、图符等向道路使用者传递信息,促进交通畅通和行车安全。

警告标志:警告车辆驾驶员、行人前方有危险,道路使用者需谨慎通过。

禁令标志:禁令标志的作用是禁止、限制及相应解除,道路使用者应严格遵守。

指示标志:是指示车辆、行人按标志指示的路线、方向行驶。

指路标志:是引导道路信息,为驾驶员传递道路方向、地点、距离等信息。

旅游区标志:作用是方便旅游者识别通往旅游区的方向和距离,了解旅游区的类别。

作业区标志:作用是通告驾驶员前方道路正在维修、施工或损毁,导致交通阻断或须绕行等情况。

告示标志:作用是解释、指引道路设施、路外设施。

辅助标志:附设在以上主标志下,起辅助说明作用。

2. 交通标志三要素

交通标志必须在极短时间内使驾驶员能易于辨识和记忆,这是对道路交通标志的主要设计要求,也是交通标志的视认性要求。决定视认性的要素就是交通标志的颜色、形状及图符。

(1)颜色。在选择交通标志颜色时,应考虑人的心理效果,因此各国所用交通标志的颜色基本是相同的。如红色有危险感,因此在交通上表示停止、约束的意思,一般都用作禁令标志或规制标志;黄色有警戒、警告之意,一般都用作警告标志;绿色有和平、安全感之意,在交通上表示安全、可通行,一般都用作导向标志;蓝色有沉静、安静之意,一般用作导向、指示标志。

另外,考虑到周围景色对交通标志视认性的影响,要求文字最好用暗色,文字与底色的亮度差要大一些。

(2)形状。交通标志选用形状的原则也是视认性要强,一般选用最简单的形状。从视认性看,三角形最好,菱形其次,角越多视认性越差,矩形最易同广告及其他结构物混淆。

(3)图符。图符是文字、符号及图案的简称。交通标志图符的含义要求一目了然,不易产生误解,甚至外国人也能理解。

三、道路交通标线

道路交通标线是由标划于路面上的各种线条、箭头、文字、立面标记、突起路标和轮廓标等所构成的交通安全设施。其作用是管制和引导交通,可以与标志配合使用,也可以单独使用。

1. 交通标线的种类

交通标线按功能可分为指示标线、禁止标线和警告标线三类。

(1)指示标线:作用是为道路使用者指示车行道、行车方向、路面边缘、人行道、停车位、停靠站、可跨越车道分界线、左转待行区线、导向车道线等。

(2)禁止标线:作用是告示道路交通的遵行、禁止、限制等特殊规定,如不准车辆跨越的双黄实线、停车让行线、禁止停车线等驾驶员及行人需严格遵守的标线。

(3)警告标线:作用是促使驾驶员及行人了解道路上的特殊情况,提高警觉,准备防范应变措施的标线,如车道渐变标线、接近障碍物标线等。

道路交通标线按形态分,可分为线条、字符标记、突起路标和轮廓标。

(1)线条:标画于路面、实体交通岛或缘石或立面上的实线或虚线。

(2)字符标记:标画于路面上的文字、数字及各种图形符号。

(3)突起路标:安装于路面上用于标示车道分界、边缘、分合流、弯道、危险路段、路宽变化、路面障碍物位置的反光或不反光体。

(4)轮廓标:安装于道路两侧,用以指示道路的方向、车行道边界轮廓的反光柱(或片)。

2. 交通标线的特性

(1)颜色。传统的道路交通标线采用白色,因为白色比较醒目,视认性效果较好。近年来许多国家在交通标线中使用黄色标线,分隔限制道路对向车流相互跨越和干扰。黄色标线主要解决了原来标线的单调色彩,有利于交通安全。

(2)标线长、宽尺寸。驾驶员的行车视觉对纵向和横向交通标线的宽度有着不同的要求。

各国对纵向标线宽度一般取 10~15cm,标线宽度与道路宽度成正比。横向标线宽度应比纵向标线宽,因为驾驶员在行车中发现横向标线往往是由远到近,尤其在距横向标线较远时其视角范围很小,加上远小近大的原理,加宽横向标线很有必要,一般宽度为 20~40cm。

暗底色上的白色虚线标线,虚线中的实线段长度与间隔之比与车辆的行驶速度直接有关。实线段与间隔距离太近,会造成闪现率过高而使虚线出现连续感,对驾驶员产生过分的刺激。在郊外公路上线段与间隔的闪现率不大于 4 次/s 被认为是可以接受的,闪现率 2.5~3.0 次/s 效果最好。

(3)反射性。为了确保夜间的视认性,路面标线可采用具有反射特性的材料。

四、公交优先通行管理与控制

公共汽(电)车载客量大,可以更加有效地利用道路,60 人分别采用公共汽车、小汽车、自行车出行占用道路面积的差异如图 12-14 所示。因此,通常采用公共汽(电)车优先通行的办法来提高运行效率与服务质量,引导人们弃"车"就"乘"。

a)小汽车　　　　　　　b)公共汽(电)车　　　　　　　c)摩托车

图 12-14　公共汽(电)车与小汽车、摩托车的道路利用效率比较

1. 公交优先通行空间管理

公交专用道是在规定时间内,只允许公共汽(电)车及其他指定车辆通行的车道和道路,包括公交专用车道和公交专用路等。其他指定车辆是指法律法规规定的在特定情况下可以使用公交专用道的机动车辆。

(1)公交专用车道

公交专用车道形式有路中式公交专用车道、路外侧式公交专用车道、路次外侧式公交专用车道、逆向式公交专用车道、公交专用进口车道等。

(2)公交专用路

在规定时间内,只允许公共汽(电)车及其他指定车辆通行的道路。例如,专门供公交车和自行车行驶的道路、厦门高架快速公交专用路等。

(3)公交专用进口车道

公交专用进口车道是指在交叉口的进口道范围内设置一条或若干条专门供公交车专用的车道。

2. 交通信号的公共交通车辆优先控制

要提高公共交通车辆的运行效率,降低公共交通车辆在交叉口的延误是十分重要的。即尽可能使公交车辆不停车通过交叉口,缩短公交车的行程时间;均衡公交车的车头时距,减少公交车辆运行与时刻表偏离,从而提高公交运行的准点率。用交通信号优先控制来降低公共交通车辆在交叉口的延误有以下四种方法:

(1) 调整信号周期

按公交车的交通量缩短信号周期(不能采用最短周期时间),以减少公交车在交叉口的停车时间。

(2) 增加公交车通行次数

在行驶一般车辆的道路与行驶公交车的道路相交的交叉口上,一般道路如有两个相位时(A 相和 B 相),可用其中的一个相位(如 B 相)把公交车道路相位(C 相)的绿灯时间分为两段,分别列在 B 相位的前后(这时相位次序成为 AC_1BC_2),以增加公交车的通车次数并降低其延误时间。

(3) 使用公交车感应信号

在公交车上安装有固定频率的专用信号发射器,路上设置相应频率的信号检测器,检测器与交通信号控制机相连。当公交车接近交叉口时,向检测器发出信号,检测器即把信号传给控制机,控制机指令信号灯由红灯改为绿灯,或继续延长绿灯时间。公交停靠站设在交叉口上游一方时,可把检测器设在停靠站附近,当公交车离站时就可通知信号灯放绿灯,以免在交叉口前再次停车。

(4) 使用公交车放行专用信号灯

这种专用信号灯一般为方形,与一般信号灯有明显区别。安装在公交车专用车道上的检测器测得有公交车到达时,这种专用信号灯即显示绿色,公交车进入交叉口后,一般信号灯才显示绿色,其他车辆在公交车后面通行,以保证公交车优先通过交叉口。

随着车辆自动定位系统(Automation Vehicle Location,简称 AVL),全球定位系统(Global Positioning System,简称 GPS)等信息采集和传输技术的发展,公交优先控制策略逐步从被动优先发展到主动优先、实时优先策略。三种控制策略的特征及对检测器的要求列于表 12-3。

三种公交优先控制策略 表 12-3

控制策略	控制目标	交叉口控制模式	时刻表		线路和车辆		检测器				适用公交类型	
							公交检测器			社会车辆检测器		
			需要	不需要	区分	不区分	检入	检出	实时		常规公交	BRT、有轨电车
被动优先	公交车辆延误最小	定时控制		√		√					√	
主动优先	公交车辆延误最小	感应控制		√	√		√	(√)		√	√	√
实时优先	多项性能指标优化,含公交时刻表偏移最小或公交车车头时距偏移最小	感应控制	√		√		√	√	√	√	√	√

(1) 被动优先控制

在有公交专用道的定时控制交叉口,可采取预信号的控制方法,即在交叉口进口道处设置两条停止线,两条停止线之间的距离应不少于30m,红灯期间公交车可进入机动车排队区域前方,等待绿灯启亮。或根据历史数据,可在公交运行的高峰时段内适当延长周期时间,或给公交运行方向更多的绿灯时间。

(2) 主动优先控制

在感应控制交叉口,可根据公交检测器检测到的公交到达情况,结合公交车辆到达时所处的信号阶段,采取绿灯延长、红灯早断、插入相位等做法。

①当公交车辆在绿灯末期到达时,可采取绿灯延长的控制策略。

②当公交车辆在红灯末期到达时,可采取红灯早断的控制策略。

③当公交车辆在红灯期间到达时,在不会对其他相位和车辆造成较大影响的条件下,可插入专用的公交相位。

(3) 实时优先控制

基于公交车辆的实时检测数据为公交车辆提供信号优先的同时,以性能指标最优或公交车辆时刻表或公交车头时距偏移最小为优化目标,对交叉口的整个信号配时方案进行优化。优化方法包括基于模型的优化、基于规则的优化以及基于模型和规则的优化。

公交优先的信号控制需要控制系统有极高的灵活性,需要考虑各方面的约束条件,需要检测和通信设备的支撑,是信号控制的高级形式。实际工程中可以划分不同等级,根据不同的需求和条件实现不同程度的优先。即通常需要协调公交车辆与其他交通流的关系,采取有条件的公交优先控制策略,并处理好以下关系:

①公交优先控制不得突破交叉口机动车、非机动车及行人最小绿灯时间和最大红灯时间的约束条件。

②公交优先控制应协调社会车辆和公交车辆的关系,可采取在控制算法中设置不同优先等级的方法。在通行能力有剩余的交叉口,公交车辆可以给予高的优先等级,而在高流量、公交车密集的路口,可以降低公交车辆的优先等级。

③如果交叉口的不同方向同时发出公交通行请求,宜对不同方向的公交车设置不同的优先等级。一般而言,BRT、有轨电车的优先级高于常规公交,有公交专用(进口)道的常规公交优先级高于与社会车辆混行的常规公交;当不同方向同一优先级公交同时提出通行请求时,可综合考虑同方向社会车辆的停车排队情况,以及行人、非机动车的等待时间等因素采取合适的控制策略;在检测设备完善的条件下,可根据公交线路的车头时距均衡程度或公交时刻表偏移程度,利用条件优先策略为早到、晚到或者正点公交车辆给予不同的优先等级。对于公交流量较大的主次干道,宜考虑干线层面的公交优先控制,建立和处理动态的优先列表,以避免公交车辆在上游交叉口获得的优先效果在下游被抵消。

④快速公交和有轨电车应采用尽量高级的实时优先,且交叉口必须是感应控制、无绿灯倒计时设置。快速公交在专用道上通行,对向转弯车辆必须设置专用相位。

习题

12-1 如图 12-15 所示为一常规四路交叉的信号控制交叉口,已知交叉口限速为 50km/h,坡度为 0°,机动车车辆长度取 6m,建议最大减速度为 $3.5m/s^2$,非机动车车辆长度取 2m,各类清空速度、清空距离、进入速度及进入距离如图 12-15 所示。图中各进口道上不同车道对应的车流依次编号为 M1,M2,M3,…(M 表示一股交通流)。机动车灯组用 K1,K2,K3,…表示;非机动车灯组用 B1,B2,B3,…表示。

(1)请计算机动车相位的黄灯时间(建议反应时间为 1s,通过速度与限速一致)。

(2)请计算在东西左转相位结束,南北直行相位启动间,车流 M4 与 M2、M18 与 M2 所需的绿灯间隔时间。

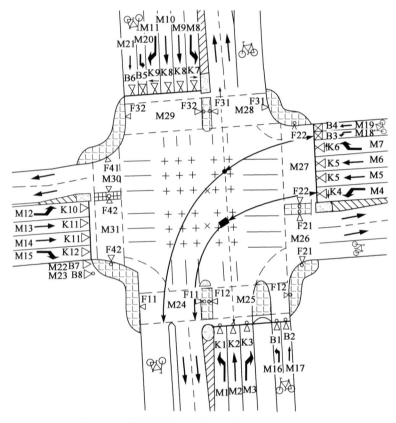

图 12-15 信号控制交叉口灯组示意及计算参数示意

12-2 如图 12-16 所示是人民路—解放路交叉口渠化方案,表 12-4 给出该交叉口高峰小时各进口道各方向机动车流量,假设左转车道、直行车道、直右车道的设计饱和流量均为 1550veh/h,绿灯间隔时间为 5s(3s 黄灯+2s 全红),请给出该交叉口的标准四相位的机动车信号配时方案,并对交叉口服务水平进行评价。

人民路—解放路高峰小时各进口道机动车流量表(单位:pcu/h)　　　表 12-4

转向	东进口	西进口	南进口	北进口	合计
左转	169	239	137	154	699
直行	795	560	252	608	2758
右转	98	23	165	376	815

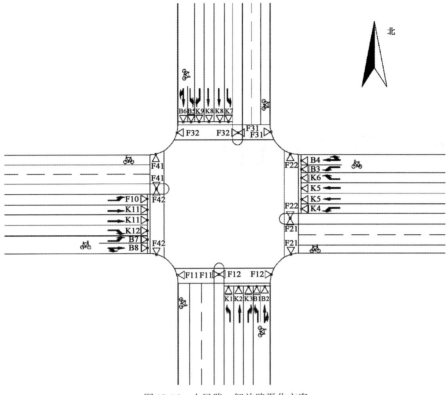

图 12-16 人民路—解放路渠化方案

12-3 如图 12-17 所示为一城市道路交叉口，东西方向是城市的公交走廊，内侧车道为有轨电车专用道；次内侧车道为公交专用道，运行普通公交车；最外侧为社会车辆车道。南北方向为一般道路，主要社会车辆与公交车混行。该交叉口控制给有轨电车最高优先级，其次为普通公交车，再次为社会车辆，请结合有轨电车专用道上的检测器，给出有轨电车信号优先（如绿灯延长控制策略）的控制流程。

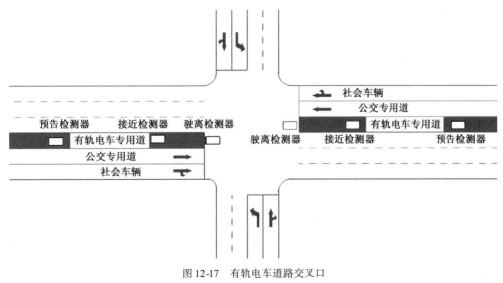

图 12-17 有轨电车道路交叉口

第十三章
交通工程发展趋势

一、交通工具发展趋势

在蒸汽机发明之前,城市及道路网络建设围绕非机动化交通工具(如马车、人力车等)展开,表现为较窄的道路设施及较高的路网密度。随着小汽车的发展,从20世纪40年代开始,欧美等国家的汽车保有量开始迅猛增长,交通系统进入以私人机动化交通工具为主要特征的第二代。目前交通系统以包括小汽车、公交和轨道交通等的多模式交通协调发展为特点,可称之为第三代交通系统。第四代交通系统的发展趋势主要表现为交通工具低排放,低能耗(如新能源汽车),交通工具半自动驾驶[如装备先进驾驶辅助系统(Advanced Driver Assistant System,简称ADAS)或Autopilot的汽车等],车辆与部分交通设施具备通信能力为主要特点,目前已有上述交通工具进入市场。

在上述交通工具发展中,智能网联汽车将对现有的交通系统带来巨大的影响。智能网联汽车是搭载先进的车载传感器、控制器、执行器等装置,并融合现代通信、网络技术和人工智能技术,实现车与 X(人、车、路、后台等)智能信息交换共享,具备复杂的环境感知、智能决策、协同控制和执行等功能,可实现安全、舒适、节能、高效行驶,并最终实现自动驾驶的新一代汽车。

智能网联汽车按照自动化程度可以分为驾驶辅助(Driver Assistance,简称DA),部分自动驾驶(Partial Autonomous,简称PA),有条件自动驾驶(Conditional Autonomous,简称CA),高度自动驾驶(Highly Autonomous,简称HA),完全自主驾驶(Fully Autonomous,简称FA)五级,如表13-1所示。其中从PA到CA,是驾驶员的角色从操作者变为监管者的过渡;从CA到HA是另一个关键的过渡,也就是驾驶员的角色从监管者变为乘客。这些变化将给驾驶员特性研究、交通设施设计以及交通运行管理等带来巨大的变化。

智能网联汽车自动化程度分级　　　　　　　表 13-1

智能化等级	等级名称	等级定义	控制	监视	失效应对	典型工况
		人监控驾驶环境				
1(DA)	驾驶辅助	通过环境信息对方向和加减速中的一项操作提供支持,其他驾驶操作都由人控制	人与系统	人	人	高速公路单车道基本路段(不受汇入及汇出干扰)及泊车工况
2(PA)	部分自动驾驶	通过环境信息对方向和加减速中的多项操作提供支持,其他驾驶操作都由人控制	人与系统	人	人	高速公路及市区多车道基本路段(不受汇入汇出及交叉口干扰),包括换道、环岛绕行、拥堵跟车等工况
		自动驾驶系统("系统")监控驾驶环境				
3(CA)	有条件自动驾驶	由无人驾驶系统完成所有驾驶操作,根据系统请求,驾驶员需要在部分工况提供适当干预	系统	系统	人	高速公路正常行驶工况,市区主次干道基本路段工况
4(HA)	高度自动驾驶	由无人驾驶系统完成所有驾驶操作,特定高风险等环境下系统会向驾驶员提出接管请求,驾驶员可以不响应系统接管请求	系统	系统	系统	高速公路全部行驶工况,市区基本路段、交叉口路段等一般工况
5(FA)	完全自动驾驶	无人驾驶系统可以完成驾驶员能够完成的所有道路环境下的操作,不需要驾驶员的介入	系统	系统	系统	所有行车工况

智能网联汽车技术中的网联被分为三级。第一级是网联辅助信息交互,是综合无线通信技术、卫星导航系统、网络通信技术的车载计算机系统(Telematics)类的信息服务和提醒,例如路况,对时效性、可靠性的要求不是很高。第二级是网联协同感知,即车对外界的信息交换(Vehicle to Everything,简称 V2X)类技术,要求信息准确的传输,为车辆做决策和控制服务。第三级是网络系统决策控制的联网,联网的同时还要能实现基于网联的决策和控制。目前的商业化的智能汽车大多是 ADAS 辅助驾驶系统,属于 DA 级别的一级网联。

二、交通设施发展趋势

公路、城市道路、机场、城市轨道、铁路、港口等交通基础设施的智能化,以及"人-车-路-环境"之间的智能网联交互是技术发展的趋势。智能交通基础设施除了应具备功能(全天候服务、安全、舒适)、结构(足够的承载力和耐久性)、经济(全寿命成本低)、环境(低噪声、环保和景观等)4 个基本要求外,还将具备主动感知、自动辨析、自主适应、动态交互、持续供能等智能能力。

具有智能能力的交通基础设施将由先进的结构材料、感知网络、数据中心、通信网络和能源系统组成。依靠智能材料或传感器件来主动感知状态、性能、环境和行为;在感知的基础上,设施可对信息进行自动的校验、集成、管理、分析、诊断和评估等处理;依托感知的信息和辨析的结果,设施能够适应温度、湿度、交通等的变化,主动进行调控,并可对损伤进行自我修复;同时,设施能在感知和辨析的基础上,与外部进行动态的交互,并能够提供持续不间断的能量供应。智能道路基础设施的物理要素如图 13-1 所示,智能道路示意图如图 13-2 所示。

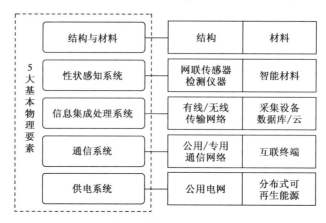

图 13-1 智能道路基础设施的物理要素

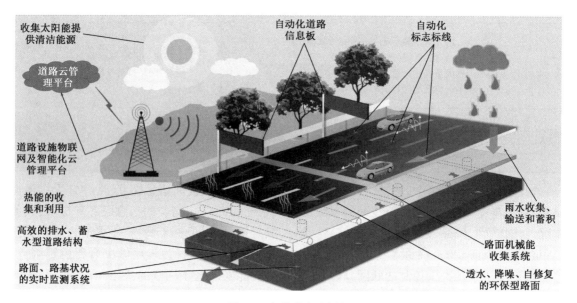

图 13-2 智能道路示意图

由此可知,智能交通基础设施内部装备的可以感知内部状态、外部环境、人车信息、行为信息等的传感器件极为重要,将使基础设施成为综合信息源,通过这些信息可实现对智能车辆、车路协同、智慧城市等的全面支持。同时,面向设施的拥有者、管养者、使用者等,可形成以设施为信息源的"设施对多目标"(Infrastructure to Everything,简称 I2X)网联服务体系,其中"X"包括管养部门、车辆、驾驶员、行人、自行车、移动终端、附属设施等,并构筑 I2X 网联服务动态风险评估与预警系统。

智能交通基础设施的发展与应用将导致未来的交通系统在运行、管理和控制上发生巨大的变革。基于道路设施的智能化,智能车路协同系统的应用将成为可能。

三、交通组织模式演变与发展趋势

当前以共享单车、分时租赁、网约车以及定制公交等为代表的新型"互联网+交通"服务模式,已经对传统交通工具拥有及使用方式产生了显著影响。随着移动互联网技术、车辆技术(电动化、智能化、网联化及共享化)的进一步革新与应用,以及配套基础设施的改造升级,未来的交通组织与服务模式将发生根本性的变革。公共运输、私营运输、共享运输之间的边界将会非常模糊,出行即服务(Mobility as a Service,简称 MaaS,如图 13-3 所示)将进入实际运营阶段,并承担主要的客运周转量。近期发布的一项研究报告预测 2030 年前,美国 95% 的客运车公里将由响应式的、自动驾驶的电动汽车完成;个人拥有的汽车仍将占全体小汽车保有量的 40%,但将仅承担 5% 的车公里。

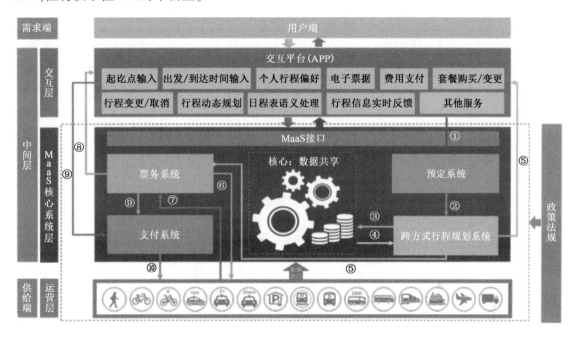

图 13-3　出行即服务(MaaS)功能架构图

①-用户通过交互平台将需求传递至预定系统;②-预定系统将用户请求处理后传递至跨方式行程规划系统;③-该系统向共享数据库发出数据提取命令;④-数据库将相关数据反馈到跨方式行程规划系统并由后者算得最优方案;⑤-规划系统将方案反馈至交互界面并将方案提交给票务系统;⑥-票务系统将出行方案涉及的交通方式票务请求提交至各运营端;⑦-各运营端返回电子凭据至票务系统由票务系统整合为统一票据;⑧-票务系统将电子票务提交至交互平台使用户可使用服务;⑨-票务系统将方案提至支付系统形成费用,同时用户将支付信息返回支付系统,出行结算达成;⑩-票务系统将费用清分给各运营商

MaaS 是将各种可选的出行方式进行整合(无论是公共单位提供的还是私人提供的),同时可以让用户通过一个账号进行支付。其关键点是为人员出行和货物运输提供基于需求的出行解决方案。MaaS 通过改变出行服务的运行环境以及重新定义不同运营者的商业模式来改变整个交通运输系统。一方面,MaaS 供应商整合各种不同的出行服务来提供有价值的服务;另一方面,MaaS 供应商基于用户的出行需求共享数据来帮助交通运营者改善他们的服务。MaaS 代表了一种转变:从个人拥有出行工具到将出行作为一种服务来进行消费。交通组织模

式的变革将对交通规划、交通需求分析、行为分析、运营组织等理论带来巨大的变化。

对于小客车出行组织,一旦自动驾驶技术获得广泛应用,当前网约出租车、巡游出租车以及分时租赁都将殊途同归,共同构成"共享小客车"服务方式。小客车私人拥有、私人使用的模式将由于高昂的成本不再成为主流,取而代之的是共享小客车的服务模式,如表13-2所示。

小客车出行组织与服务模式变革趋势　　　　表13-2

小客车出行方式	自动驾驶前			自动驾驶后		
	可/愿自驾	不可/不愿自驾	承担车公里比重	人工驾驶	自动驾驶	承担车公里比重
私人小客车	√	—	高	√	√	低
分时租赁	√		低	—	共享小客车	高
网约出租车	—	√	低			
巡游出租车		√	低			

对于大客车(包括轨道列车)出行组织,高客流及大中客流走廊上仍然依托轨道交通和定点定线的快速公交进行客运服务,而对于分散式、个性化且对服务品质要求高的出行,可由定制公交等各种方式完成客运服务。

另外,共享单车将成为缝合所有出行方式间"空隙"的"黏合剂",是MaaS服务系统中不可或缺的一类重要服务方式。基于MaaS理念,未来的交通组织服务模式示意图如图13-4所示。

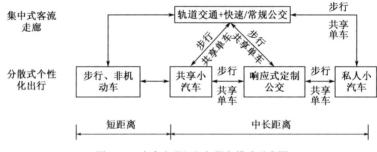

图13-4　未来交通组织与服务模式示意图

附录

一、与本教材相关的法律法规

(1)《中华人民共和国道路交通安全法》
(2)《中华人民共和国城乡规划法》
(3)《中华人民共和国公路法》
(4)《中华人民共和国环境保护法》
(5)《城市公共汽电车客运管理办法》
(6)《中华人民共和国公路管理条例》
(7)《公路管理条例》
(8)《城市道路管理条例》
(9)《道路交通事故处理程序规定》(中华人民共和国公安部令第104号,2008)
(10)《道路交通安全违法行为处理程序规定》(中华人民共和国公安部令第105号,2008)
(11)《中华人民共和国道路交通安全法实施条例》(2004)
(12)《机动车强制报废标准规定》(商务部、国家发展与改革委员会、公安部,2012)
(13)《上海市非机动车管理办法》

二、本教材引用的规范、标准、导则

规范、标准通常分为三类:国家标准/规范(GB);行业标准/规范(行业代号);地方标准/

规范(DB)。本教材引用的规范、标准、导则如下:

(1)国家标准

《城市道路交通规划设计规范》(GB 50220—1995)

《城市道路交叉口规划规范》(GB 50647—2011)

《汽车、挂车及汽车列车外廓尺寸、轴荷及质量限值》(GB 1589—2016)

《道路交通标志和标线》(GB 5768—2009)

《地铁设计规范》(GB 50157—2013)

《道路交通信号灯设置与安装规范》(GB 14886—2016)

《城市用地分类与规划建设用地标准》(GB 50137—2011)

《电动自行车通用技术条件》(GB 17761—1999)

《机动车运行安全技术条件》(GB 7258—2017)

《道路交通事故现场图形符号》(GB/T 11797—2005)

《道路交通管理信息采集规范 第3部分:道路交通事故处理信息采集》(GA/T 946.3—2011)

(2)行业标准

《城市道路工程设计规范》(CJJ 37—2012)

《公路工程技术标准》(JTG B01—2014)

(3)地方标准

上海市工程建设规范,《城市道路平面交叉口规划与设计规程》(DGJ 08-1996—2001,J 10099)

上海市工程建设规范,《建筑工程交通设计及停车库(场)设置标准》(DG/TJ 08-7—2014,J 10716)

浙江省省工程建设标准,《城市道路机动车道宽度设计规范》(DB 33/1057—2008)

浙江省工程建筑标准,《城市道路人行过街设施规划与设计规范》(DB 33/1058—2008)

安徽省省工程建设标准,《安徽省城市道路交叉口信号控制设计规范》(DB 34/T 2423—2015)

(4)导则

美国TRB编《通行能力手册》(HCM2016)

欧洲《欧洲道路交通标志和信号协定》

美国FHWA编《统一交通控制设施手册》

德国《道路通行能力手册》(HBS2011)

中国住房城乡建设部编《城市步行和自行车交通系统规划设计导则》(2013)

三、各章名词索引

第一章

信号灯	Traffic Light
交通事故	Traffic Accident
交叉口	Intersection

传感器	Detector
交通信号控制设施	Traffic Signal Control Facility
郊区公路	Rural Highway
交通工程	Traffic Engineering
运输工程	Transportation Engineering
交通系统	Traffic System
交通特性	Traffic Characteristics
人的特性	Human Characteristics
车辆特性	Vehicular Characteristics
交通流特性	Traffic Flow Characteristics
流量	Traffic Volume
密度	Density
速度	Speed/Velocity
车头时距	Time Headway
连续车流	Uninterrupt Traffic Flow
间断车流	Interrupt Traffic Flow
交通流理论	Traffic Flow Theory
交通管理	Traffic Management
交通设计	Traffic Design
交通调查	Traffic Survey
交通统计学	Traffic Statistics
交通心理学	Traffic Psychology
交通拥堵	Traffic Blockage
停车	Parking

第二章

感知	Perception
反应	Reaction
驾驶员特性	Driver Characteristics
视觉	Visual Sense
视觉特性	Visual Characteristics
视力	Vision
视野	Field of Vision
色彩感觉	Color Sense
眩目时的视力	Glare Vision
视力恢复	Return Time of Vision

动视力	Visual in Motion
刺激	Stimulation
感觉	Sense
判断	Judgment
行动	Action
反应特性	Reactive Characteristics
刺激信息	Stimulant Information
感知-反应时间	Perception-Reaction Time
驾驶员疲劳与兴奋	Driving Fatigue and Excitability
交通基础设施	Traffic Infrastructures
交通运行	Traffic Movement
停车场地	Parking Lot
枢纽	Terminal
场	Vehicle Yard
站	Station
服务要求	Service Demand
公共汽车	Bus
无轨电车	Trolley Bus
有轨电车	Tram Car
大客车	Coach
小轿车	Sedan
载货卡车	Truck
拖挂车	Tailor
平板车	Flat-bed Truck
运行性能	Operation Performance
动力特性	Driving Force Characteristics
车辆变速器	Transmission
传动比	Gear Ratio
牵引力	Tractive Force
空气阻力	Air Resistance
滚动阻力	Rolling Resistance
坡度阻力	Grade Resistance
加速阻力	Acceleration Resistance
附着力	Adhesive Force
汽车的制动力	Braking of Motor Vehicle

附着系数	Adhension Coefficient
安全停车视距	Safe Stopping Sight Distance

第三章

流率	Flow Rate
地点车速	Spot Speed
瞬时车速	Instantaneous Speed
时间平均车速	Time Mean Speed
空间平均车速	Space Mean Speed
车头间距	Space Headway
交通流模型	Traffic Flow Model
阻塞密度	Jam Density
速度-密度曲线	Speed-Density Curve
流量-密度曲线	Flow-Density Curve
最佳密度	Optimum Concentration
流量-速度曲线	Flow-Speed Curve
最佳速度	Optimum Speed
信号灯交叉口	Signalized Intersection
饱和流率	Saturation Flow Rate
进口道	Approach
启动损失时间	Start-up Lost Time
清空损失时间	Emptying Lose Time
调查	Survey
损失时间	Loss Time
有效绿灯时间	Efficient Green Time
延误	Delay
通行能力	Capacity
服务水平	Level of Service
自由流速度	Free-flow Speed
高速公路	Freeway
交织区	Weaving Area
合流	Converging
分流	Diverging
匝道	Ramp
互通立交	Interchange
快速路	Expressway

第四章

行人交通特性	Pedestrian Traffic Characteristics
空间尺寸	Space Size
步行速度	Walking Speed
行人平均等待时间	Pedestrian Average Waiting Time
可忍受等待时间	Tolerable Waiting Time
绕行阈值	Detour Threshold
行人流量	Pedestrian Volume
行人密度	Pedestrian Density
人行道通行能力	Walkway Capacity
人行道服务水平	Walkway LOS
步行通道	Passageway
非机动车交通流	Non-motorized Traffic Flow
自行车流特性	Bicycle Flow Characteristics
骑行空间	Riding Space
混合非机动车交通流	Mixed Non-motorized Transportation
自行车换算系数	Bicycle Equivalents
自行车车道	Bicycle Lane

第五章

信号周期	Signal Cycle
交通特性的统计分布	Statistical Distribution of Traffic Characteristics
随机性	Randomness
离散型分布	Discrete Distribution
连续型分布	Continuous Distribution
空当	Gap
随机数	Random Digit
泊松分布	Poisson Distribution
二项分布	Binomial Distribution
负二项分布	Negative Binomial Distribution
负指数分布	Exponential Distribution
移位负指数分布	Shifted Exponential Distribution
爱尔朗分布	Ireland Distribution
拟合	Fitting
排队论	Queuing Theory
忙期	Busyness Period

跟驰理论	Car Following Theory
交通仿真	Traffic Simulation

第六章

交通网络	Transportation Network
道路网络	Road Network
公共交通网	Public Transport Network
步行与非机动车网络	Pedestrain and Non-motorized Network
城市道路	Urban Road
公路	Highway
道路网络结构	Road Network Structure
主干路	Arterial
集散干路	Collector Road
次干路	Secondary Road
支线道路	Access Road
公共交通网络	Public Transportation Network
快速公共交通	Bus Rapid Transportation
常规公共汽(电)车网络	Bus Network
辅助公共交通网络	Paratransit Network
城市公共交通走廊	Public Transport Corridor
线路与线网	Line and Network
站点	Station
首末站	Origin Station and Terminal
中途站	Stop
枢纽站	Passenger Transfer Hub
需求响应型公交服务	Demand Responsive Transit
城市轨道交通网络	Metro Network

第七章

交通需求	Travel Demand
土地利用	Land Use
可达性	Accessibility
交通供给	Traffic Supply
出行	Trip
出行目的	Trip Purpose
出行方式	Mode
出行距离	Travel Distance

出行时间	Travel Time
OD 矩阵	Origin-Destination Matrix
期望线	Desire Line
主流倾向线	Major Directional Desire Line
调查区境界线	Cordon Line
分隔查核线	Check Line
货运(或物流)	Freight(Logistics)
货物运输需求	Freight Transportation Demand
货运量	Volume of Freight Traffic
货运周转量	Freight Turnover
货运生成率	Freight Generation Rates
货运节点	Freight Terminal/Node
载运工具	Vehicle
居民出行调查	Household Travel Survey
社会经济特性	Socioeconomic Characteristics
交通需求模型	Travel Demand Model
四阶段交通需求模型	Four-step Travel Demand Model
基于活动的交通需求模型	Activity-based Travel Demand Model
出行发生	Trip Generation
出行产生	Trip Production
出行吸引	Trip Attraction
基家出行	Home-based Trip
非基家出行	Non-home-based Trip
发生率法	Generation Rate Method
人口属性	Demographic Characteristics
交叉分类模型	Cross-classified Model
线性回归模型	Linear Regression Model
出行平衡	Trip Balance
出行分布	Trip Distribution
增长系数法	Growth Factor Method
福莱特法	Fratar method
重力模型法	Gravity Model Method
单约束重力模型	Singly-constrained Gravity Model
双约束重力模型	Doubly-constrained Gravity Model
摩擦因子	Friction Factor

交通阻抗	Travel Impedance
出行长度	Trip Length
阻抗矩阵	Skim Matrix
交通方式划分	Model Split, Mode Choice
转移曲线	Diversion Curve
随机效用	Random Utility
效用最大化原理	Utility Maximization Theory
离散选择模型	Discrete Choice Model
PA 出行矩阵	Production-Attraction Trip Matrix
人出行	Person Trip
车出行	Vehicle Trip
车载率	Auto Occupancy Rate
交通量分配	Traffic Assignment
最短路径分配(全有全无)	Shortest Path Assignment (All-or-nothing)
多路线概率分配	Probabilistic Multi-route Assignment
网络节点	Network Node
网络链接	Network Link
交通分析小区	Traffic Analysis Zone
小区中心连接线	Centroid Connector
Wardrop 第一准则	Wardrop's First Principle of Equilibrium
Wardrop 第二准则	Wardrop's Second Principle of Equilibrium
用户均衡	User Equilibrium
系统最优	System Optimum
全有全无交通分配	All-or-nothing Traffic Assignment
随机交通分配	Stochastic Traffic Assignment
随机用户均衡交通分配	Stochastic User Equilibrium Traffic Assignment

第八章

交通规划	Transportation Planning
城市规划	Urban Planning
交通发展战略	Transportation Development Strategy
发展目标	Development Goals
可持续发展	Sustainable Development
城市密度分区	Urban Density Zoning
绿色交通	Green Transport
低碳交通	Low-carbon Transport

规划方案	Planning Scenario
分析技术	Analytic Technique
需求预测	Demand Forecasting
规划方案评价	Planning Scenario Evaluation

第九章

交通需求管理	Travel Demand Management
交通网络均衡	Equilibrium of Transportation Network
边际成本	Marginal Cost
社会边际成本	Social Marginal Cost
私人边际成本	Individual Marginal Cost
机会成本	Opportunity Cost
市场失灵	Market Failure
出行行为分析	Travel Behavior Analysis
样本量	Sample Size
RP 调查	Revealed Preference Survey
意愿调查	Stated Preference Survey
信度	Reliability
效度	Validity
活动地点	Activity Location
出行目的地	Trip Destination
出行路径	Travel Route
极大似然估计	Maximum Likelihood Estimate
日常活动与出行模式	Daily Activity-Travel Pattern
边际效应	Marginal Effect
直接效应	Direct Effect
交叉效应	Cross Effect
直接弹性	Direct Elasticity
交叉弹性	Cross Elasticity
TOD 开发	Transit-oriented Development
混合土地利用	Mixed Land Use
HOV 高占有率车道	High-occupancy Vehicle Lane
拥挤收费	Congestion Pricing
停车收费	Parking Pricing
时间价值	Value of Time
政策评价	Policy Evaluation

停车诱导管理系统	Parking Guidance Information System

第十章

交通安全	Traffic Safety
交通死亡事故率	Traffic Fatal-accident Rate
交通法规	Traffic Law
多发事故地点	High Accident Location
交通条例	Traffic Regulation
冲撞形式	Collision Manner
财产损失	Property Damage
事故报表	Accident Inventory
暴露量	Exposure Data
在途风险量	Population at Risk
分母数据	Denominator Data
事故率	Accident Rate
等价财产损失事故频率	Equivalent Property Damage only Crash
事故数法	Accident Number Method
安全性能函数	Safety Performance Functions
交通冲突	Traffic Conflict
工程	Engineering
教育	Education
执法	Enforcement
急救	Emergency
人行横道	Pedestrian Crosswalk
行人过街信号	Pedestrian Crossing Beacon
人行天桥	Passenger Foot-bridge
人行地道	Passenger Subway
立体交叉	Underpass（Overpass）
标线	Marking
无信号控制交叉口	Uncontrolled Intersection
让路标志	Yield Sign
停车标志	Stop Sign
渠化交通	Channelization Traffic
禁止转弯	No Turn Regulation
禁止进入	No Entry
禁止超车	Prohibitory Overtaking

禁止停车	Prohibitory Parking
禁止通行	Road Closed
安全带	Life Belt

第十一章

交通组织	Traffic Organization
交通设计	Traffic Design
饱和度	Saturation Degree
停车泊位	Parking Lot
单向交通	One-way Traffic
路权	Right of Way
瓶颈	Bottleneck
道路横断面形式	Cross-section Design for Roads
机动车道	Motorway
非机动车道	Bicycle Lane
人行道	Sidewalk
渠化设计	Traffic Channelization Design

第十二章

交通控制	Traffic Control
交通管理	Traffic Management
信号控制机	Signal Controler
传感器	Detector
交通信号	Traffic Signal
可穿越间隙	Acceptable Gap
信号相位	Signal Phase
绿灯间隔时间	Inter-green Interval
进退两难区	Dilemma Zone
周期时长	Cycle Length
饱和流量	Saturation Flow
饱和度	V/C ratio
绿信比	Split
流量比	Flow Ratio
信号配时	Signal Timing (or Signal Setting)
交通感应信号	Traffic Actuated Signal
单点定时信号	Isolated Pre-timed Signal
协调控制	Coordinated Signal Control

定时控制	Pre-time Signal Control
感应控制	Actuated Control
干线控制	Coordinated Arterial Control
时差	Offset
绿波带	Green Wave
实时	Real Time
联机	On-line
脱机	Off-line
交通法规	Traffic Laws
交通标线	Road Markings
交通标志	Traffic Signs
公交优先控制	Bus Signal Priority
车辆自动定位系统	Automation Vehicle Location
全球定位系统	Global Positioning System

参 考 文 献

[1] 周商吾.交通工程[M].上海:同济大学出版社,1987.

[2] ROESS R P,PRASSAS E S,McShane W R. Traffic engineering[M]. 4th Edition. USA:Pearson Education,2010.

[3] 徐吉谦,陈学武.交通工程总论[M].4版.北京:人民交通出版社股份有限公司,2016.

[4] 王炜,过秀成.交通工程学[M].2版.南京:东南大学出版社,2000.

[5] [日]饭田恭敬.交通工程学[M].邵春福,译.北京:人民交通出版社,2005.

[6] DEWAR R. Traffic engineering handbook[M]. 5th Edition. Washington DC:Institute of Transportation Engineers,1999.

[7] MAY A D. Traffic flow fundamentals[M]. Englewood Cliffs:Prentice Hall,1990.

[8] OLSON P L. Forensic aspects of driver perception and response[M]. Tucson:Lawyers and Judges Publishing Co.,Inc.,1996.

[9] DAGANZO C,DAGANZO C F. Fundamentals of transportation and traffic operations[M]. Oxford:Pergamon,1997.

[10] EUBANKS J J,HILL P F. Pedestrian accident reconstruction and litigation[M]. 2nd Edition. Tucson:Lawyers and Judges Publishing Co,Inc.,1999.

[11] North Carolina State University,U. S. Department of Transportation Federal Highway Administration. Capacity analysis of pedestrian and bicycle facilities:Recommended procedures for the "pedestrians" chapter of the highway capacity manual[R]. Wshionton DC:Transportation Research Board,1998.

[12] 扬·盖尔(JAN GEHL).交往与空间[M].何人可,译.北京:中国建筑工业出版社,2002.

[13] CHANDLER R E,HERMAN R,MONTROLL E W. Traffic dynamics:studies in car following[J]. Operations research,1958,6(2):165-184.

[14] 丹尼尔·L·鸠洛夫(D. L. GERLAUGH),[美]马休·J·休伯(M. J. HUBER).交通流理论[M].蒋璜,译.北京:人民交通出版社,1983.

[15] 周荣贵,钟连德.公路通行能力手册[M].北京:人民交通出版社股份有限公司,2017.

[16] CHEN X,HAN H,YE J,et al. Normalized volume measurement for nonmotorized traffic flow mixed with mopeds[J]. Transportation Research Record:Journal of the Transportation Research Board,2011(2239):9-15.

[17] CHEN X,HAN H,LIN B. Developing bicycle equivalents for mopeds in Shanghai,China[J]. Transportation Research Record:Journal of the Transportation Research Board,2012(2317):60-67.

[18] GIPPS P G. A model for the structure of lane-changing decisions[J]. Transportation Research Part B:Methodological,1986,20(5):403-414.

[19] AHMED K I. Modeling drivers' acceleration and lane changing behavior[D]. Cambridge:Massachusetts Institute of Technology,1999.

[20] COURAGE K,WALLACE C. NGSIM Feasibility Study Final Report[R]. Wshionton DC:Federal Highway Administration,2001.

[21] 黄海军.城市交通网络平衡分析理论与实践[M].北京:人民交通出版社,1993.

[22] 陈小鸿.城市客运交通系统[M].上海:同济大学出版社,2008.

[23] 美国交通运输研究委员会.公共交通通行能力和服务质量手册[M].2版.杨晓光,滕靖,译.北京:中国建筑工业出版社,2010.

[24] MARSHALL S. Streets and patterns:the structure of urban geometry[M]. London:Spon Press,2005.

[25] 迈克尔·D·迈耶(MEYER M D),[美]埃里克·J·米勒(MILLER E J).城市交通规划(原著第2版)[M].杨孝宽,译.北京:中国建筑工业出版社,2008.

[26] 石小法.货运交通系统[M].上海:同济大学出版社,2013.

[27] Institute of Transportation Engineers. Trip generation manual[M]. 9th Edition. Washington DC:Institute of Transportation Engineers,2012.

[28] MCFADDEN D. Modeling the choice of residential location[J]. Transportation Research Record,1978.

[29] MARTIN W A,MCGUCKIN N A. Travel estimation techniques for urban planning[M]. Washington DC:National Academy Press,1998.

[30] 陈艳艳,刘小明,陈金川.城市交通需求管理及应用[M].北京:人民交通出版社,2009.

[31] 晏克非.交通需求管理理论与方法[M].上海:同济大学出版社,2012.

[32] TRAIN K E. Discrete choice methods with simulation[M]. Cambridge university press,2009.

[33] 薛美根,朱洪,邵丹.上海交通发展政策演变[M].上海:同济大学出版社,2017.

[34] 中华人民共和国统计局.国家数据(年度数据)[OL]. http://data.stats.gov.cn/easyquery.htm?cn=C01&zb=A0S0D01&sj=2014.

[35] World Health Organization (WHO). WHO Report 2015:Data tables (official report)[R]. Geneva:WHO,2015.

[36] National Research Council (US). Transportation Research Board. Task Force on Development of the Highway Safety Manual,Transportation Officials. Joint Task Force on the Highway Safety Manual. Highway safety manual[M]. AASHTO,2010.

[37] PARKER JR M R,ZEGEER C V. Traffic conflict techniques for safety and operations:Observers manual[R]. United States:Federal Highway Administration,1989.

[38] 杨晓光,白玉,马万经,等.交通设计[M].北京:人民交通出版社,2010.

[39] 北京市规划和国土资源管理委员会.北京城区行人和非机动车交通系统设计导则[M].北京:中国计划出版社,2010.

[40] 吴兵,李晔.交通管理与控制[M].5版.北京:人民交通出版社股份有限公司,2015.

[41] 德国道路与交通工程研究学会.交通信号控制指南:德国现行规范[M].李克平,译.北京:中国建筑工业出版社,2006.

[42] 美国交通部联邦公路局.交通控制系统手册[M].李海渊,译.北京:人民交通出版社,1987.

[43] 全永燊.城市交通控制[M].北京:人民交通出版社,1989.

［44］ Roads and Traffic Authority of New South Wales. Scats, sydney co-ordinated adaptive traffic system:A traffic responsive method of controlling urban traffic［R］. Roads and Traffic Authority NSW, Darlinghurst, NSW Australia,1990.

［45］ Olson P L, Cleveland D E, Fancher P S, et al. Parameters affecting stopping sight distance ［R］.1984.

［46］ 李克平,杨佩昆,倪颖. 城市道路交叉口信号控制中的黄灯问题［J］. 城市交通,2010,8(4):67-72.

［47］ MARTIN A. Factors influencing pedestrian safety:a literature review［M］. Wokingham, Berks: TRL,2006.

［48］ 汪光焘. 大数据时代城市交通学发展的机遇［J］. 城市交通,2016,14(1):1-7.

［49］ 蔡果,刘江鸿,杨降勇,等. 行人对危险感知的局限性［J］. 中国科技信息,2005(24):115.

［50］ 美国交通运输部. 车联网研究［OL］. http://www.its.dot.gov/connected_vehicle/connected_vehicle.htm.

人民交通出版社股份有限公司 公路教育出版中心
交通工程/交通运输类教材

一、专业核心课

1. ◆▲交通规划(第二版)(王 炜) ………… 40元
2. ◆▲交通设计(杨晓光) ………… 35元
3. ◆▲道路交通安全(裴玉龙) ………… 36元
4. ▲交通系统分析(王殿海) ………… 31元
5. ▲交通管理与控制(徐建闽) ………… 26元
6. ▲交通经济学(邵春福) ………… 25元
7. ◆交通工程总论(第四版)(徐吉谦) ………… 42元
8. ◆▲交通工程学(第三版)(任福田) ………… 40元
9. 交通工程学(第三版)(李作敏) ………… 48元
10. ▲交通工程(吴娇蓉) ………… 42元
11. ◆交通运输工程导论(第三版)(顾保南) ………… 25元
12. 交通运输导论(黄晓明) ………… 43元
13. 交通运输工程学(过秀成) ………… 45元
14. Traffic Enginering 交通工程学(王武宏) ………… 38元
15. Introduction to Traffic Engineering 交通工程总论
    (杨孝宽) ………… 59元
16. Transportation Planning(王元庆) ………… 58元
17. ◆交通管理与控制(第五版)(吴 兵) ………… 40元
18. 交通管理与控制(第二版)(罗 霞) ………… 38元
19. Traffic Management and Control(杨 飞) ………… 24元
20. 交通管理与控制案例集(罗 霞) ………… 25元
21. 交通管理与控制实验(罗 霞) ………… 22元
22. ◆道路交通管理与控制(袁振洲) ………… 40元
23. ▲交通安全(裴玉龙) ………… 48元
24. ▲道路交通安全(鲁光泉) ………… 48元
25. ▲道路交通设计(项乔君) ………… 38元
26. 交通调查与分析(第二版)(王建军) ………… 38元
27. ◆交通工程设计理论与方法(第二版)
    (梁国华) ………… 36元
28. 交通工程设施设计(李峻利) ………… 35元
29. 交通工程设施设计(丁柏群) ………… 45元
30. 道路交通安全及设施设计(王建军) ………… 45元
31. ◆道路交通工程系统分析方法(第二版)
    (王 炜) ………… 33元
32. 交通工程专业英语(裴玉龙) ………… 29元
33. ◆智能运输系统概论(第三版)(杨兆升) ………… 49元
34. 智能运输系统(ITS)概论(第二版)
    (黄 卫) ………… 24元
35. 运输工程(第二版)(陈大伟) ………… 39元
36. ◆运输经济学(第二版)(严作人) ………… 44元
37. 运输组织(彭 勇) ………… 40元

二、专业选修课

38. 道路勘测设计(第二版)(裴玉龙) ………… 59元
39. 微观交通仿真基础(张国强) ………… 35元
40. ◆道路通行能力分析(第二版)(陈宽民) ………… 28元
41. 道路运输统计(张志俊) ………… 28元
42. ◆公路网规划(第二版)(裴玉龙) ………… 30元
43. ◆城市客运交通系统(李旭宏) ………… 32元
44. 城市客运枢纽规划与设计(过秀成) ………… 35元
45. ▲城市客运交通枢纽规划设计(孙立山) ………… 35元
46. 交通项目评估与管理(第二版)(谢海红) ………… 45元
47. 公路建设项目可行性研究(过秀成) ………… 27元
48. 交通组织设计(张水潮) ………… 30元
49. ◆交通运输设施与管理(第二版)
    (郭忠印) ………… 38元
50. 交通预测与评估(王花兰) ………… 45元
51. 交通工程项目经济与造价管理(臧晓冬) ………… 40元
52. 交通工程基础方法论(臧晓冬) ………… 38元
53. ◆交通与环境(陈 红) ………… 30元
54. 道路交通环境影响评价(王晓宁) ………… 25元
55. 交通信息工程概论(崔建明) ………… 40元
56. 交通地理信息系统(符锌砂) ………… 31元
57. 高速公路通信技术(关 可) ………… 36元
58. 交通供配电与照明技术(第二版)
    (杨 林) ………… 36元
59. 信息技术在道路运输中的应用(王 炼) ………… 42元
60. 运输市场管理(郭洪太) ………… 38元
61. 交通类专业大学生职业发展与就业指导
    (白 华) ………… 30元

了解教材信息及订购教材,可查询:"中国交通书城"(www.jtbook.com.cn)
天猫"人民交通出版社旗舰店"

公路教育出版中心咨询及投稿电话:(010)85285984,85285865
欢迎读者对我中心教材提出宝贵意见

注:◆教育部普通高等教育"十一五""十二五"国家级规划教材
　　▲交通工程教学指导分委员会推荐教材、"十三五"规划教材